学ぶ・わかる・みえる シリーズ 保育と現代社会

演習・保育と障害のある子ども
【第2版】

編集 野田 敦史
　　 林　 恵

JN122900

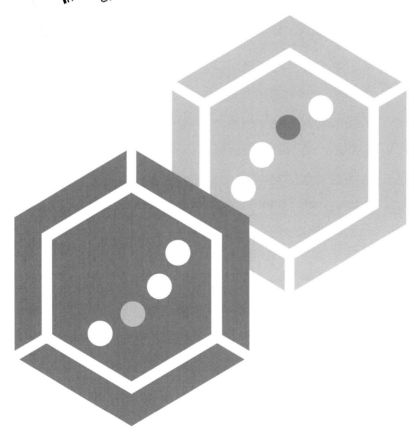

みらい

執筆者一覧

●編者

野田　敦史　高崎健康福祉大学
（のだ　あつし）

林　　恵　足利短期大学
（はやし　めぐみ）

●執筆者（五十音順）

池畑美惠子　淑徳大学 ･･ 第11章・第17章
（いけはたみえこ）

牛島　豊広　周南公立大学 ･･････････････････････････････････････ 第21章
（うしじま　とよひろ）

大瀬戸美紀　東北生活文化大学短期大学部 ･･････････････････ 第4章
（おおせとみき）

岡本　明博　十文字学園女子大学 ･･････････････････････････ 第12章
（おかもと　あきひろ）

岡本　仁美　浦和大学 ･･ 第22章
（おかもと　ひとみ）

小口　将典　関西福祉科学大学 ････････････････････････････････ 第6章
（おぐち　まさのり）

木村　淳也　会津大学短期大学部 ････････････････････････････ 第20章
（きむら　じゅんや）

下尾　直子　洗足こども短期大学 ････････････････････････････ 第2章
（しもお　なおこ）

杉山　宗尚　頌栄短期大学 ･･････････････････････････････････････ 第7章
（すぎやま　むねまさ）

髙田　　隆　元帝京平成大学 ････････････････････････････････････ 第16章
（たかだ　たかし）

田中　麻里　西九州大学 ･･ 第5章
（たなか　まり）

谷村　和秀　愛知学泉短期大学 ････････････････････････････････ 第24章
（たにむら　かずひで）

玉田　典代　元関西福祉科学大学 ････････････････････････････ 第8章
（たまだ　のりよ）

長櫓　涼子　倉敷市立短期大学 ･････････････････････ 第3章・第10章
（ながろ　りょうこ）

野田　敦史　（前出） ･･････････････････････････････ 第1章・第14章
（のだ　あつし）

林　恵津子　埼玉県立大学 ････････････････････････････ 第9章・第23章
（はやし　えつこ）

林　　恵　（前出） ･･････････････ 第13章・第15章・第19章
（はやし　めぐみ）

安田志津香　同志社女子大学 ･･････････････････････････････････ 第18章
（やすだしづか）

イラスト　　溝口ぎこう

はじめに

　「障害をどのように捉えるか」、近年その考え方は大きく変わってきた。障害だけではなく、その人を構成するすべての要素に対し、マジョリティとの違いがあったとしても、その差異や支援の必要性を自然で当たり前のこととして、互いに支え合おうとするインクルージョンの考え方が一般的になってきた。

　障害や支援を、「自然であたりまえ」として捉えることと「気にしない」こととは大きく異なる。むしろ他者の困難に対し敏感に捉え反応することが必要であり、それらが自然な姿として存在することが求められている。小さな頃からインクルージョンを意識した環境で育っていけば、その子どもたちが成長するにつれ、世の中が変わるかもしれない。しかし、実のところ、障害などに関する系統立った深い知識を取り入れ、その支援の方法を実感として知っている人がリードしなければ、インクルーシブな世の中を実現することは相当難しい。子どもや支援の必要な人たちへの対応は簡単なものではなく、専門的な知識と相手に付随する様々な背景を理解する力をもつことが期待される。2023（令和5）年4月にこども家庭庁が発足した。障害児支援に関して、インクルージョンを推進する観点等を踏まえ、乳幼児期から学校卒業まで一貫した切れ目ない支援の充実を図るとともに、医療的ケアが必要な子どもや発達に課題のある子ども等について、医療、福祉、教育が連携して対応する環境整備に取り組むとしている。保育者不足の現状にありながらも、障害に関する高い専門性をもつ保育者がますます求められている。

　本書では、障害理解の基本となる医学モデルに基づいた知識を豊かに取り入れる内容と社会モデルに基づいた子どもと保育の捉え方に気づいていく内容をバランスよく取り入れることに配慮した。また、保育士養成課程にある「障害児保育」は、保育士養成課程の中で『講義科目』ではなく『演習科目』として位置づけられている。本書では実践的な技術への理解を深めるために、ワークや事例をふんだんに取り入れ、演習を中心とした章も用意し、体験として学べるよう工夫をした。

　最後に、本書の編集にあたり、多大なるご尽力をいただいた熱き福祉マインドの持ち主である取締役兼企画部の荻原太志氏と編集担当の海津あゆ美氏にこの場をお借りして心より感謝申し上げる。

令和5年12月

編者　野田敦史・林　恵

『演習・保育と障害のある子ども』の特長と活用方法

1．本書の特長と学習の流れ

◉ 本書は、保育士養成校の学生が障害のある子どもの保育（障害児保育）について、基本的な知識から実践的な技術や方法までを効果的に学べるよう構成されたテキストです。

◉ 本書は、段階を追って障害のある子どもの保育の知識や技術、プロセスを学べるように第1部「基礎知識編」→第2部「基礎演習編」→第3部「実践演習編」→第4部「専門知識編」→第5部「事例編」の5部構成となっています。第1部・第4部以外は、ワークや事例演習（ケーススタディ）を交えて体験型の学習を進めますので、指導者（教員）の指示や指導にしたがって進めてください。

◉ 各部の導入部分には、保育士をめざす学生の「みらいさん」と障害児保育の授業を担当する「あつし先生」「めぐみ先生」が、会話を通して各部のテーマについての視点やポイントなどを解説します。ここで学習する内容のイメージをつかんでください。

めぐみ先生　　　　　　あつし先生　　　　　　みらいさん

〈本書の学習の流れ〉

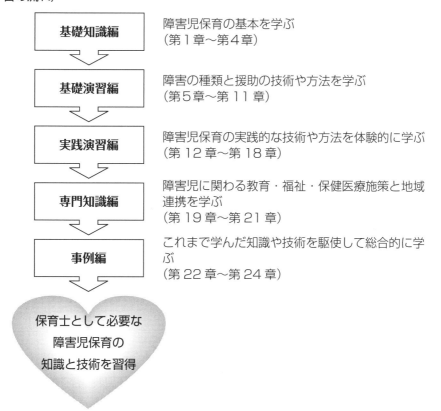

基礎知識編	障害児保育の基本を学ぶ （第1章〜第4章）
基礎演習編	障害の種類と援助の技術や方法を学ぶ （第5章〜第11章）
実践演習編	障害児保育の実践的な技術や方法を体験的に学ぶ （第12章〜第18章）
専門知識編	障害児に関わる教育・福祉・保健医療施策と地域連携を学ぶ （第19章〜第21章）
事例編	これまで学んだ知識や技術を駆使して総合的に学ぶ （第22章〜第24章）

保育士として必要な
障害児保育の
知識と技術を習得

2．本書の活用方法

【第1部　基礎知識編】

◉学びの内容

　基礎知識編は、保育士として障害のある子どもの保育を実践するにあたっての理念や基本的な考え方、発達や歴史を学びます。

　はじめに、障害児保育を学ぶにあたって、障害を自分自身がどのように捉えているのかを考え、障害のある状態とは、どのような状態であるのかを学びます（第1章・第2章）。

　次に乳幼児を中心に身体的・精神的な発達過程を示しながら、障害のある子どもの発達について学びます（第3章）。最後に障害児保育が過去、どのように実践され、現在に至っているのか、その歴史的経緯を辿ります。

◉学習方法

　章の最後に「まとめてみよう」として3〜4題のふりかえりの課題が示されています。本文をよく読んだうえで、学んだことを自分なりにまとめてみましょう。このまとめは、基礎編以降の演習や事例演習を行う際にも確認しながら進めると効果的です。

【第2部　基礎演習編】

◉学びの内容

　基礎演習編では、障害別の概要、特徴、保育者としての基本的な援助の視点・方法を講義とワークで学びます。障害別としては「肢体不自由児」（第5章）、「視覚障害」（第6章）、「聴覚障害」（第7章）、「知的障害」（第8章）、「発達障害」（第9章・第10章）、その他の配慮を必要とする子どもとして「愛着障害」（第11章）を取り上げています。それぞれの障害特性の理解と体験的な学びで、障害児保育を実践するうえでの基礎を身につけてください。

◉学習方法

　1つの章が、基本的に解説とワークで構成されています。解説をよく理解したうえでワークに取り組みましょう。ワークは「ワークのねらい」で学びのポイントが示されています。そのポイントを意識しながらワークを進めましょう。最後に「ワークをふりかえって」の設問で、ワークで学んだことをまとめます。

【第3部　実践演習編】

◉学びの内容

　実践演習編では、障害児保育の具体的な方法を学んでいきます。まず、障害児保育の目標や保育者の役割・責任、保育形態として統合保育と分離保育のメリット・デメリットを学びます（第12章）。次に、障害児保育において実務上不可欠な個別の指導計画や支援計画、記録、評価のポイントや方法を学び（第13章～第15章）、続いて保育の実際場面での障害のある子ども本人への援助や保護者への支援について学びます（第16章～第18章）。

◉学習方法

　個人ワーク、グループワーク、ロールプレイなど、様々なワークが設定されています。事例や課題に沿って、実際に計画を作成してみたり、障害児保育における記録や評価、障害のある子どもやその保護者の支援に取り組みましょう。

【第4部　専門知識編】

◉学びの内容

　専門知識編では、障害児保育に関係する様々な制度・施策や関連機関等の連携について学びます。まず、保育所等から接続する小学校や特別支援学校への就学支援や手続き、障害児教育に関する施策制度を学び（第19章）、続いて障害児に関する保健・医療・福祉の概要を把握します（第20章）。さらに、障害のある子どもやその家庭を支援していくためには、地域にある社会資源の活用が望まれることから、その種類と連携方法について学びます（第21章）。

◉学習方法

　ここでは、第1部と同じように、章の最後に「まとめてみよう」として3～4題のふりかえりの課題が示されています。本文をよく読んだうえで、学んだことを自分なりにまとめてみま

しょう。ここで学習した知識は、第5部の事例編に生かされます。

【第5部　事例編】

◉ 学びの内容

　事例編では、ここまで学んだ知識や考え方と演習で体験・経験した技術、方法を生かして、総合的に障害児保育の実践方法を学びます。最初は、ＡＤＨＤのある子どもの事例です（第22章）。落ち着きがなく、友だちとのトラブルが絶えない子どもへの対応について考えます。次に自閉スペクトラム症の子どもとその保護者への支援についての事例です（第23章）。特に障害のある子どもの保護者への支援は保育者にとって難しい課題ですが、これまで学んだことを生かし、創造を膨らまして取り組んでみましょう。最後に肢体不自由のある子どもの事例です（第24章）。児童発達支援センターに通う子どもの就学について、地域の社会資源を活用しながら支援を進めるプロセスを学んでいきます。

◉ 学習方法

　最初の「ねらい」では、事例演習での学びのポイントが示されています。そのポイントを意識して事例を読み進めましょう。事例は保育者と子どもや保護者の会話も交えて場面構成されていますので、グループやペアになり、登場人物になりきって演じてみると、より場面をリアルに感じることができるでしょう。事例の最後に「事例の考察」があります。これは、ここまでの支援を振り返り、残された課題や新たなニーズなど、今後の保育や支援に必要な考察が示されています。その後に続く演習課題に取り組む際の参考にしてください。

本書を活用される教員のみなさまへ

　本書をご利用いただく際には、指導者用マニュアルをご活用ください。指導者用マニュアルには、ワークの進め方や演習課題の解説と解答例、ワークシートの様式等を収載しています。指導者用マニュアルはPDF形式で弊社ホームページの「書籍サポート」からダウンロードいただけます（無料）。「指導者用解説書等ダウンロード申し込みフォーム」からお申し込みください。

みらいホームページ：https://www.mirai-inc.jp/　→　「書籍サポート」

【お問い合わせ】

㈱みらい　企画編集部内「演習・保育と障害のある子ども〔第2版〕」係

〒500-8137　岐阜市東興町40番地　第5澤田ビル

TEL：058-247-1227　　FAX：058-247-1218　　E-mail：info@mirai-inc.jp

もくじ

■第2部　基礎演習編─障害の種類と援助の技術や方法を学ぶ■

第5章　肢体不自由の理解と援助

第6章　視覚障害の理解と援助

第7章　聴覚障害の理解と援助

第8章　知的障害の理解と援助

第9章　発達障害の理解と援助1―自閉スペクトラム症

第10章　発達障害の理解と援助2―ADHD・LD

第11章　配慮を必要とする子どもの理解と援助

■第3部　実践演習編—障害児保育の実践的な技術や方法を体験的に学ぶ■

第12章　障害児保育の方法と形態

第13章　保育における指導計画

第14章　個別の（教育）支援計画

第15章　障害児保育の記録と評価

第16章　基本的生活習慣獲得の援助

第17章　集団生活と遊びの援助

第18章　保護者や家族への支援

■第4部　専門知識編—障害児に関わる教育・福祉・保健医療施策と地域連携を学ぶ■

第19章　小学校・特別支援学校との連携

第20章　障害のある子どもの保健・医療・福祉施策

第21章　地域の社会資源との連携

■第5部　事例編─これまで学んだ知識や技術を駆使して総合的に学ぶ■

第22章　ＡＤＨＤの子どもの事例

第23章　自閉スペクトラム症の子どもの事例

第24章　障害のある子どもの支援における地域連携

第1部　基礎知識編
障害児保育の基本を学ぶ

あつし先生　さあ、今日から障害のある子どもの保育について学んでいきましょう。みらいさんは、「障害」という言葉にどんなイメージがありますか？

みらいさん　「障害」ですか？　例えば何か邪魔をするものだったり、立ちふさがって前に進めなくなったりするものというイメージです。電波障害とか障害物とか？

あつし先生　では、障害者や障害児の「障害」は？

みらいさん　そうですね。身体障害とか知的障害とか、何か不自由のある状態のことですか。

あつし先生　「障害」とは、邪魔なもの、不自由な状態という、みらいさんのイメージは、多くの人に共通するイメージだと思います。では、そのような人をどのように思う？

みらいさん　実際にあまり出会ったことがないのでわからないのですが、普段の生活で誰かの手助けを必要としているなら、自分で思うようにならずに不便で大変だろうなと思います。

あつし先生　「大変だろうな」という思いには、かわいそうだなという気持ちがありませんか？

みらいさん　う～ん？　「かわいそう」というのは、少し違うと思います。

あつし先生　なるほど。みらいさんの感じたその違和感は、とても大事な感覚だと思います。障害のある人を「弱者」と決めつけたり、特別な目で見ることは、障害だけに目を向けて、その人自身を見ていないことになります。障害のあるなしにかかわらず、誰もが一人ひとり人格があって、個人が尊重されるべきですね。そのような前提に立って、障害のある人が困らないような配慮や環境の整備を図っていくことが大切なのです。それは、障害児保育も同じです。

みらいさん　なるほど！　障害児保育も一人ひとりの子どもの姿を見て、その子どもに合った配慮や保育が必要ってことですね。

あつし先生　みらいさんさすがですね。では、基礎知識編では、障害の捉え方や発達と障害、それに先人たちが築いてきた障害児保育のあゆみを学んでいきましょう。

第1章 障害児保育を学ぶみなさんへ
―最初に考えてほしいこと

 "障害"をあたりまえなこととして捉える大切さ

① 「障害」の意味

　「障害」という言葉は、辞書で「さまたげになること」とある。この意味に注目して私たちの身のまわりの生活を見渡すと、この「さまたげになること」、すなわち「じゃまになること」「思うとおりにできなくなること」は、日常的にあたりまえに存在している。つまり「障害」という言葉は、特別な一部の人のものではなく、私たち誰もが身のまわりにあたりまえに存在しているものとして理解できる。

② "あたりまえ"として捉える意義

　障害のある子どもとの関わりを前にした学生の意見に耳を傾けると「障害と聞くと暗いイメージがある」「よくわからないので怖い感じがする」「関わり方や障害に関する勉強をしていないので不安」などの声が聞こえてくる。学生の不安は、経験の少なさや知らない自分に対する不安から来るものであることに気づかされる。

　では、障害のある子どもや人と関わろうとするとき、人は障害を知らないと、勉強していないと、関わることができないのであろうか。私たちは知らず知らずのうちに"障害"を知らないこと、勉強していないことを理由にして、自分の中でハードルを上げ、バリアを生み出してはいないだろうか。

　例えば、みなさんの目の前に聴覚に障害のある人（ろう者）がいたとする。近くにはその人とあなたしかいない。そして、あなたは目の前の人が、ろう者であることを最初は理解していない。あなたは、その人に話しかけたが理解してもらえず、ろう者であることに気づく。今のあなたは、どうしてもその人に尋ねて教えてもらわないと困る状況だとする。あなたはどうするのか？　聴覚障害の知識や手話をスマホで調べてから、その人に関わるのであろうか？　それとも口を大きく開けて（口話法）やジェスチャー、メモ書き（筆談）を使ってコミュニケーションをとろうとするのであろうか？

　障害児保育を学ぶ前に大切にしてもらいたいことの一つとして、障害児保

育の学びの前提は、障害児者を自分たちと区別しない考え方、すなわち、障害を「さまたげになること」「その人の苦手なこと」と意味づけして、障害は自分にもあるという前提から学びはじめてほしいという願いである。この考えに立つならば、事例で登場してきた、ろう者は、聴覚障害者である前に、私たちと同じ人間であり、特別な勉強をしなくてもコミュニケーションを通じて理解し合える人間であるということである。

　障害のある子どもの多くの保護者やそれを支援する人たちが口にする「うちには障害児などはいない」「障害児の保育など存在しない」という言葉は、「障害児として見る前に、同じ子どもとして見てほしい」という思いの表れでもある。障害をあたりまえのものとして見たときに障害は、はじめてその子どもの特徴として捉えられ、分け隔てなく関わり捉えられるものに成り得るのである。

 ## “障害”を特別なこととしてみる大切さ

　前節では、“障害”をあたりまえなこととして理解する大切さを説明してきた。これは保育者が時として子どもの前では母親に近い養護の実践者として、また人として公平かつ公正に区別なく関わる専門職としての位置づけという意味で重要な点である。一方、このことと相反して保育者を教育実践者として位置づけるならば“障害”を特別なこととして理解する大切さもある。

① 「特別」の意味

　「特別」という言葉は、辞書で「他との間にはっきりとした区別があること」とある。この「区別すること」すなわち「特別」という言葉は、「差別する」「平等に見ないこと」と意味づけできる。この意味は、ともすると保育や福祉と照らし合わせる場合、不釣り合いな言葉として理解されがちである。

　しかし、教育分野では、「特別支援教育」という用語で表現されるように、「特別」という言葉をむしろ積極的な意味で障害のある子どもの教育で使用している。これは、「区別すること」によって「特別」な配慮や効果的な成長・発達を期待する意味が込められたものとして理解できる。

　このように障害をあたりまえなものとしてだけではなく、特別なものとして捉えることも同時に重要である。

② "特別なこと" として捉える意味

　保育者は、障害のあるなしにかかわらず、すべての子どもたちに対して養護を行いつつ、成長・発達を促す存在でなければならない。そして、その場面においては、専門性を発揮しつつ、効率的で効果的な実践が求められる。そのために保育者は、一人ひとりの子どもたちの発達を把握し、その子どもの発達が相対的にスムーズな部分と課題がある部分を見極めて保育設定を行わなければならない。また、明確に障害のある子どもに対しては、その子どものできない部分を代わりに補ったり、一部を手伝ったりするなど他の子どもとは異なった配慮が必要となる。

　この保育場面における保育者の思考は、その子の発達課題をその子どもがもつ様々な発達領域の中で、課題として区別したり、他の子どもと比べて違う部分を見極めているという「区別すること」すなわち「特別」を前提としてはじまっている。この思考や実践は、障害を当たり前なものとするよりも、むしろ特別なものとして捉えることによって、その子どもの成長・発達に効果的な実践が行えることを示している。

　また、発達障害のある子どもの中には、他の子どもと比べて著しく発達した能力を発揮する場合がある。保育者は、その子自身の「特別によい部分」を認め、本人と周りの子どもたちに、その違いを認め合えるような関わりを大切にしたいものである。

 3 「障害のある子ども」と「気になる子」という言葉が指す意味

① 「障害のある子ども」という言葉が指す意味

　「障害のある子ども」のことを「障害児」という。現在も児童福祉法をはじめとする法律、行政の分野では当たり前に使われている言葉である。この「障害児」と対峙する言葉に「健常児」がある。「健常」とは辞書で「日常的に健康な状態」とある。この意味から「障害児」で使われる「障害」は「日常的に（身体レベルの機能的な）障害がある状態」であることが推測できる。では、「日常的に障害がある状態」にある子どもと言い切れるのは誰か。それは保育者ではなく専門の医師に他ならない。保育を担う者として「障害のある子ども」といえる場合は、専門医やその診断を自分の子どもが受けた保

護者がその言葉の表現に同意を示したときのみ、はじめて保育者は使えるのである。このことから、「障害のある子ども」という言葉は、障害診断を受けた子どもが通うことが多い児童発達支援センターをはじめとする通園施設では多く使われる言葉であり、保育所などでは「障害のある子ども」という言葉を使う機会は少ないことが理解できる。

②　「気になる子」という言葉を使う意味

　近年、保育現場、特に専門的な療育機関ではない保育所では「障害のある子ども」を包含する言葉として「気になる子」という表現が使われることが多い。「気になる子」とは、保育現場で「発達において気になる」という意味で使用されることが多く、その範囲は図1－1『「気になる子」が意味する範囲』の通りである。このことから「気になる子」という言葉は、①医師から障害の診断を受けた子ども、②医師の診断を受けていないが障害が疑わしいと思われる子ども、③養育環境上に課題があり発達に心配がある子どもなど様々な背景を含んだ言葉として使われていることが理解できる。

　この「気になる子」という言葉を保育者が使う意味は、保育所に通ってくる子どもたちの中で発達が「気になる子」の多くが②や③の子どもたちで、医学的あるいは養育環境的な原因がはっきりせず、保育者が判断できない状況が背景として考えられる。そして、その言葉を使う保育者の思いは発達に視点を置きながら、それを促していくうえで「特段の配慮が必要な子ども」という意味で使っている。

図1－1　「気になる子」が意味する範囲

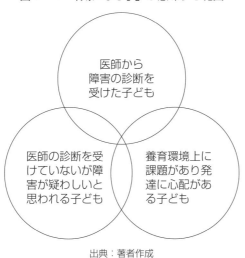

出典：著者作成

障害児保育で大切にしたいこと

　子どもが保育を受ける場所は、保育所、幼稚園、認定こども園のみならず、子育て広場、地域子育て支援センター、児童発達支援センターなど以前にも増して多様化している。では、このような多様な保育の場がある中、保育者は子どもの発達を見守り促していく存在として、さらには障害のある子どもに配慮して保育を展開する担い手として、共通して大切にしなくてはならない本質的な考え方を確認することにする。

① 集団の成長に向けて

▼共生観の育成

　就学前の保育の場は、発達のスピードや質、そして障害の強弱・有無を含めて、様々な子どもが集う場所である。すなわち、そこで行われている保育の多くは統合保育であり、その集団はインクルーシブ社会であると言える。

　関塚ら（1996）は、統合保育場面の子どもと、それを経験し成長した中高生に対し質問紙による調査を行った結果、統合保育の効果の一つとして共生観の育成に大きな効果があったことを報告している。

　発達の差が大きい子どもたちが集う保育場面では、とかく子ども同士のトラブルや保育の意図した活動がなかなか進まないなど保育者にかかる負担は大きい。しかし、この研究結果が指し示すように、統合保育場面では、助けてもらうことや助けてあげること、うまくできないことを許す気持ちや励ます気持ち、そして自分とは異なる存在があること、助け合うことや支え合うこと、それらの気持ちを育む効果が存在していることを保育者は忘れてはならない。

　残念ながら日本において就学後の統合場面は教科教育の効率性を求める中で、学年、年齢を重ねるごとにその環境は少なくなっていく。その子どもたちが大人になって自分とは異なる様々な人間を尊重しながらうまく関係性をもつことができる社会、すなわちインクルーシブ社会の実現には、就学前の統合保育こそが基盤となることを保育者は忘れてはならない。

▼保育者の役割

　保育者は、統一したまとまりのある集団を求めるあまり、時として障害のある子どもがいる集団を低くネガティブに捉えがちである。しかし、子どもの集団は大人社会と異なり、障害のある子の存在を特別視せずに受け入れる

柔軟性をもっている。その環境では、自然な子ども同士の遊びの共有、支え合いが生まれてくるのである。つまり、障害のある子どもを含む集団は、子どもたちが「この世界には様々な人々が存在し、多様な価値観を受け入れる心を育む」環境にあるといえる。

　保育者は、この利点に着目して集団の統一性という一つの評価基準にとらわれることなく集団の成長を支えるグループのファシリテーター（案内人）として子どもたちへ多様な価値観を享受させる実践者でありたい。

② インクルーシブ保育とは

　近年、インクルーシブ保育という言葉が多く聞かれるようになってきた。包含の意味をもつインクルージョン（inclusion 名詞形）の形容詞形がインクルーシブ（inclusive）であり、包み込んでいる状態を指す。

　本章の第2節では障害を特別なこととしてみる大切さについて述べた。インクルーシブ保育は子どもの障害の有無だけではなく、すべての子どもの背景を特別なものとして捉え、国籍や文化、信仰、年齢、性別などにとらわれることなく、それぞれに合った適切な支援を受け、周囲とつながりをもちながら共に成長していく取り組みを示す。図1−2は分離保育、統合保育、インクルーシブ保育の状態をイメージしたものである。

　すべての子どもが互いを尊重し合いながら、能力を十分に発揮できる環境をつくり出していくことが重要となる。

図1−2　分離保育、統合保育、インクルーシブ保育のイメージ

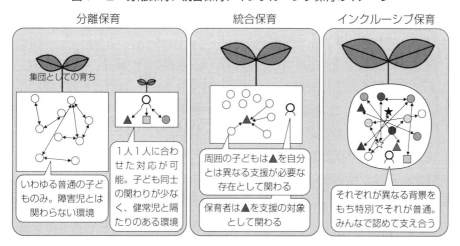

③　一人ひとりの子どもの発達に向けて

　保育者がまず、大切にしなくてはならないのは、その子ども自身の発達である。その発達を促すための保育アプローチの基本的な流れを図1－3に示す。この流れは、障害のある子どもでも定型発達の子どもでも何ら変わりはない。

　ただし、障害のある子どもの発達を促す視点において、定型発達の子どもと異なるのは、アプローチをする方向性が一つではない点にある。具体的には、障害のある子どもに対しては「発達上の長所に対するアプローチ」を焦点化することが重要である。

図1－3　保育アプローチの基本的な流れ

子どもの育ちの把握	日々の保育・家庭の様子、保護者の思い、その子どもの発達の状況などの情報を把握する。また、その情報から子どもの育ちや保育上の課題を抽出する。
計画の作成	子どもの育ちを把握した情報と保育上の課題をもとに計画を立案する。
保育の実践	指導計画に基づき、そのときの子どもの様子や環境を加味しながら実践する。また、実践は記録に残す。
保育の評価	記録をもとに計画や実践が適切であったか評価を行う。評価にあたっては、保育者個人が行ったものを園長や主任等の管理職のレビュー、カンファレンスを通じて客観性のある評価にする。評価結果は、今後の子どもの育ちの情報や計画立案等へ反映させていく。

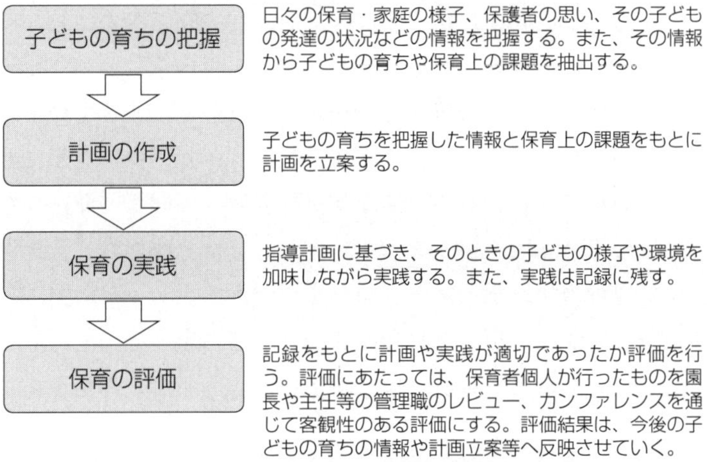

出典：前田泰弘編『実践に生かす障害児保育　第2版』萌文書林　2018年　p.18を一部改変

▼発達上の課題に対するアプローチ

　発達上の課題に対するアプローチとは、保育や教育において一般的に用いられている方法で、定型発達の子どもと比べて、あるいは周りの子どもたちの発達状況と比べて、対象となる子どもが「できていない」「不得意なこと」に対して保育の目標を設定し、それに対する実践を行っていく方法である。

　実践するにあたっては、図1－4のような実践の方法があり、子どもの発達状況に応じて段階的に発達や成長を促すものである。障害のある子どもの発達上の課題の克服にあたっては、保育者の根気強い関わりの実践と気長く見守る姿勢が求められる。とかく保育者は子どもの発達を期待するあまり、過度に関わったり、段階的な実践を一足飛びに省略してしまう危険性を抱えている。障害のある子どもの発達は、繰り返し時間をかけて行う実践によっ

て進んでいくことを忘れてはならない。

図1−4　実践の段階的アプローチ

出典：筆者作成

▼発達上の長所に対するアプローチ

　発達上の長所に対するアプローチとは、その子どもの発達の中で「できている」あるいは「得意なこと」「自信のあること」に対して保育の目標を設定し、それに対する実践を行っていくものである。ここで大切な視点は正常発達という軸でその子どもを見るのではなく、その子どもなりの軸で見る点にある。この視点は、その人（子ども）のストレングス（強み）に着目したエンパワメント的な支援であり、自尊心を育む関わりといえる。

　実践にあたっては、表1−1に示すような、その子どもが自信をもてる具体的な関わりが重要となる。

表1−1　その子どもの自信につながる実践に向けての留意点

○その子どもが「できないこと」「不得意としていること」に対して否定する発言・評価をしない。 ○その子どもが「自信をもてていること」「好きなこと」の行動をした際、褒める等、支持的な声がけを大切にする。 ○その子どもが「自信をもてていること」「好きなこと」ができる活動場面や時間を保障してあげる。 ○集団の中で、その子どもが「得意としていること」が生かせるような活動設定を行う。

出典：筆者作成

まとめてみよう

① あなたが、これから障害のある子どもとの関わりを経験するとして、不安に思うことは何ですか。また、それをどのように克服したいと思いますか。

② 「気になる子」とは、どのような子どもが該当するのかまとめてみよう。

③ あなたが障害児保育を学び・実践する中で最も身につけたいものは何ですか。またその理由はどうしてですか。

【参考文献】

窪田暁子『グループワーク』誠信書房　1969年

関塚淑子・井坂（斎藤）政子「保育園における統合保育の実践と効果：その2　健常児からみた統合保育の効果」『日本保育学会大会研究論文集』1996年

西村重稀・水田敏郎編『障害児保育』中央法規出版　2015年

前田泰弘編『実践に生かす障害児保育　第2版』萌文書林　2018年

第2章　障害児保育の基本を学ぶ

 1　障害とは？

①　障害を捉える2つのモデル

　障害を捉えるのには、2つのモデルがある。1つが古くから用いられてきた医学モデル、もう1つが医学モデルを批判する形で現れてきた社会モデルである。2つのモデルの基本的な考え方は、簡単に示せば、以下のように言い表すことができるだろう。

医学モデル
　　障害は、その人自身の身体に存在すると捉える
社会モデル
　　障害は、社会がつくり出したものと捉える

　今や国際社会だけでなく日本の厚生労働省も文部科学省も、「障害は、社会モデルで捉える」と明言している。少なくとも障害を医学モデルだけで捉えるような考え方は、もはや「過去のもの」と言ってよいだろう。しかし、実際にはいまだに多くの人が医学モデルだけを使って障害を捉えてしまうのも事実のようだ。

　医学モデルの基本は、①その人自身の中に「異常」を見つけ、「診断」すること、②「異常」を治そうとすること、である。

　一方の社会モデルは、医学モデルへの批判として生まれたモデルである。特に、医学が障害を「治す対象」イコール「正常ではない」「よくない状態」として捉える視点が批判の的になった。これに対して、社会モデルでは、障害はその人の身体にあるものではないと考え、医学が扱う対象ではなく、むしろ社会を変えることによって解決できる問題だと捉えるのである。

② 社会モデル

▼社会モデルによる障害の捉え方

　社会モデルでは、障害は社会がつくり出すものと捉える。この考え方は、慣れ親しんでいないだけでなく、一見わかりにくい。しかし、実は、障害の社会モデルの主張はとてもシンプルなものである。

　例えば、医学モデルでは「できないことがある」「ない部分がある」ことを障害と捉えることが多い。「歩けない」「足がない」ことを障害と考えるのが、医学モデルの障害観である。ところが、医学モデルでは「羽がない」や「飛べない」は障害とは捉えない。

　それはなぜだろう?

　答えは簡単だ。地球に住む人というのは、みんな羽がないし、飛べないものだからである。医学モデルの基本は多数決なのである。つまり、医学モデルでは「みんな」ができること、「みんな」と同じであることが「健常」になる。逆に、「みんなができることができないこと」「みんなの身体にあるものがない状態」を「障害」と呼ぶのである。

　ところで、羽のないその人の状態は、地球では「障害」と呼ばないが、羽がある人しか住んでいない星に行ったらどうなるだろう?

　羽のある人しか住んでいない世の中では、羽のない人の身体は「異常」に見えるだろう。また、羽のある人だけでつくった世の中は、羽のない人にはとても不便な世の中に違いない。例えば、羽のある人たちにとって2階建ての建物には階段が不要だ。みんなが飛んで窓から入ってくることができるのだから。そんな世の中で羽のない人は、飛べないために2階にたどり着けず、気の毒に思った羽のある人たちに引っ張り上げてもらうか、羽の代わりの機械を取りつけて飛ばせてもらうことになる。そこでその人は、障害者と呼ばれることになる。

　これが「障害はその人の身体にはなく、社会がつくり出すもの」という意味である。「足があって羽がない」という、その人自身の身体の状態は変わらないのに、羽がある人が多いか、羽のない人が多いかという社会の状態によって、社会のつくられ方が変わり、それによって「障害と呼ばれる状態」が違ってくるということである。

▼左利きの人の話を聞いてみよう

　みなさんの中で左利きの人たちに、「これまでに不便だと思ったこと」を聞いてみてほしい(章末の「まとめてみよう」で取り組んでください)。実は、左利きの人たちは、右利きの人たちが想像もしなかったことで、ずいぶん苦

労してきている。「もう慣れた」という人もいるだろうが、そんな「諦め」も含めて、右利きの人たちは、左利きの人たちの不便を考えもせずに、自分たちのつくった社会を当たり前のものとして生活していることを知ることになるだろう。多数決でつくられた社会が、いかに少数の人たちを排除しているか、それを知ったら、きっと左利きの人たち以上に不便をしている多くの障害のある人たちの立場がわかるはずだ。「障害は社会がつくる」という社会モデルの主張が、実体験として理解できるのではないだろうか。

③　社会モデルの考え方の広がり

　社会モデルの障害の捉え方は、1970年代、同時に世界各地で認識されるようになり、瞬く間に世界中に広まった。そして、その考え方は、国連の「障害者の権利に関する条約」[1]にも、大きな影響を与えることになった。

　「障害者の権利に関する条約」には「合理的配慮」という言葉がある。「合理的配慮」とは、「障害者が他の者との平等を基礎として全ての人権及び基本的自由を享有し、又は行使することを確保するための必要かつ適当な変更及び調整であって、特定の場合において必要とされるものであり、かつ、均衡を失した又は過度の負担を課さないもの」をいう（同条約第2条）。この言葉は、前項で例にした「階段」を例にするとわかりやすい。

　階段は、羽がなく飛べない人たちのためにつくられた「合理的配慮」の一つである。すなわち、「健常」者たちも、実はたくさんの配慮に囲まれて生活しているのである。

　しかし、そんな多数派の人々は、自分たちが配慮をたくさん受けているにもかかわらず、少数派の人に配慮することを「特別な配慮」と考えている。車いすで生活する肢体不自由の人に階段の代わりのスロープを用意すること、車いすが乗れるエレベーターを設置すること。すべてを「（自分には必要ない）特別な配慮」と捉えていないだろうか。

　一方、社会モデルでは、障害のある人に対する配慮を「当然の配慮」と考える。世の中が多数派の人たちに配慮してつくられているのと同じように、少数派の人にももっと配慮するのが当然と考え、「合理的配慮」をすべきと考えるのである。

　「障害者の権利に関する条約」に批准した国では、障害者に対して合理的配慮をするのは当然のこととされる。「合理的配慮をするのがよい」ではなく、配慮するのが当たり前で、「合理的配慮をしないのは罪になる」というのが基本的な考え方である。

2つのモデルの統合　ICF（＝国際生活機能分類）

① ICFの基本的捉え方

このように、社会モデルは、今では国際的にも障害を捉える際の常識となったが、それまで障害を独占的に扱ってきた医学の世界で障害が扱われなくなったわけでもない。障害者と認められなければ、様々な合理的配慮も受けることは難しいし、障害者と認めるには医学的な診断基準を使う以外に方法がない。「障害は社会がつくる」とはいっても、誰がその不便を引き受けているのかを明確にしなくては、配慮のしようもないからである。

しかし、障害の社会モデルの考え方は、医学にも大きな影響を与えた。それまで説明できなかったことが社会モデルを使うことで説明できることがわかり、医学の世界でも社会モデルを使うことが常識になっていったのである。

そこで、医学の世界のトップ機関であるWHO（世界保健機関）は、医学モデルと社会モデルを統合した障害の捉え方を示した。それがICF（International Classification of Functioning, Disability and Health：国際生活機能分類）である。

医学モデルと社会モデルの統合とは、どういうことを示すのだろう。統合とは単に2つのものを合わせることではない。ここでは、「医学モデルの捉え方も、社会モデルの捉え方も、どちらも捨てず、両方を上手に使いこなす」ことと定義して話を進めよう。

このように考えると、ICFでは「障害は、その人の身体とその周囲の環境、さらにそれを形成している社会との相互関係にある」と捉えることができるだろう。ここで最も重要なのは、個人の身体とその周囲の環境だけの相互作用ではなく、その環境をもつくっている社会全体の「つくられ方」が相互作用の要素であるという社会モデルの視点である。

② ICFの構成要素：生活機能の3要素

図2-1は、ICFの構成要素作用図である。ICFには「障害」という構成要素はない。構成要素は、1）健康状態、2）生活機能、3）背景因子の3段階に分かれている。このうちの2）生活機能が、ICFの中心をなすリストである。生活機能は「心身機能・身体構造」（すなわち、個人の身体の状態）と「活動」（その人が一人ですることができる活動）、「参加」（一人

では成立しない活動。社会的な関わりの中で行われること）の３つの要素からなる。

図2-1　ＩＣＦの構成要素間作用図

国際生活機能分類(ICF：International Classification of Functioning, Disability and Health, 2001.)

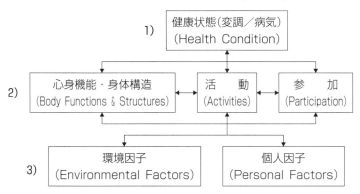

出典：WHO編International Classification of Functioning, Disability and Health, 2002（世界保健機関編「ＩＣＦ国際生活機能分類—国際障害分類改定版—」中央法規出版）

　実際のＩＣＦは写真のように辞書のような書籍となっている。1454のコードが章別に分類されたリストになっており、アルファベットと数字で整理されている。

　例えば、心身機能の章には、［b117知的機能］や［b2100視力］があるし、活動と参加の章には［d540更衣］や［d330話すこと］のように生活場面に密着したコード、［d7500友人との関係］のような対人関係を示すコードや［d920レクリエーションとレジャー］のような生活の質につながるコードもある。

　心身機能・身体構造、活動、参加という３つの要素は、「できるかできないか」という能力の面と、「しているかしていないか」という実行状況の面

ＩＣＦの書籍

の両面から評価される。この視点は重要である。例えば、言葉を話すことができるのに、実際の生活では誰かと会話する機会がなければ、せっかくの話す能力も意味がない。反対に、言葉を話すことができない人でも、メールのような道具を使って誰かとの会話を楽しんでいるという状態は、「実行状況がよい」と評価することができる。ICFは、それまでのように検査室の中での能力だけを評価するのではなく、実際の生活場面に着目して、能力と実行状況の2つを評価することを重視するのである。ICFがめざしているのは、個人の身体の治療ではなく、人の生活の改善、「社会がつくった障害」の治療だからである。

③　ICFの構成要素：背景因子

　ICFが「社会がつくった障害」をターゲットにしていることは、ICFが背景因子のリストを備えていることからもわかる。背景因子には、環境因子と個人因子がある。

　環境因子には、その人の周囲を取り囲む「人的環境因子」、車いすや薬のような「物的環境因子」、坂道や階段、様々な音環境や自然環境のような「環境的環境因子」、法律や制度、または社会の人の偏見のような「社会的環境因子」が含まれる。

　障害のある人にとって、スロープのような環境的環境因子や家族や支援者のような人的環境因子が重要であることはこれまでも言われてきたことだが、ICFには社会モデルを意識しているいくつかの社会的環境因子のコードがある。例えば、［e460社会的態度］や［e465社会的規範・慣行・イデオロギー］である。その数は圧倒的に少なく、内容も十分ではないということは指摘されているが、こうした社会的要素が障害をつくり出しているという社会モデルの主張が活かされていることは、注目してよいだろう。

　［e345よく知らない人］というコードにも、社会モデルの捉え方が現れている。［よく知らない人］とは、その人と個人的に名前を名乗り合うような関係ではないものの関わる人のことで、よく利用する店の店員や他のクラスの担任のような、知っているようで、よくは知らない人である。障害のある子どもにとって、こうした人々との関わりや支援こそ重要であることは、もっと多くの人に知ってもらいたいことである。さらに、［よく知らない人］が障害のある人にどのように接するかは、［e465社会的規範・慣行・イデオロギー］から導き出されており、［よく知らない人］の総意でもある［e460社会的態度］は、結果的に［e595政治］を動かし、［e585教育や訓練の制度］

などをつくり出していくのである。これらすべてが「障害」をつくっている
要素であることが、ICFが示す社会モデル面の一つである。

④　ICF関連図

　ICFの構成要素間作用図（図2−1）をもとに、コード間の関連を図に
示す方法がある。一人の人を囲む障害の状態をわかりやすく、視覚的に捉え
ることができる簡便な方法である。保育の現場でも、様々な場面で知り得た
情報を整理する際に、気軽に使えるものである。
　関連図のつくり方は様々であるが、ここではコード番号を使わずにまとめ
る、簡便な作成法でつくった関連図を見てみよう。この事例は、保育所の年
長クラスにいる肢体不自由と知的障害のある子どものものである。運動会の
リレーにクラス全員が参加するため、足の遅いこの子をどのように参加させ
るかという図である（図2−2）。
　「健康状態」は肢体不自由と知的障害である。「心身機能」は知的機能の遅
れとバランスの悪さ、「活動」では走るのが遅いことが問題になっている。「参

図2−2　ICF関連図「運動会リレーの参加」

出典：筆者作成

35

加」は運動会のリレーへの参加である。そのためには、「環境因子」として理学療法士による走る訓練という支援等もあるが、保育士ができることとして、リレーの「ルールの変更」という支援も考えられる。

　ちなみに社会モデルがめざす社会の変革とは、「社会のルールの変更」であり、保育所という小さな社会の中でも「ルールの変更」は非常に有効な方法である。リレールールの変更では、走る距離を変えたり、保育士がおぶって走るなどの方法もあるだろうが、クラスの他の子どもの気持ちも重視すべきである。その子を第一走者として紅白2本のバトンを持って走り第二走者に渡す。または紅白両チームで一度ずつ走るなどの方法も考えられる。

　ここでどの方法を選ぶかは、それをその子自身やクラスメイト、その保護者らがどう感じるかということによる。すなわち、背景因子のうちの一つ「個人因子」（性格やその子の経験、主観など）にも注目することを忘れてはならないということである。また、こうしたリレーが成立するのは、園全体の理解がその背景にあるということも重要である。

 ## 保育者に求められるこれからの障害観

　このように、ＩＣＦ関連図の中で見れば、「保育者」は人的環境因子の一人である。保育者の一挙一動がすべて子どもたちの生活機能に影響する。もちろん、よい影響を与えることを前提に関わるのが仕事なのだが、時には思いもかけないマイナスの影響を与えることがあることも自覚しなくてはならない。

　例えば、発語の遅れた子どもに「言ってごらん」などと発語を強要し、結果として言語発達を阻害することもある。そこには、「人は言語を使わなければならない」という思い込み（＝［ e465社会的規範]）がある。思い込みから脱し、ＩＣＦ関連図をつくって、活動［話すこと］が、その子のなんの参加のためなのかを考えれば、発語にこだわらず支援を広げることができるだろう。例えば、それが［挨拶］のためなら、発語にこだわらず表情や動作で表現することを促すこともできる。［誰かと会話を楽しむ］ための［話すこと］であるなら、メールなどの他の手段を教えることもできる。

　逆に、発語のない子どもの気持ちを先読みして、本人が何も言わないのに要求を叶えてしまうことも、子どもの言語発達をさらに遅らせてしまう。そこには、「私だけが理解者である」という思い込みがある。冷静になってＩＣＦ関連図を頭に描けば、子どもの周囲には自分以外にも多くの支援者がい

ることに気づくだろう。そして、［よく知らない人］と関わるときの方が、子どもはずっと一生懸命言葉を紡ごうとすることに気がつくこともあるだろう。

　このように、ＩＣＦの関連図を描くことによって、発達全体から一人の子どもの状況を見ることができる。障害のある本人だけが頑張ることが唯一の解決方法なのではなく、合理的配慮を含む、様々なアプローチを柔軟に用意することができる保育者の力量が求められている。「障害は個人と環境と社会との相互作用によってつくられる」という障害観が、柔軟な保育を可能にするのである。

まとめてみよう

① 障害の医学モデルと社会モデルの違いについて、簡単なイラストなどを描きながら解説してみよう。
② 左利きの人の話を聞いて感じたことをまとめてみよう。特に左利きの人がどのようなことに不便を感じていたか、右利きの人たちはそれを知っていたのか。そのことから、障害のある人と社会との関係をどう説明することができるかを考えてみよう。
③ 「発語」は子どものどんな参加につながるのか、グループで話し合ってみよう。それを言語以外の手段で叶えるにはどうしたらよいか考えてみよう。

【引用文献】
1）外務省「障害者の権利に関する条約」
　　https://www.mofa.go.jp/mofaj/gaiko/jinken/index_shogaisha.html
　　（2023/5/22 閲覧）

コラム
「しょうがい」の表記について

　みなさんは、近頃「障がい」という表記を目にすることはないだろうか。この表記は、2003年頃からはじまったもので、2014年3月までに23都道府県・政令市や企業が、しょうがいのある人を示す場合に「障がい」の表記を、正式に採用している。

　「障害」の害の字は「公害」や「害虫」などのように使われることから、不快なイメージがあり、人を表すときにふさわしい字ではないという意見があった。それが発端となり様々なしょうがい表記が現れたのである。

　まずはじめに、「害」の字の代わりに「碍」という字を推す声があがった。実は、「障碍」は「障害」より早く、平安末期から一般的に使われてきたというのだ。「障害」の方が一般的になったのは、「当用漢字表」に「碍」が採用されなかったためで、戦後のことだ。「碍」には「さまたげ」「壁」という意味があるものの、「害」の字のように攻撃的な意味合いが薄い。そこで、「障害」をもう一度「障碍」に戻したらいいという意見があったのだ。

　しかし、「障碍」は、当用漢字にないため、やはり馴染みにくい。国が当用漢字を増やすことには相当の慎重さを要することから、次の策としてあがったのが「障がい」の表記であった。つまり、「障がい」は、「障害」を使いたくはないが「障碍」には踏み切れないという中で生まれた表記というわけである。この表記の採用に際しては、多くの自治体が「当事者団体等からの要請があった」や「(「害」の字を使うことで)不快に思う方がいらっしゃることに配慮した」ことを理由としている。

　そんなわけで、現在、日本では、「障害」と「障がい」「障碍」が混在している。さらにそこに、「チャレンジド(＝挑戦する人)」や「サバイバー(＝逆境に負けない人)」などの呼び方も生まれており、錯綜していると言ってよい。

　国もこの問題を重く見ており、有識者会議において検討したり、2015年には国会質疑にもこの問題が取りあげられた。しかし、結局のところ、結論はまだ出ていない。そこには、しょうがいのある当事者団体からの意見が一致しなかったことが大きい。中でも、「(しょうがい者とは)社会によって害を受けている人であるという意味を込めて、あえて「障害」と表記したい。「障がい」のように意味を見えなくすることによって、この問題をなかったことにすることの方が問題である」という趣旨の意見は説得力があった。国はひとまず、「原則として「障害」を用いる」と表明した。

　ただ、このことは簡単に片づけてはならない問題でもある。こうした様々な表記を目にするたびに、みなさんも考えてほしいのだ。それを書いた人はなぜその表記にしたのか。そこにどんな気持ちが込められているのか。そして、自分はどう表記するか。それは「しょうがい」とは何か？という、とても難しい問いへの答えを探す第一歩になるはずである。

第**3**章　発達と障害

 1 発達とその原動力

① 発達とは何か

　発達（development）は、「人の誕生から死に至るまでのあいだ、後戻りのきかない（非可逆的な）、方向性をもち、いくつかの構造的な節目をもった行動的、人格的な変化の過程」である[1]。生涯発達の視点に立てば、能力面で見ても、発達の過程は進歩や向上があるばかりではなく、退歩や下降もある過程とされる。

　また、発達の類義語に「成熟」（maturation）[*1]と「成長」（growth）[*2]という言葉があるが、これらは発達とは若干異なる意味合いがある。園山によれば、これらは遺伝的、生物学的意味合いが強い生理的過程であり、一方の発達は、これらの要因に加え環境的な影響を受けて生じる人の構造や思考または行動の長期間の変化を意味する[2]。乳幼児期は発育や発達が著しく、人格の基礎が形成される時期でもあるため、子どもが主体的に関われる応答的な環境と、それをつくり出す人の存在が必要不可欠となる。

② 生物学的要因と環境的要因の相互作用

▼生物学的要因

　生物学的要因では、特に遺伝が重要な鍵を握る（遺伝要因重視説[*3]）。すべての人間は遺伝子をもつが、遺伝学によると、私たちの生命が受精によってはじまったとき、両親から受け継いだ遺伝子コードの構成は決定され、以降変わることなく個体に影響する。遺伝子の数は非常に多く、個々の役割も非常に複雑なため、遺伝子コードと実際の具体的な形質や特性の現れ方は単純ではない。しかし、身長や顔貌、血液型、身体機能の成熟などに様々な影響を及ぼし、私たちの発達の原動力の根幹を成す。

　この遺伝子を構成するものが染色体である。すべての細胞には染色体が存在し、私たちは親から引き継いだ命の情報を遺伝子レベルで受け継いでいる。染色体レベルでの異常が、ある種の病気や障害として現れ、発達の遅れをもたらすこともある。

＊1　成熟
（maturation）
遺伝的、生物学的な要因によって、ある形質や特性が発現してくること。出生時にはまだ現れていないが大人になるまでの過程で、ある時期にある順序で現れる形質や特質を指す。例えば乳幼児期の中枢神経系の成熟により姿勢保持からハイハイができるようになり、直立歩行になる運動機能の現れは一例である。その他にも言語機能の発現が成熟の例としてあげられる。

＊2　成長（growth）
遺伝的、生物学的な要因に影響を受けながら、身体の大きさや機能、複雑さが最も高い成熟に向かい増大していくこと。例えば、乳幼児の身長や体重が完成形に向けて質量ともに増大する様子は成長の例と考えられる。

＊3　遺伝要因重視説
発達を規定する要因として、主に遺伝の役割を重視する説。

▼環境的要因

　一方、遺伝的な素質はすべて表現されるのではなく、潜在的可能性として潜在したままのものも多い。したがって、ある種の能力が開花するためには、それに必要な環境をつくることが重要になる（環境要因重視説[*4]）。この理論に立てば、私たちが生物としての「ヒト」から社会的な存在としての「人」になる過程において、幼少期からの適切な養育環境と、そこで経験する初期体験が発達の原動力となる。そのたとえとなるのが、「アヴェロンの野生児」や「狼に育てられたアマラとカマラ」に代表される野生児研究である。

　また、環境要因重視説に立てば、そこでの学習内容も発達の原動力として重要な役割を果たす。「三つ子の魂百まで」という諺（ことわざ）があるように、幼少期に獲得した能力は一生変わらない。古くは古典的条件づけやオペラント条件づけによる条件反射や繰り返しによる学習、攻撃行動の模倣学習など、環境要因に裏づけられる研究も多い。

▼生物学的要因と環境的要因の相互性

　これまで絶えず議論となったのは、生物学的要因と環境的要因のどちらが発達に影響するかという問題である。過去においてはこれらの説が対立することもあった。しかし、一部の遺伝的素質の開花は環境に影響されることや、環境要因としての学習も遺伝的素質により制限される場合があることから、両要因の相互性が見えてきた。

　このことから、「遺伝か環境か」という二者択一的な考え自体が無意味であることが証明された（輻輳説[*5]）。そして今では、過去の研究に基づき、生物学的要因と環境的要因のどちらも発達の原動力として大切な要因と考えられている。

2 乳幼児期の発達特性

　乳幼児期は、人生の中で発達が最も著しく、人としての育ちを支えるいわば「根っこ（土台）」を形成する時期である。保育者は、子どもの生命を保持するだけではなく、子どもの健やかな育ちや発達を保障しなければならない。それは、障害のある子どもに関しても同様である。本節では、発達を支援するために必要な乳幼児期の発達の目安とその特徴について述べる。

① 乳幼児期の発達過程とその特徴

▼発達過程

　保育者は子どもの発達特性とその道筋を十分に理解し、一人ひとりの発達過程に応じ、見通しをもった保育を行わなければならない。発達過程をふまえた適切な援助を行うために、保育所保育指針では、第2章「保育の内容」において、乳児保育に関わるねらい及び内容、1歳以上3歳未満、3歳以上児の保育に関するねらい及び内容について解説しており、「基本的事項」としてそれぞれの時期の発達の特徴を示している。さらに、子どもの発達に関する内容は、各時期のねらい及び内容と内容の取り扱いにも盛り込まれた(表3-1)。

　ここで留意すべきは、指針においては、子どもの発達を環境との相互作用によって、資質や能力が育まれていく過程と捉えていることである。すなわち、ある時点で何ができる/できないといったことで発達を見ようとする画一的な捉え方ではなく、それぞれの子どもの育ちゆく過程の全体を大切にしようとする考え方で、「発達過程」という用語を用いている[3]。また保育所保育指針では、子どもの育つ道筋やその特徴をふまえ、発達の個人差に留意することが示されている。

　発達過程には、「個別性（個人差）」や「順序性」、「連続性（継続性）」が存在することから、表3-1に示す発達過程は到達目標とするのではなく、保育内容を考える際の一つの資源と捉えたい。

▼発達の個人差

　表3-1の各時期の発達過程は、生活年齢を基準に多数の子どもの育ちの結果を平均化したものである。各時期の発達は、階段を昇っていくような右肩上がりに一直線に進んでいくものではなく、周期的な反復や発達の遅滞や加速を繰り返す特徴がある。特に障害のある子どもは、その障害や個人の特性に応じて発達過程がさらに多様となる。それぞれの時期での発達の到達や通過には大きな個人差があることに留意し、一人ひとりの育ちの個性を捉えた保育を実践することが大切である。

▼発達の順序性

　発達には順序性があり、ある時期の発達過程を飛び越して次の段階に入ることはない。発達過程は表3-1に示すもの以外にも様々なものが提唱される。最も一般的な発達過程の例は、人の発達を胎児期から老年期までの一生で捉えようとするものである。詳細には、胎児期、新生児期、乳児期、幼児期、児童期、青年期、壮年期、老年期と区分されるが、乳児期の子どもが一

表3−1　保育所保育指針に示される乳幼児の発達の特徴と保育の留意点

1．乳児保育に関わるねらい及び内容⑴基本的事項より
乳児期の発達については、視覚、聴覚などの感覚や、座る、はう、歩くなどの運動機能が著しく発達し、特定の大人との応答的な関わりを通じて、情緒的な絆が形成されるといった特徴がある。これらの発達の特徴を踏まえて、乳児保育は、愛情豊かに、応答的に行われることが特に必要である。 　この時期の発達の特徴を踏まえ、乳児保育の「ねらい」及び「内容」については、身体的発達に関する視点「健やかに伸び伸びと育つ」、社会的発達に関する視点「身近な人と気持ちが通じ合う」及び精神的発達に関する視点「身近なものと関わり感性が育つ」としてまとめ、示している。
2．1歳以上3歳未満児の保育に関わるねらい及び内容⑴基本的事項より
この時期においては、歩き始めから、歩く、走る、跳ぶなどへと、基本的な運動機能が次第に発達し、排せつの自立のための身体的機能も整うようになる。つまむ、めくるなどの指先の機能も発達し、食事、衣類の着脱なども、保育士等の援助の下で自分で行うようになる。発声も明瞭になり、語彙も増加し、自分の意思や欲求を言葉で表出できるようになる。このように自分でできることが増えてくる時期であることから、保育士等は、子どもの生活の安定を図りながら、自分でしようとする気持ちを尊重し、温かく見守るとともに、愛情豊かに、応答的に関わることが必要である。 　この時期の発達の特徴を踏まえ、保育の「ねらい」及び「内容」について、心身の健康に関する領域「健康」、人との関わりに関する領域「人間関係」、身近な環境との関わりに関する領域「環境」、言葉の獲得に関する領域「言葉」及び感性と表現に関する領域「表現」としてまとめ、示している。
3．3歳以上児の保育に関するねらい及び内容⑴基本的事項より
この時期においては、運動機能の発達により、基本的な動作が一通りできるようになるとともに、基本的な生活習慣もほぼ自立できるようになる。理解する語彙数が急激に増加し、知的興味や関心も高まってくる。仲間と遊び、仲間の中の一人という自覚が生じ、集団的な遊びや協同的な活動も見られるようになる。これらの発達の特徴を踏まえて、この時期の保育においては、個の成長と集団としての活動の充実が図られるようにしなければならない。 　この時期の発達の特徴を踏まえ、保育の「ねらい」及び「内容」について、心身の健康に関する領域「健康」、人との関わりに関する領域「人間関係」、身近な環境との関わりに関する領域「環境」、言葉の獲得に関する領域「言葉」及び感性と表現に関する領域「表現」としてまとめ、示している。

注：上記の内容は「生命の維持」及び「情緒の安定」に関わる保育の内容と一体となって展開される。
　　なお、ねらいの内容、内容の取り扱いにおいても乳幼児の発達の姿が示されるが、発達に関する詳
　　細の解説は『保育所保育指針解説』を参照のこと。
出典：厚生労働省『保育所保育指針解説書』フレーベル館　2018年をもとに筆者作成

足飛びに児童期に移行することはあり得ない。また、老年期から青年期に後戻りすることもなく、一定の順序性があることが明らかである。

　なお、発達過程に示される心身の成長や発達は、一人ひとりの子どもが通過してきた過程、もしくは今後あゆむだろう道筋である。あゆみの速度や期間の長さに違いはあるが必ず通過する道のりである。しかし、年齢が同じな

らどの子も同じ発達の様子を見せるわけではない。特に障害のある子どもに関しては、実年齢に相当する発達過程を重視するのではなく、今到達している生活年齢の区分をふまえて保育内容を工夫することが望ましい。

▼発達の相互性

乳幼児期の子どもは様々な環境との相互作用によって発達する。自ら環境に主体的に働きかけ、人とのやり取りや物との関わりを積み重ねる中で、新たな知識や技能に対する憧れや好奇心などが芽生える。自らが「関わりたい」と思えるような環境との相互作用の結果、子どもは様々な能力を獲得し発達するのである。

▼発達の連続性

大人はわが子が何か一つ物事ができるようになると、次々とできることを増やしてやりたいという強い願いから、子どもの発達をせかしがちである。しかし、発達の過程は長期的な視野で捉えるべきであり、子どもが今できるようになった物事を十分認め、今ある姿が将来につながることを信じて関わりたい。発達は日々の生活の積み重ねの結果であり、連続性の中で生じる[6]。

3　障害が乳幼児の発達に与える影響

乳幼児期は適切な環境の中で、人や物との関わりを通して発達する。第2節に示した発達の過程は、保育を実践するうえでの一つの目安になるが、障害のある子どもの中には、「個人差」では済ませられない遅れが見られることがある。本節では、障害に関わる個人差や個人内差について解説し、乳幼児の発達に見られる遅れや偏り、歪みについて説明する。

① 障害に関わる個人差および個人内差の特徴

障害は発達の個人差に影響を及ぼす要因の一つで、障害のある子どもの発達は健常な子どもたちの平均よりも遅れており、緩やかである。さらに、同じ障害であっても、障害の部位や症状の範囲、程度によって個人差が変わってくるし、育った環境によっても違ってくる。子どもの個人差の程度の大小は、集団生活を通して徐々に見えてくる性質があるため、一般家庭における養育過程では気づきにくい場合がある。特に、子どもの誕生が第一子の場合や、他児と関わる経験の少ない家庭の場合は、保育所等での集団生活が本格化するまで気づかれにくい。

*6
先に述べた発達の順序性において、一生を胎児期から老年期に区分した例は発達心理学では発達段階と呼ばれる。発達段階理論はフロイトやピアジェ、エリクソンなど多くの研究者が提唱しているがいずれも年齢によって時間軸で区切られる。それはややもすると、ある時期がくれば次の段階へステップアップするような印象や、各段階が人の一生から独立して存在するかのような印象を与えかねない。私たちの生涯はそれぞれの発達の時期を経験しながらも決して途切れることのない連続性として捉えることができる。

また、障害がある子どもは個人差が大きいことだけではなく、個人内差も大きい場合がある。個人内差とは、同一の子どもでも発達の領域ごとに発達レベルが異なることであり、比較的順調な領域と遅い領域がある。個人内差は、障害の有無に関わらず、どの子どもの中にも見られる現象である。しかし、心身の発達が著しい乳幼児期において、何らかの障害がある子どもは個人内差も大きく発達がアンバランスである。

② 乳幼児の発達に影響する要因

　発達の個人差や個人内差は、「発達の遅れ」や「発達の偏り」、「発達の歪み」として現れる。乳幼児の発達に影響する要因として以下にまとめる[4]。

▼発達の遅れ

　同じ年齢集団の子どもと比べ、ある行動の達成年齢や月齢が全般的に大きく遅れる場合を意味する。主に知的障害や運動障害等の障害に伴って、言葉や認知に関わる機能、運動発達に関わる機能の遅れが見られる。

▼発達の偏り

　発達に全般的な遅れはないが、同じ年齢集団の子どもと比べて、特定の行動が極端な場合である。例えば、ADHDの場合、発達に全般的な遅れはないが、他児に比べ極端に多動性や衝動性による行動が目立ったり、集中力の欠如から忘れ物が多いなどの行動が見られる。また、LDの子どもにも発達の偏りが見られ、知的な遅れがなく同年齢の子どもと関われるのに、特定の能力において著しい遅れが見られる。これらは発達の偏りによって生じる現象である。

▼発達の歪み

　同じ年齢集団の子どもたちには見られない行動が繰り返し見られるような場合をいう。例えば自閉スペクトラム症の場合、特有の社会的コミュニケーションが見られたり、反復行動への強いこだわりを示す。これらは他児には見られない発達の歪みといえる。

4 保育の中での気づき

　ここまでに、私たちの発達を支え原動力になるものとして、生物学的要因と環境的要因があり、これらが相互に関連し合って発達が促されることが明らかとなった。また、乳幼児期の発達過程とその特徴について見ていく中で、

発達の個人差の範囲では済ませられない発達の遅れや偏り、歪みが障害の要因となることがわかった。これらを踏まえ、本節では、障害に関する保育の中での気づきについて解説する。特に、インフォーマルアセスメントやPDCAサイクルアセスメント、情報収集とカンファレンスについては、保育者等が保育の中で実践できる方法である。

①　保育の中の「気になる子ども」

「気になる子ども」という捉え方は、子どもの育ちが幼くなってきたことや、関わり方が難しい、何かおかしいと思うがそれをうまく表現できない子どもがいるなどの保育者の声から生まれてきた。つまり、保育者としては「気になる子ども」の育ちなのだが、その子の状態を的確に表現できない子どもの姿を指す表現である（土谷、2011）[5]。

そもそも、なぜ、「気になる子ども」の状態を的確に表現できないのか。それは、乳幼児期の成長が著しく、また子どもたちが発達途中であることが原因と考えられる。特に、乳幼児期の神経発達症群は判断や確定が難しく、その後の成長によって診断名が変わることもある。

したがって、保育者は日々の保育の中で、これまでの保育経験や、他児との発達の違いなどを参考に、「気になる子ども」の様子を捉えていくことになる。その指標として、①認知や行動などの発達の進度に関する気がかり、②集団生活を送るうえで周囲に迷惑をかけるなど、注意・衝動の統制に関する気がかり、③緊張が強くて友だちと遊べないなど、対人関係に関する社会性の問題、④親の子どもへの関わり方や保育への関心の薄さがある[6]。

これらのことから、乳幼児期の支援に関しては、障害名に捉われることなく、一人ひとりの「気になる」状態を的確に把握した対応が求められる。

②　障害を理解するためのアセスメント方法

障害を理解する方法には、フォーマルアセスメントとインフォーマルアセスメントがある。両者をうまく組み合わせることで、「気になる子ども」の発達の程度と支援方法が見えてくる。つまり、個人の能力や特性について明確になれば、その子が抱える問題点や教育的ニーズを知ることができ、援助の目標や計画を立てる手がかりを得られる。

▼フォーマルアセスメント

標準化されたテストバッテリー[*7]を正規の手続きで用いて発達を評価す

*7
複数のテストを組み合わせて実施すること。単一テストの限られた情報に対して、多面的に情報を得ることができる。

る方法をフォーマルアセスメントという。一定の手続き通りに行うことで、客観的なデータを得ることができ、アセスメントデータを蓄積すれば、個人内の様々な比較や検討が可能となる。さらに個人間の比較や傾向を知ることができ、援助方法の検討に有効である。しかしながら、実施にあたっては、一定以上の経験と研修が必要で、誰でも実施できるわけではない。また、実施時間がおよそ40～60分程度かかるため、子どもへの負担も大きい。よく利用されるアセスメントツールは表3－2のようなものがあげられる。

表3－2　よく利用されるアセスメントツール

①知能検査・発達検査	ウェクスラー式（WPPSI）、田中ビネー式、K－ABC、K式など
②生活能力・問題行動に関するツール	生活能力：S－M社会生活能力検査 問題行動：CBCL、TRF、SDQなど
③ASD特性に関するツール	M－CHAT、PARS、CARS、PEPなど
④ADHD－LD特性に関するツール	ADHD－RS、Conners、CAADID、CAARS、LDI－Rなど
⑤運動機能に関するツール	DCDQ、M－ABCなど
⑥その他	TOM心の理論課題検査法、DN－CAS認知評価システム、KIDS乳幼児発達スケール、P－F絵画欲求不満テスト、遠城寺式・乳幼児分析的発達検査、ITPA言語学習能力検査、津守・稲毛式精神発達質問紙など

出典：辻井正次監修『発達障害者支援とアセスメントのガイドライン』金子書房　2014年をもとに筆者作成

▼インフォーマルアセスメント

　標準化されていないアセスメントを用いて評価する方法である。フォーマルアセスメントと異なり、独自のチェックリストなどを用いて評価できる。また、一定期間の行動観察を行ったり、フォーマルアセスメントで用いる標準化された検査を部分的に使うこともできる。評価項目を絞り込むことで、時間もかからず負担が少ない。この方法によって、教育や保育の計画、目標を立てやすくなるが、項目の信頼性は乏しく、データの蓄積や比較は困難となる。

▼教育や支援を評価するためのPDCAサイクル

　「Plan（計画）」「Do（実行）」「Check（評価）」「Act（改善）」のPDCAサイクルを用い、最初のアセスメントと援助を行った後のアセスメントを比較する方法である。子どもの発達の伸びを知ることができ、伸びが悪かった

部分の教育や援助の方法に関する目標設定を見直すことができる（第15章図15-1、169頁参照）。

③　発達を支援するための情報収集とカンファレンス

「気になる」子どもの育ちを的確に把握するため、保育現場では、心理職者や保健師等の専門家が定期的に巡回する。しかし、巡回は次回訪問まで一定期間の空白ができ、毎日の子どもの様子や仲間関係を連続して追えないという欠点がある。そこで、情報収集の一つとして、保育者による日々の観察と記録が重要な役割を果たす。

保育者ができる情報収集には、①資料による収集、②聴き取りによる収集、③行動観察による収集の3点がある。まず、資料による方法では、保護者から提供された子どもの育ちの基礎資料（成育歴や療育歴、家庭状況や生活状況などの記録）が参考になる。また、前年度のクラス担任がまとめた「気になる」子どもの成長や発達の様子、仲間関係の記録も参考になる。

これらの基礎資料をもとに、保護者の気持ちに寄り添って子どもの様子をていねいに聴いていくと、資料には書ききれなかった子どもの育ちや保護者の願いが見えてくる。また、日々子どもと関わる保育者だからこそできる参与型の行動観察[*8]を通し、個々の発達水準と特徴、障害状況などが理解できる。

*8　参与型の行動観察
保育活動をしながら行う観察法。子どもの行動の全容を把握するために、直接子どもにふれあって、そこから外側から見ただけでは感じることのできない子どもの気持ちを読み取る。

上記の観点から収集した情報を記録し、専門職者等と定期的に保育カンファレンスを行えば、立場が異なるそれぞれの視点からの有効な情報が得られ、子どもの育ちを支え保障するための手立てへとつながる。

✍まとめてみよう

> ①　保育所保育指針より、乳児保育、1歳以上～3歳未満児、3歳以上児の保育に関するねらい及び内容の基本的事項から各時期における発達の特徴をまとめましょう。
> ②　障害のある子どもの個人差および個人内差の特徴をまとめましょう。
> ③　子どもの様子が「気になる」と思うときの保育者の気づきの手がかりをまとめましょう。

【引用文献】
1）森上史朗・柏女霊峰編『保育用語辞典［第8版］』ミネルヴァ書房　2015年　p.274

2）園山繁樹「発達の理解」伊藤健次編『新・障害のある子どもの保育［第3版］』
　　みらい　2016年　p.34

3）厚生労働省編『保育所保育指針解説書』フレーベル館　2018年　p.14

4）前掲書2）　p.44

5）土谷みち子「気になる子どもの発見から家族への支援」藤﨑眞知代・大日向雅美
　　編『育児のなかでの臨床発達支援』ミネルヴァ書房　2011年　p.94

6）青木紀久代「保育における気になる子どもたちへの対応を巡って」『保育の友』
　　51（13）2003年　p.25

【参考文献】

東洋・繁多進・田島信元編『発達心理学ハンドブック』福村出版　1992年

本郷一夫・金谷京子編『臨床発達心理学の基礎』ミネルヴァ書房　2011年

伊藤健次編『新・障害のある子どもの保育［第3版］』みらい　2016年

伊藤大幸・松本かおり「医療・福祉機関におけるアセスメントツールの利用実態に関
　　する調査」辻井正次監修『発達障害者支援とアセスメントのガイドライン』金子書
　　房　2014年　pp.2-16

厚生労働省『保育所保育指針解説書』フレーベル館　2018年

西村純一・平野真理編『生涯発達心理学』ナカニシヤ出版　2019年

秦野悦子・山崎晃編『保育のなかでの臨床発達支援』ミネルヴァ書房　2011年

第4章　障害児保育のあゆみ

1 日本の障害児・者観について

　現代の日本において「障害児の保育・教育」は、子どものもつ権利として、当たり前に行われている。しかし、昔から日本では障害のある子どもを国家の責任の下、社会の中で大切に育てていたのであろうか。

　実は、日本古来の障害児・者観はとても差別感の強いものだったことが知られている。また、戦前の障害児・者観は「障害児・者の生存」そのものを否定的に捉えるようなものであった。このような社会的な意識の中、障害のある子どもとその家族はどのように生きてきたのであろうか。

　これは、単に昔の話ということではなく、「障害児・者」に対する考え方が変われば、その処遇が大きく変わることを私たちに教えてくれる大切な指標[*1]でもある。

　では、古来および戦前の日本において障害児・者はどのような考えの下に処遇されてきたのかを見てみよう。

＊1
物事を判断したり評価したりするための目印となるもの。

① 古来の信仰に見る障害児観

　障害児に関する記述は、古くは712（和銅5）年に編纂された日本最古の歴史書である『古事記』や『日本書紀』に見ることができる。例えば、「蛭子神話」がそれにあたる。日本古来の神であるイザナギ、イザナミが国産みの際、女神であるイザナミから先に男神のイザナギに声をかけたため、不具の子である「水蛭子（ヒルコ）」が生まれたとされている。この子は、体が不自由で四肢が欠けていたとも言われている。そこで、2人の神は、葦舟（あしふね）に乗せてわが子を海に流したとされている。その後、伝説によるとヒルコは海を渡ってある国に流れ着き、地元の人が大切に育て、のちに恵比寿と呼ばれるようになり、七福神の一人として、富と幸福をもたらす存在となっていく。

　ここからわかることは、障害児は女親の反道徳的な行為の報いであり、遺棄してもよいものとして考えられていたということである。

　また、平安時代初期に書かれた仏教説話集『日本国現報善悪霊異記（にほんこくげんほうぜんあくりょういき）』の中には、十歳を過ぎても歩かず、物を食べ続ける子どもは、母親が前世で借金を踏み倒した相手の生まれ変わりで、現世において、踏み倒した借金の取

り立てをするために母親の下に子どもとして生まれてきたというものがある。

　この話の中でも子どもは川に捨てられている。ここでは、仏教においても「障害児が生まれるということ」は、母親の前世の罰であるという女親にその責任を求める考え方がわかる（河野、1987）[1]。

　また、前述の神話同様、古来の日本で障害児は川に捨てられている。これは、当時の日本の貧困な状態において、一般庶民が障害児を養っていくことが、実際問題として困難だったことも原因の一つと考えられる。このように日本古来の考え方では、障害児出産は、母親に責任があるとされ、また「育てる」ものではなく、「正当に」遺棄される存在だったのである。

②　戦前の障害児・者観

　1937（昭和12）年の日中戦争から1945（昭和20）年の第二次世界大戦敗戦までの期間を戦時厚生事業期と呼ぶ。特に当時、戦争のための最も重要な国策が「健民健兵政策」であった。健民健兵政策とは、人口を増やし、健康な国民や兵隊を育成するといった政策である。ここで課題とされたのが、「人的資源」の質的向上で、その具体的な方法として「優生思想」が国策の中に取り入れられた。「優生思想」とは、劣等な子孫の誕生を抑制し優秀な子孫を増やすことにより、単に個人の健康ではなく、社会全体の質的向上や健康の増進を計ろうとする思想のことである。ここにおいて劣等な子孫の誕生を抑制することが急務とされた。そこで「悪質な遺伝性疾患の素質を持つ者の増加を防ぐとともに、健全な素質を持つ者の増加を図ることによって、国民素質の向上をめざす」ために、1940（昭和15）年に「国民優生法」が制定された。そして「国民優生法」の下、「悪質な遺伝性疾患の素質を持つ者」として障害者やハンセン病患者*2などが不妊手術の対象にされたのである。

　この法律は、戦後、「優生保護法」として1996（平成8）年と近年まで続いた。その目的は、「優生上の見地から不良な子孫の出生を防止するとともに、母体の生命健康を保護すること」（同法第1条）となっている。

　平成の時代にまで「優生上の見地から不良な子孫の出生を防止する」ことが法律として施行されていることを考えると「障害児・者差別」は決して昔のことではないと理解できるであろう。また、日本古来からある障害児・者に対するイメージや思想も社会の根底で、まだ息づいているのではないだろうか。そして、それを払拭するのも保育者の社会的な大切な役割の一つといえよう。

*2
らい菌による慢性感染症で、主に皮膚と末梢神経に病変が生じる。古くから罹患者は隔離されたり、差別を受けたりしている。

戦前の日本の障害児教育と保育

　日本の障害児教育・保育は、明治初期に西欧の障害児教育を導入したことからはじまったとされている。しかし、西欧にろう唖院や瞽目院、貧（子）院、幼院といった学校や施設があることは、すでに1830年代（天保期）に知られていた。

　また、福沢諭吉によって1866（慶応2）年にまとめられた『西洋事情初編』には「唖院*3、盲院*4、貧院、痴児院*5」などについて説明がなされている。

　ここでは、主に明治初期の西欧の障害児教育の紹介と導入、その後のあゆみ、宗教に基づく慈善事業（主に施設教育）としての障害児教育・保育について見ていこう。

＊3
聴覚障害者のための施設のこと。

＊4
視覚障害者のための施設のこと。

＊5
知的障害児のための施設のこと。

① 西欧における障害児教育の紹介

　1871（明治4）年に工部省*6の工学頭であった山尾庸三は、太政官に建白書*7を提出し、盲学校と唖学校の二校の創設を懇願している。山尾は、イギリスで実際にろう唖労働者を見てきたこともあり、日本でろう唖者が教育も受けずに放置されている状態に強い問題意識をもっていた。そこで、西欧の様式にならって盲学校と唖学校を建ててろう唖者を教育し、労働者として生活できるようにと考えたのである。また、ろう唖だけでなく、行く行くは他の障害のある人々もそれぞれ教育を受けられるようにと考えていた。

　同年、岩倉具視の欧米使節団として参加した文部官僚の田中不二麿は、唖院、盲院の他に「痴児院」についても視察してくることを目的の一つとしている。また、文部省（現・文部科学省）の官僚の中にも障害児教育法や学校について興味をもっていた者が多かったとされている。その後、東京における障害児教育の試みは西欧の障害児教育の影響を直接受けてはじまっている（井谷、1987）[2]。

　このように幕末から明治初期にかけて、西欧における障害児教育の方法や内容などが紹介され、日本においても障害児・者に対する教育が行われていったのである。

＊6
明治政府の官庁の一つで主に殖産興業の政策を支えた。

＊7
政府や上役などに自分の意見を申し立てること。

② 障害児教育・保育のはじまり

　1874（明治7）年頃から、古河太四郎が京都待賢小学校でろう児に対する

教育をはじめた。そして、1878（明治11）年には、京都盲唖院が開設され、初代院長として古河が中心となり、ろう唖教育を進めていく。それが障害児教育（学校）のはじまりとされている。この学校は、翌年公立となるが、1916（大正5）年に京都市立盲唖院聾唖部に幼稚科が設置され、発音教育を主とする幼稚教育が施行されたのが、はじめての障害のある幼児に対する教育・保育の提供ということになる。

　また、日本の知的障害児に対する教育は、1891（明治24）年に「滝乃川学園」において「知的障害児教育・福祉の父」と呼ばれる石井亮一によってはじめられた。この頃、知的障害のある人は「白痴」などと呼ばれ、人権を奪われ、差別・偏見の対象とされていた。このような人々のための福祉や教育は、ほとんどないに等しかった。そんな中で、敬虔なキリスト教者でもある石井は、知的障害児・者の教育法を学ぶために、二度にわたりアメリカに渡航し、知的障害児教育の先駆者セガン（Seguin,E,O）の未亡人から知的障害児のための教育理論を学び、帰国後、日本各地の知的障害児養護施設を視察し、養護施設「滝乃川学園」を設立した。これに次いで、1909（明治42）年に脇田良吉によって、「白川学園」が設立され、入園児童3名に対して、「精神遅滞児教育」が行われている。また、1916（大正5）年には、岩﨑佐一が「桃荘塾」を設立した。このように知的障害児のための施設教育は、1940（昭和15）年までの間に12施設において行われている。そして、これらの施設は、主にアメリカの「知的障害児学校」の影響を受けて教育を行っていた（津曲、1991）。1923（大正12）年に公布された「盲学校及聾唖学校令」では、道府県に盲学校及び聾唖学校の就学義務の実施には至らなかったが、設置義務が課せられていた。しかし、これらの施設教育は、法律で守られたものではなく、個人の信仰や信念に基づく慈善事業として行われていることがほとんどであった。

　日本の肢体不自由児教育は、整形外科学との関係が深く、整形外科医が、「運動障害児」[8]の教育の必要性を主張したことからはじまった。肢体不自由児に関しては、古くから孤児院などで処遇されていたことが知られているが、日本ではじめての肢体不自由児施設は、1921（大正10）年に柏倉松蔵が東京に設立した「柏学園」である。また、「肢体不自由児の父」と呼ばれる高木憲次は、1918（大正7）年頃から、治療と教育が同時に受けられる「夢の楽園教療所」説を提唱した。この考え方は、今日ある「療育」[9]の考え方につながるものである。また、「肢体不自由」という言葉は、高木が考案したものである。高木は、1942（昭和17）年に整肢療護院を創設して肢体不自由児の療育にあたった。

＊8
肢体不自由児と同じ意味。

＊9
肢体不自由児のために行われる治療と教育・保育のこと。

52

このように障害児教育・保育は、障害ごとにそのあゆみを異にして行われていった。

3 戦後の日本の障害児教育と保育のあゆみ

1945（昭和20）年、日本は第二次世界大戦に敗戦した。街は浮浪児・者であふれ、これに加え、旧植民地・占領地からの引揚者も加わり、国は混乱を深めていった。物資は極端に不足し、国民すべての生活が飢餓状態で、これを救う国策もなく「総スラム化現象」に陥った。GHQ（連合国軍最高司令官総司令部）は、非軍事化・民主化を基本方針として、終戦後から1952（昭和27）年まで日本を統治し、戦前につくられた日本の社会システムのあらゆる分野での改革を迫った。

そのような中で、日本の障害児教育・保育はどのように変わっていったかを見てみよう。

① 戦後の障害児教育のはじまり

1946（昭和21）年に「日本国憲法」が公布され、翌年から施行された。日本国憲法では「国民主権」「基本的人権の尊重」「平和主義」を謳い、社会事業を社会的責任、人権の尊重、民主主義、平和主義に基づく社会福祉へと転換させる大きな転機となった。その中でも障害児教育に大きな影響を与えたのが、「すべて国民は、法律の定めるところにより、その能力に応じてひとしく教育を受ける権利を有する」（憲法第26条第1項）という「教育の権利の保障」と「すべて国民は、法律の定めるところにより、その保護する子女に普通教育を受けさせる義務を負ふ。義務教育は、これを無償とする」（憲法第26条第2項）とした「教育の義務」の規定である。ここで障害のある子どもたちの「教育を受ける権利」が憲法でもって守られることとなった。さらに1947（昭和22）年には、「教育基本法」が公布され、第3条（当時）には「すべて国民は、ひとしく、その能力に応ずる教育を受ける機会を与えられなければならないものであって、人種、信条、性別、社会的身分、経済的地位又は門地によって、教育上差別されない」とした「教育の機会均等」が定められた。これは、障害のある子どもの就学する機会を保障するものといえる。

ここにおいて、これまでその多くが民間の慈善事業として行われていた障害児教育も国や地方公共団体の責任において進められていくことになる。そ

して、障害児に対する教育・保育に対する施策は、まず、学齢期の子どもたちから整備されていく。

しかし、いくら「教育の機会均等」が認められていても就学するための学校がなければ、事実上、障害のある子どもが義務教育諸学校で教育を受けることは難しい。そこで、同年公布された「学校教育法」の第74条において、都道府県に盲学校、聾学校又は養護学校の設置義務が課された。また、同法第72条第2項において、盲学校、聾学校及び養護学校には、小学部及び中学部のほか、幼稚部又は高等部を置くことができるとされた。盲学校、聾学校及び養護学校に幼稚部を置くことができるようになったことで、障害のある幼児にも、教育の門戸が開かれることとなった。

一般の小学校や中学校の義務制は、1947（昭和22）年に実施されたが、盲学校、聾学校の義務制は、1948（昭和23）年から年次的に実施され、1956（昭和31）年の中学部3年生への就学義務づけをもって、はじめて盲学校、聾学校教育の義務制が完成した。これは、他の障害のある子どもたちの義務制に比べるとかなり早い時期の完成となっている。この要因の一つとして、戦前から盲学校と聾学校があり、有資格の教員等が比較的整っていたことがあげられる。

それに対し、知的障害児の教育は、1941（昭和16）年の国民学校施行規則の中の「心身異常児童」の規定を除けば、ほとんど法的な基盤をもっていなかった。そして、戦後になって「学校教育法」によって、はじめて義務教育に位置づけられることとなった。そのような理由から、養護学校の設置義務や就学義務の施行は学校教育法にある「就学の猶予・免除」[*10]などの規定により延期された。この時期、本人やその家族の意思によらず、義務教育から取り残され、社会に居場所を失ってしまった知的障害児とその家族の無理心中などの事件が起こり、社会問題化された。このように社会から取り残された人たちの問題を解決するべく、1952（昭和27）年には、知的障害児・者の家族を中心として「精神薄弱児育成会」（手をつなぐ親の会）[*11]が結成された。知的障害児の教育権の保障は、このような人々及び施設や学校の教職員などによって求められていくが、「養護学校の義務制」は、1979（昭和54）年になってようやく完全施行された。実に一般の小学校や中学校の義務制の32年後、盲学校や聾学校の義務制実施の23年後の出来事であった。

*10
教育委員会が学齢期に達した児童の保護者に対して、学校に通わせる義務を猶予したり、免除したりすること。

*11
2014（平成26）年に解散し、現在、任意団体となっている。

② 戦後の障害児保育と児童福祉

前述した日本国憲法において、「幸福を求める権利」（第13条）及び「健康

で文化的に生きる権利」（第25条）がすべての国民に保障されることとなった。これは、児童福祉の本質的な理念を集約した条項でもある。この権利は当然、障害児を含むすべての児童にも認められている。この憲法を根源として、1947（昭和22）年に「児童福祉法」が制定された。「児童福祉法」では、国による障害児の福祉と更生の保障について明記され、障害児の利用できる児童福祉施設として「精神薄弱児施設」と「療育施設」が位置づけられた。

　しかし、当時の「児童福祉法」は、戦災引揚孤児や浮浪児の保護対策などの敗戦時の問題処理に終始していた。その後、1950年代になって、ようやくその対象を妊産婦及び乳幼児の保健指導、障害児や一般児童の健全育成対策にまで拡大していった。また、1951（昭和26）年には、日本国憲法の精神に基づき、すべての児童の幸福を図るために定められた児童の権利宣言である「児童憲章」が制定され、その第11条において「すべての児童は、身体が不自由な場合、または精神の機能が不充分な場合に、適切な治療と教育と保護が与えられる」と規定された。ここにおいて、障害のある乳幼児に対する施策への期待が高まったが、この時期は、学齢期の障害児のための教育制度等の整備が優先的に進められた。

③　障害児に対する施策のあゆみ

　戦後はじめて障害のある乳幼児への政策が位置づけられたのは、1953（昭和28）年の次官会議決定「精神薄弱児対策基本要綱」である。

　これは、前述の「精神薄弱児育成会」（手をつなぐ親の会）の知的障害者を対象とする施策の要望に応えたものであった。しかし、ここには「知的障害児の発生予防」といった優生学的な内容や「知的障害児・者の施設・病院への隔離」といった差別的な内容が盛り込まれていた。ただ、社会的に居場所のない知的障害児の家族にとって、「精神薄弱児施設」の増設などは、切実な要望であったといえよう。

　その後、1957（昭和32）年には精神薄弱児通園施設、1961（昭和36）年には情緒障害児短期治療施設、1963（昭和38）年には肢体不自由児施設に通園児童療育部門が整備された。そして、1965（昭和40）年におおむね2歳から6歳の子どもを対象にした肢体不自由児施設における母子入園部門の設置を契機に、幼児に力点を置く方針へと転換し、1972（昭和47）年に幼児を対象とする新障害児通園事業の制度化がされた（古野、2014）[3]。

　保育の分野では、1972（昭和47）年に厚生省（現・厚生労働省）通知として「心身障害児通園事業実施要綱」が出され、翌年の1973（昭和48）年には

東京都児童福祉審議会の答申で「当面する保育問題について」が出されており、この中で障害児保育が制度化へのあゆみを開始することになり、以後、障害のある幼児と障害のない幼児との統合保育が全国的に取り組まれるようになる（川上、2005）[4]。また、1974（昭和49）年には、厚生省（現・厚生労働省）児童家庭局長通知「障害児保育事業実施要綱」の提出により、保育所における障害児保育が制度として推進されていくこととなった。

　1970年代には、日本にもノーマライゼーションの思想が導入され、障害児福祉も施設福祉から地域福祉へと政策の転換が見られるようになった。障害児が生まれ育った家庭や地域で暮らしていくためには、保育所をはじめとした児童福祉施設などで一人ひとりのニーズや障害の種類、程度に適切に対応した保育を提供することが必要不可欠となってくる。それに伴い、保育士の障害児保育に対する専門性も、今後、社会から強く求められてくるだろう。

🔖 まとめてみよう

> ①　戦前の障害児・者観は、どのようなものであっただろうか。また、それに基づいた障害者施策についてまとめてみよう。
> ②　戦後、障害児に対する教育は、どのように義務制になっていったかまとめてみよう。
> ③　障害児保育の制度化のあゆみをまとめてみよう。

【引用文献】
1）津曲裕次・清水寛・松矢勝宏ほか編『障害者教育史』川島書店　1985年　p.142
2）同上書
3）堀智晴・橋本好市・直島正樹編『ソーシャルインクルージョンのための障害児保育』ミネルヴァ書房　2014年　p.109
4）川上輝昭「特別支援教育と障害児保育の連携」『名古屋女子大学紀要』51号　2005年　pp.139-150

【参考文献】
津曲裕次・清水寛・松矢勝宏ほか編『障害者教育史』川島書店　1985年
佐藤泰正編『障害児教育概説』学芸図書　1991年
津曲裕次『新版　障害者の教育・福祉・リハビリテーション入門』川島書店　2002年
堀智晴・橋本好市・直島正樹編『ソーシャルインクルージョンのための障害児保育』ミネルヴァ書房　2014年
渡部信一・本郷一夫・無藤隆編『障害児保育』北大路書房　2009年
右田紀久恵・高澤武司・古川孝順編『社会福祉の歴史［新版］』有斐閣　2001年

第2部　基礎演習編
障害の種類と援助の技術や方法を学ぶ

あつし先生　ここでは、障害児保育を実践していくうえで、障害に関する基本的な知識と援助の方法を学んでいきましょう。

みらいさん　いよいよ、ここからは専門的な学びになるのですね。

あつし先生　障害を捉えるときに、「社会モデル」で考えていくことが主流になっていることがありましたね。そしてICFでは、「医学モデル」と「社会モデル」を統合して、人と環境、社会のそれぞれの関係性で理解していくことを学びました。

みらいさん　はい。難しかったですけど、復習してきました。

あつし先生　保育の専門職として障害を理解するには「社会モデル」の視点が大事ですが、医学的な側面から、ある程度障害別の状態や症状を知っておくことも必要です。

みらいさん　確かに、まったく予備知識がないと、どのように接してよいのかわからないし、その子どもの行動や気持ちが理解できないですね。

あつし先生　ただし、気をつけなければならないのは、「この子どもは、○○障害があるから××なのだ」と決めてかからないことです。同じ障害であっても、程度や個人差は当然ありますし、家庭や周りの環境によって状態や症状は様々に変化しますから、ていねいにその子どもや家庭、保育環境に目を向けていくことが重要です。

みらいさん　医学的な障害の理解は、あくまでも基本的な理解であって、同じ障害でも、すべてが同じではないということですね。

あつし先生　その通りです。あくまでも保育士は子どもの生活に寄り添うことが大切です。しかし、障害児施設などで働く場合、医師や看護師など、他の専門職との共通理解を図るうえでは、医学的な知識も必要となります。ここでは、少し専門的で難しい用語も出てきますが、がんばって学んでいきましょう。

みらいさん　はい、障害のある子どもにも、よりよい保育ができるようがんばります！

第5章　肢体不自由の理解と援助

 ## 1　肢体不自由とは

① 肢体とは

　肢体とは、四肢（上肢と下肢）と体幹（内臓は含まない胴体）のことであり、上肢は肩関節から手先まで、下肢は股間節から足先までをいう。人間はこの肢体を用いて運動し日常生活を送っている。運動には、歩く、食べるなど自分の意思で動かす随意運動と、心臓から血液を送る、呼吸、食べ物の消化、汗をかくなど生きるために必要な自律運動（不随意運動）の2つがある。運動するためには中枢神経（脳と脊髄の神経）、筋肉、骨格の3つが一体となって働かなくてはならないが、このうちの1つでも障害がある場合は肢体不自由となる。以下、肢体不自由の定義と原因、分類を説明する。

② 肢体不自由の定義

　肢体不自由という言葉は、日本の肢体不自由児療育事業の開拓者である整形外科医の高木憲次（1889–1963）によって提唱された。現在では高木の考えをふまえて、肢体不自由のある子どもを「（日常的に永続した）運動と姿勢に障害があり、そのままでは将来、生活上の活動や参加に支障をきたすおそれのある児童」[1]と定義できる。

　しかし、医療・福祉領域と教育領域では肢体不自由の意味内容が一部異なる。医療・福祉領域において肢体不自由は、身体の欠損を含み、教育領域においては肢体不自由を非進行性、病変の局在性、原因発生時期の規定をしていない点である。以下、各領域における肢体不自由の定義を示す。

▼医療・福祉領域における肢体不自由児

　身体障害者福祉法では、肢体不自由を①上肢の関節か手指の機能の障害、上肢か手指の欠損、②下肢の関節か足趾の機能の障害、下肢か足趾の欠損、③体幹の機能障害、④乳幼児期以前の非進行性の脳病変による運動機能障害と定義している。

　身体障害者福祉法施行規則における障害程度等級表では、①上肢、下肢、体幹の永続する障害、②片手の親指のつけ根より先端を欠損、③片手の人差

し指を含む２本以上の指の第１関節より先端を欠損、④片手の親指が動かせない、⑤片手の人差し指を含む３本以上の指を動かせない、⑥片足の甲の中心から先端を欠損、⑦両足のすべての指を欠損と定義している。

▼教育領域における肢体不自由児

学校教育法施行令第22条の３において、肢体不自由のうち①補装具の使用によっても歩行、筆記等日常生活における基本的な動作が不可能または困難な程度のもの、②肢体不自由の状態が①に掲げる程度に達しないもののうち、常時の医学的観察指導を必要とする程度のものを特別支援学校の対象とすることが定められている。

③　肢体不自由の原因と分類

▼肢体不自由の原因疾患の分類

肢体不自由の原因は、主に次の４つに分類される[2]。

①骨関節系：骨関節疾患（例；変形治癒骨折、慢性化膿性骨髄症、骨関節症、骨形成不全症、骨関節の奇形）など。

②筋系：筋ジストロフィ、先天性ミオパチ、代謝性ミオパチなど。

③末梢神経系：脊椎閉鎖不全（例；二分脊椎）、脊髄損傷、末梢神経炎など。

④中枢神経系：脳炎・髄膜炎、脳奇形（例；小頭症）、先天代謝異常症、頭部外傷など。

これらのうち、以前は肢体不自由の４大原因疾患は、ポリオ、骨関節結核、先天性股関節脱臼、脳性まひであったが、現在は新生児医療の進歩により脳性まひのみが残存している状況にある。

▼脳性まひ

肢体不自由児の原因疾患の約７割を占める脳性まひは、脳の運動神経が破壊され成長が滞るため、思い通りに身体を動かせない状態をいう。これらの運動障害の他に言語、視覚、聴覚、知能など様々な障害を合併することも多い。脳性まひの病型分類と特徴は次の通りである。

①痙直型（けいちょく）：筋のつっぱりが強い。

②アテトーゼ型：体を動かそうとすると不随意運動が起こる。

③強直型：関節の動き全体が一様に硬く、運動が遅い。

④失調型：ふらふらした動きになる。

⑤混合型：様々な病型が混ざったもので、実際にはこの型が多い。

なお、脳性まひの子どもは、知的障害を伴う場合もある。また、言葉の遅れや発音の不明瞭さ等があるため、実際の能力よりも低く判断されてしまう

ことがあるので、注意が必要である。

④ 肢体不自由の症状・状態

　肢体不自由の症状は、原因となる疾患によって様々な運動と姿勢の障害が生じてくる。その症状は次のように分類できる。
①筋緊張亢進（こうしん）：筋の緊張が高まり、自己コントロールが難しい状態。
②筋緊張低下：筋肉に触るとぐにゃぐにゃし筋力が低下した状態。
③筋萎縮：筋が痩せて萎縮した状態。
④不随意運動：自分の意思とは関係なく筋肉に力が入ったり抜けたりするために、手足や顔などが勝手に動いてしまう状態。
⑤失調：運動・動作の強調が悪く、ふらふらして方向が定まらない状態。
⑥関節拘縮（こうしゅく）：関節の動きが悪くなり固まっているような状態。
⑦欠損・切断：手足の一部もしくは全体が欠損・切断している状態。
⑧変形：体の各部位の形態に異常が起き正常な形が保てていない状態。

 # 肢体不自由児の生活と環境

① 日常生活にある不自由さと自助具・補装具

　肢体不自由児は運動や動作に不自由さがあるため、姿勢を変えることや保持することなどが困難である場合が少なくない。このことは、その子どもの食事、入浴、排せつ、移動などの日常生活上の動作（ADL）に多くの課題と関わりの必要性があるといえる。ここでは例として食事と移動場面について紹介する。

▼食事場面
　食事場面では、手指や腕の使い方が不自由であり、口唇や舌が滑らかに動かないことから、摂食動作（食物を口まで運ぶ→咀嚼する→嚥下する）に課題を有する場合がある。また、手指を動かせる子どもでも、スプーンを容易に握りやすいよう工夫されたスプーンを使用したり、上腕が失調している子どもにはバランサーなどの福祉用具を使っていたりする場合もある。食事の際、咀嚼力や嚥下力が弱い子どもに対して重要なのは、咀嚼・嚥下しやすい姿勢の保持であり、このような子どもには、座位保持椅子や立位台などの福祉用具を使う場合もある。

図5-1　様々な福祉用具

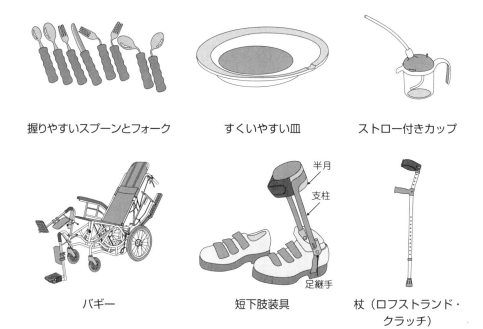

握りやすいスプーンとフォーク　　　すくいやすい皿　　　ストロー付きカップ

バギー　　　　　　　短下肢装具　　　　杖（ロフストランド・
　　　　　　　　　　　　　　　　　　　　　　　　クラッチ）

▼移動場面

　移動場面において、自らの足の力で立ち、歩行ができる子どもには、クラッチ（杖）を使用したり、短（長）下肢装具など補装具を装着する場合がある。歩行が困難な子どもには、車いすやバギーなどの福祉用具を使って移動する。

②　肢体不自由児とその保護者が陥りやすい心理的傾向

▼子どもの心理的傾向

　肢体不自由児は生まれたときから運動障害がある場合が多く、その状態で成長していく。この点は運動能力の獲得後に障害のある状態となった中途障害児（者）とは、心理的な傾向が異なる。

　運動障害がある子どもの場合、興味をもったことに対して自ら働きかけることが少なく、意欲も育ちにくい傾向にある。

　例えば、子どもは身体を動かして思うように動いたことに満足し、さらに動いては喜ぶことを繰り返す。肢体不自由児の場合、身体が思うように動かない、また、バランスがとれないと、自分から身体を動かす意欲が徐々に減少し、結果的に運動機能の発達が妨げられる。また、移動や探索するための行動が制限されることで、経験や学習の機会も少なくなって自ら行動しよう

とする意欲が阻害されやすい。

　周囲の大人は、子どもに肢体不自由があっても自分がやりたいと思うことに対して意欲や自信を失うことがないような配慮が必要である。また、場面によってはある程度の甘えを受け入れながら、本人が自身の障害を受け入れることができるように、保護者への支援も必要となる。

▼保護者の状況と心理

　保護者は、子どもの食事、排せつ、衣服の着脱、移動等の介助をするため体力的な負担が大きく、長期間もしくは永続的に介助する生活を余儀なくされるという不安がある。運動機能改善を目的として、言語療法・作業療法・理学療法等による訓練や移動補助用具の整備、定期的な診察を受けるため、頻繁に子どもを医療療育機関に連れていく保護者も多い。肢体不自由児は姿勢保持・移動が難しいため、保護者は安全に敏感でけがなどをした場合、被害意識が強い傾向にあり、つい不自由な子どもに手を貸すことが増え過保護になることもある。子どもも依存的で消極的になりやすく、悪循環に及ぶこともある。また、進行性筋ジストロフィー症などの症状は年齢を重ねるとともに悪化するため、今できていることができなくなる状況は子どもにとっても親にとっても大変辛いことである。

　肢体不自由の障害の程度は見てわかりやすいため、周囲からの理解は多く、温かい支援や対応を受けることが多い。そのことで心が和む保護者もいるが、逆に負担に思う保護者もいる。その気持ちは複雑である。しかし、様々な障害のある子どもがともに生活している社会で、時には辛い思いをしながらも、保護者はそれぞれの障害を理解し、お互いに思いやりをもって生活することの大切さを学んでいるのも事実である。このような保護者の様子を感じながら、子どもは成長していく。

3　肢体不自由児の保育の視点と方法

① 保育におけるねらい

▼肢体不自由の状態と援助

　肢体不自由児の障害程度は、一人ひとりの子どもによって大きく異なる。例えば歩行が不安定であっても、補装具を使って少し時間をかければ自分の足で移動できる場合があったり、仰向けの姿勢からは起き上がることができないのに、横向きの姿勢からは起き上がることができる子どももいる。この

ように肢体不自由の状態を把握するには、日常的な保育者の細かな観察力が求められるのである。

　また、先述の通り肢体不自由は、知的障害やその他の障害を併せもつ場合がある。生活場面での状態把握のみならず、重複する障害や病気、子どもの今の状態を把握しなければ、その子どもに合った保育を実践することはできない。医療に関する情報や知的検査等の結果を理解し、日々の保育計画や設定に取り入れること、また保護者からの情報収集や保護者の気持ちを理解する姿勢をもつことが重要である。

▼療育の現状理解

　医療的支援が必要な場合、日常的に医療と保育を組み合わせた療育が行われる。保育者は療育機関と連携をとりつつ、医学的知識やリハビリテーション等の医療的な技術も可能な限り取り入れていく。また、保育者以外の職種がどのような目的や役割で子どもに関わっているのかを理解する。保育者は自分たちがどのような目的や役割で子どもに関わっているかを改めて振り返り、それを他の職種に伝える。子どもの抱き方、姿勢の取り方等、できる限り身体に負担がかからず、活動に集中して取り組めるように保育計画を立てる。保育者は乳幼児期のこの積み重ねが、この子どもの未来へとつながることを強く意識して、目の前の子どもの今を見ていく。

▼保育の専門性

　日常生活動作が思うようにできない、もしくはしようとしない肢体不自由児に対して、保育者はどのように関わるのか、その方法を考えてみる必要がある。子どもの代わりに自分がする、これも援助の一つで場面によっては必要なことである。だが、さらに深く考えてみることも必要で、保育者の工夫により、この子どもは自分の力でできることがあるかもしれない。その可能性を探り引き出し、伸ばしていく姿勢を忘れてはならない。人は何かの役割・役目があったり、自分の力で課題をやり遂げたりすると、嬉しく楽しく誇らしくなるものである。その役割や課題を、子どもにとって少し背伸びを必要とするが後の成長につながる内容を設定する。子どもが楽しみながら取り組むことができる工夫ができたときに、保育者の専門性が発揮されたといえる。

ワーク

1 肢体不自由児の心と身体の関係を考えよう

▼ ワークのねらい ▼

　身体を動かすことの体験を通して、動作の不自由さへの理解を体感する。

　まず、自分の身体を通して動かす（動いている）感じと、他者の動きを援助する体験をする。そのうえで動かない、動きにくい、またそのときの心（気持ち）の変化を考える。

■□ ワークの進め方

① 椅子を1脚用意し、2人（A・B）1組になる。

② 自分で腕挙げ体験　　　　　　　　　　　　　　　　　　　　（6分）

A：椅子に深く腰掛けて、背中をまっすぐ、肩の力はなるべく抜いて、両腕、肘、手を下げ、リラックスする（深呼吸1回）。

B：Aの横に立ち、姿勢や身体の動き、表情を観察する。

A：自分で右腕を動かそうと意識する。右手、肘を伸ばしながら、右耳の側を通るようにゆっくりと挙げていく。腕の動きを感じながら（動きにくい、動きやすい）、そのときの気持ちの変化を感じる。続けて、左腕も行う。

B：Aの横に立ち、挙がりにくい腕はどちらか、表情の変化や発言を観察する。

※AとBで交代して、同じ体験をする。

③ 相方に手伝ってもらい腕挙げ体験　　　　　　　　　　　　（6分）

A：同様に座る。

B：Aの横に立ち、右腕を一緒に挙げていくことの確認をする。Aの右肘と右手首を軽く持ちながら、Aの動きに合わせて、挙げていく。続けて、左腕も行う。

※AとBで交代して、同じ体験をする。

④ 体験後、互いに感想を述べ合う。　　　　　　　　　　　　（6分）

　感想は、自分で動かしたときと動かしてもらったときで、1）身体の動きの違い、2）気持ちの変化はどうであったかを述べ合う。

【時間約18分】

ワーク

2 脳性まひ児を支援する際の留意点を考えよう

▼ ワークのねらい ▼

　事例を通して、不自由さに対する気持ちの変化をいかに理解していくか考える。
そして、心と体の関係を考え、肢体不自由児への支援のポイントを整理する。

■■ ワークの進め方

①　次の事例を読んで、脳性まひ児を支援する際の留意点を考えよう。

（15分）

事例

・Ａくん（5歳）幼稚園在園　　脳性まひ（両まひ）

・家族構成：父母、祖父母、弟（3歳）、妹（6か月）

・運動：坐位姿勢は可能だが、常に前かがみで不安定。立位姿勢の練習中。
　歩行は難しい。早く立って、みんなと同じように歩きたい思いが強い。

・言語：発声はやや不明瞭で、場面によって緘黙（かんもく）が見られる。

・性格等：おとなしい面もあるが、大変頑張り屋、意欲的に取り組むことが
　多い。頑張りすぎる。我慢強い。

・知的：遅れはない。絵本に興味があり、読み聞かせが大好き。

・社会性：控えめではあるが、相手をしっかり意識して、笑顔で関わること
　ができる。

　Ａくんは自分の身体の状態を、Ａくんなりに受けとめ、日々、動作訓練に
励んでいる。目標はみんなと同じように歩くことで、頑張り屋さんのＡくん
はついつい、やりすぎて疲れてしまう。周囲にはその表情で疲れていること
はわかるが、Ａくんはそのことを言葉には出さない。最近、弟が走る姿を見
て、兄である自分の身体の動きと不明瞭な言葉に自信をなくしていて、幼稚
園での集団活動は消極的になってしまうことが多い。自己紹介をするときな
ど、言葉がスムーズに出ないことが続き、さらに自信をなくしている。父母
や祖父母は、動作訓練や療育活動への参加に熱心で、常に励ましている。Ａ
くんはそれに応えようと一生懸命に取り組んでいるが、歩けない自分とどう
向き合っていったらよいか困っている。

② Aくんの特性を整理しよう。

・得意なこと、苦手なこと、困っていること、気持ちの変化など。　　（15分）

③　支援する際の留意点を考えよう。

・援助の方法、声かけのポイント、心と身体の関係をふまえた配慮とは、保護者への対応、専門機関との連携など。　　　　　　　　　　　　　（15分）

【時間約45分】

ワークをふりかえって

①　自分で身体を動かしたときと、他者に手伝ってもらって動かしたときの、動いた感じとそのときの気持ち（心）の変化や違いを考えてみましょう。

②　脳性まひ児を支援する際の留意点を整理してみましょう。

【引用文献】
1）五味重春「脳性麻痺（Cerebral Palsy：CP）」五味重春編『脳性麻痺（第2版）』医歯薬出版　1989年　1-23の定義を田巻義孝ほか「脳性麻痺(1)：肢体不自由、脳性麻痺の定義と関連事項」『信州大学教育学部研究論集』第9号　2016年　p.228の解釈を用いて筆者が一部改変
2）田巻義孝ほか「脳性麻痺(1)：肢体不自由、脳性麻痺の定義と関連事項」『信州大学教育学部研究論集』第9号　2016年　p.229

【参考文献】
前田泰弘編『実践に生かす障害児保育・特別支援教育』萌文書林　2019年
児童育成協会監修、西村重稀・水田敏郎編『障害児保育』中央法規出版　2019年
藤永保監修、阿部五月・村田カズほか『障害児保育―子どもとともに成長する保育者を目指して』萌文書林　2018年
水田和江・増田貴人編『障害のある子どもの保育実践［第2版］』学文社　2013年　pp.58-64
木舩憲幸『脳性まひ児の発達支援―調和的発達を目指して』北大路書房　2016年
小田豊監修、栗原泰子・野尻裕子編『障がい児保育』光生館　2012年
茂木俊彦監修、藤井建一・中村尚子編『からだの不自由な子どもたち』大月書店　1999年
柴崎正行編『障がい児保育の基礎』わかば社　2014年

第6章　視覚障害の理解と援助

 1 視覚障害とは

　視覚障害とひと言でいっても視力0のようにまったく見えない状態だけを指しているわけではない。はじめに、視覚障害児への支援を考えるにあたり、視覚障害に関して示されているいくつかの定義から見てみよう。

① WHOによる視覚障害の定義

　WHO（世界保健機関）では、視覚障害に関する障害の定義を次のように定めている（表6－1）。この定義によると、盲とは光覚がない状態から視力0.05未満をいい、弱視（low vision）とは視力0.05以上0.3未満のことをいう。

表6－1　視覚障害に関する定義

弱視	0.05以上	0.3 未満
盲	0以上	0.05未満

出典：World health Organization.　International statistical classification of diseases,injuries and causes of death,tenth revision.Geneva:WHO;1993

② 教育・福祉分野の定義

▼教育分野の視覚障害者の定義
　視覚障害者特別支援学校における視覚障害の捉え方について、かつて全盲（文字はもちろん、まったく明かりさえ見えない者、点字教育が必要と認められ矯正視力が両眼で0.02未満の者）、準盲（光覚、色覚、手動弁、指数弁、視力表による別弁を使用して、視力がかろうじて計測できる者、視力が両眼で0.02以上0.04未満の者）、弱視（活字が読める程度の視力がある者、視力が両眼で0.04以上の者）という区分があった。
　現在では、学校教育法施行令22条の3の表に視覚障害者の就学基準が定められており、視覚障害について定義されている（表6－2）。

表6-2　学校教育法における視覚障害の就学基準

障害の程度
両眼の視力がおおむね0.3未満のもの又は視力以外の視機能障害が高度のもののうち、拡大鏡等の使用によつても通常の文字、図形等の視覚による認識が不可能又は著しく困難な程度のもの

▼福祉分野の視覚障害者の定義

　福祉分野における視覚障害者の定義については、身体障害者福祉法別表に規定されている。視覚障害者の範囲は表6－3に示す通り、視力障害と視野障害を指標として視覚障害が定められている。この視覚障害の範囲に該当すると、身体障害者手帳が都道府県知事から交付される。法律的には、身体障害者手帳の交付を受けている者を視覚障害者とみなしている。

表6-3　身体障害者福祉法別表に規定される視覚障害の範囲

次に掲げる視覚障害で、永続するもの
①　両眼の視力（万国式試視力表によつて測つたものをいい、屈折異常がある者については、矯正視力について測つたものをいう。以下同じ。）がそれぞれ0.1以下のもの ②　一眼の視力が0.02以下、他眼の視力が0.6以下のもの ③　両眼の視野がそれぞれ10度以内のもの ④　両眼による視野の2分の1以上が欠けているもの

表6-4　視覚障害の障害等級

1級	両眼の視力（万国式視力表によつて測つたものをいい、屈折異常のある者については、きよう正視力について測つたものをいう。以下同じ。）の和が0.01以下のもの
2級	1　両眼の視力の和が0.02以上0.04以下のもの 2　両眼の視野がそれぞれ10度以内でかつ両眼による視野について視能率による損失率が95%以上のもの
3級	1　両眼の視力の和が0.05以上0.08以下のもの 2　両眼の視野がそれぞれ10度以内でかつ両眼による視野について視能率による損失率が90%以上のもの"
4級	1　両眼の視力の和が0.09以上0.12以下のもの 2　両眼の視野がそれぞれ10度以内のもの
5級	1　両眼の視力の和が0.13以上0.2以下のもの 2　両眼による視野の2分の1以上が欠けているもの
6級	一眼の視力が0.02以下、他眼の視力が0.6以下のもので、両眼の視力の和が0.2を超えるもの

出典：身体障害者障害程度等級表（身体障害者福祉法施行規則別表第5号）

　身体障害者福祉法施行規則にて、身体障害者手帳には障害等級が定められており、視覚障害者の場合は1～6級に分けられている（表6-4）。通常、障害等級の1・2級を重度、3・4級を中度、5・6級を軽度と呼んでいる。

③　わが国における視覚障害の実態と呼び方

　全国に視覚障害者（児）は、約31万2,000人いるといわれている（平成28年生活のしづらさなどに関する調査）。一方で、2016（平成28）年の日本眼科医会の報告では、視覚障害者（児）は約164万人いると推測されている。同じ視覚障害に関する調査であるのに数字に違いがあるのは、視覚障害の定義が国と眼科医会では異なるためである。

　定義が異なるということは、すべての視覚障害者（児）が視力0というわけではないことを意味している。例えば周囲が見えにくい、真ん中が見えにくい、まぶしさが強い、白く濁ったように見える、見える範囲（視野）などである。

　また、先天性の障害のように幼少期から見えなかったり、見えにくかったりする反面、病気やけがによって中途で視覚障害となるケースもある。このような、様々な「見えない」「見えにくい」を総称して一般的に視覚障害と呼ばれている。

2　視覚障害児への支援における基礎知識

　視覚障害とは、きわめて多様な見え方、見えにくさを総称した呼び方である。眼が見えない、見えにくいとはどのようなことなのかをふまえ、視覚障害児を支援するにあたっての基礎的な知識を解説する。

①　視覚障害の様々な捉え方

▼視力

　視力は、ランドルト環（図6-1）を利用して測定される。多くの場合、決められた明るさの下で、5mの視力表のランドルト環の隙間が確認できるかどうかで決められる。視力が1.0の場合では、ランドルト環の大きさは直径7.5mm、太さ1.5mm、切れ目の幅1.5mmである。

図6−1　ランドルト環

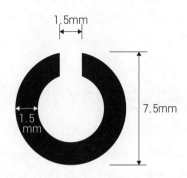

1.5mm

7.5mm

1.5mm

▼視野

　眼球を動かさずに、どの範囲まで見えるかという尺度になるのが視野である。視野の広さは、視線を基準としてここからの視角で表す。測定には通常、視野計が用いられる。単眼視野（一眼で見える全範囲）はおよそ上方60°、下方70°、内方60°、外方90〜100°程度である（図6−2）。

図6−2　視野図

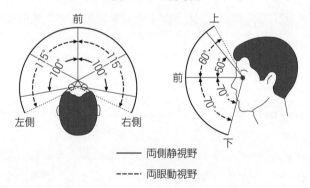

前

上

左側　　　右側

前

下

100°　115°　115°　100°

60°　50°　70°

―――　両側静視野

-----　両眼動視野

▼ぼやけによる見えにくさ

　いわゆるピンボケの状態になる（図6−3）。図と背景の境界線が不明瞭で、細かい部分を見分けることが難しくなってくる。

図6-3　ピンボケによる見え方・見えにくさ

▼視野の周辺部が見えない・見えにくい

　「トンネル視野」と言われるように、視野の中心部だけで視対象を認知することになる（図6-4）。物の全体像が構成できず、部分的な像で形状を認識することになる。この場合、文字などを拡大すれば見る範囲が狭いため、全体を把握することができず、読み取ることが困難となる。

図6-4　視野が狭いことによる見え方・見えにくさ

▼視野の中心部分が見えない・見えにくい

　視野の中心部分が暗点などにより、見えにくさを伴うものである（図6-5）。文字の認識や移動などが困難になる。

図6-5　視野の中心部の見え方・見えにくさ

▼光覚障害による見えない・見えにくい

　光覚とは明るさを感じる感覚のことをいう。明るさの調整は眼の瞳孔を広げたり、絞ったりすることで行われる。

　光覚障害には、暗順応障害と明順応障害があり、暗い場所や明るい場所に行くと眼が慣れるまでに時間がかかったり、日差しの強い野外などへ出ると、まぶしさを感じたり、明るさに対して痛みを感じることもある（図6－6）。

図6－6　暗順応障害と明順応障害の見え方・見えにくさ

正　常　　　　　　　　　暗順応　　　　　　　　　明順応

②　「見える」ということ

　見えるということは、「ほぼ瞬時に、自分の置かれた環境の全体を把握することができる」といえる。例えば、視覚からの情報は全体の約80％を占めるといわれており[1]、聴覚や触覚だけで、はじめて入る部屋の状況を確認するとすれば、大変困難であることは容易に想像できるだろう。したがって、支援においては情報の提供がもっとも重要な支援の一つであり、視覚障害児を支援するにおいて最も専門性を有する独自の部分であるといえる。

　視覚的な環境情報などを、視覚障害児本人の眼となって、的確かつ客観的に本人にわかる言葉で伝える必要がある。

 視覚障害児への保育

　ここでは、具体的な保育場面における視覚障害児への支援における留意点を解説する。保育所保育指針では、保育士の専門性として、①発達援助の技術、②生活援助の技術、③環境構成の技術、④遊びを展開する技術、⑤関係構築の技術をあげている。これらの、保育士の専門性を視覚障害児に配慮し

て展開されることが求められる。

① 保育における基本的な考え方

　視覚障害児の支援にとって必要なのは、視覚から入る情報をできる限り保障することである。そのためには、残されている視覚からの情報はもちろん、触覚、聴覚などあらゆる感覚を総合的に活用できる環境設定の工夫と支援が必要である。

　視覚からの情報が少なければ、自ら環境に働きかけるという自発的な行動が育ちにくく、保護者や周りの支援者に依存しやすい傾向になる。そのため、見通しや興味・関心をもてる、変わりやすい環境を準備することが基本となる。さらに、できない側面ばかりではなく、好きなことや得意な力に焦点をあてて、意欲を引き出すことが大切である。

② 視覚を活用した支援

　弱視児の場合、視覚の活用能力を高める支援が重要である。そのため、先に述べたように、それぞれの見え方に応じた条件を整える必要がある。ぼやけによる見えにくさの場合であれば、文字を拡大することによって認識することができる。さらに、まぶしさによる見えにくさの場合であれば、黒地に白の文字を書くことによって認識できることもある。

③ 触覚を活用した支援

　意図的に触覚を活用した支援が重要である。触ると音が出たり、変化が起こるおもちゃ、触る絵本など、触ることで楽しむことができるような環境を豊富に準備することで、子どもは意欲的に触覚からの情報を活用しようとし、手や指先の使い方も上達するようになる。

　また、おもちゃ探しゲームなどの空間を効率よく検索する遊びなどを通して、自分の体を基準に手前、向こう、右、左などの位置関係を理解し、空間のイメージがもてるように環境を整えることも必要である。対象物の形状や大きさ、材質、また使い方など触覚を通して把握し、その特徴と概念整理を図れるように、情報を取り入れやすい触り方ができることを配慮した支援が求められる。

④ 聴覚を活用した支援

　生活の中で聞こえる様々な音が何を意味しているのかをできるだけ直接触ったり、見たりしながら説明を加えて確認し、概念形成に役立つような体験を積み上げていくように支援する。また、音を出している物の名前だけではなく、生活の中にあふれている危険なものや、どのような状況を示す音なのかなどについても理解できるような体験も必要である。

⑤ 基本的生活習慣を育む支援

　着替えや靴の片づけ、排せつ、食事など生活の多くの動作について、繰り返し生活空間で教えていく必要がある。その際に大切なことは、子どもが一人でできるようになるために、①何を手がかりに、②どのような手順で行えばよいのか、③その際に使うものや環境をどのように工夫すればわかりやすいのかを考えることである[2]。

　生活空間においてロッカーや机の位置、トイレや手洗いの場所にも、触れてわかる印をつけ、子どもが自分で手がかりを使ってできることを徐々に増やしながら、最終的には最低限の支援でできるように、継続的な取り組みが求められる。

⑥ コミュニケーションを育む支援

　視覚障害とは周りの様子を見て判断することが困難なため、自ら人に働きかけることが苦手であることが多い。まずは、子どもが自分に話しかけていることがわかるように、名前を呼んで話す、誰が話しているのかがわかるように自分の名前を名乗って話す、何の話題を話しているのかがわかるようにする、など保育者は子どもが情報を整理しやすいように言葉を選んで話しかけることが必要である。

4　保護者への支援

　視覚障害児を支援するにあたっては、保護者との連携およびサポートを欠かすことはできない。保育者は、保護者の不安や混乱を受容的に理解し、支援していく姿勢が求められる。

　視覚障害の状態をより正確に評価するためには、専門の知識や機器が必要となる。子どもの視覚のことで気になることがあれば、保護者との情報交換を密にして、場合によっては医療機関への受診を提案する必要もある。

　保護者の障害の受け入れが早いほど、視覚障害児の社会参加は早まる傾向にある。視覚障害への支援の理解に乏しい保護者の場合、過保護になりすぎるあまり、自立を阻害するケースなども見られるため、保護者へのサポートを考慮しながら支援を進めていかなければならない。

見えるってどういうこと？

▼ ワークのねらい ▼

　視覚障害児への支援においては、保育者が子どもの視覚障害をどのように捉えているかが支援の内容を大きく左右する。さらに、周囲の状況等や視覚障害の程度に応じて本人に理解できるよう情報提供するためには、かなりの専門性を発揮しなければならないことでもある。

　このワークでは、視覚障害とはどのような障害なのかを改めて考え、言葉によって情報を提供する際に求められる視点を学ぶ。

■ ワークの進め方

①　4〜6人ほどのグループに分かれて課題①のディスカッションを行い、
　　出た意見をメモする。　　　　　　　　　　　　　　　　　　　（10分）

課題①

> 　視力0の全盲の子どもに、「赤・青・黄色の3色をどのように伝えたらよいか」を考えてみましょう。

②　続いて課題②のディスカッションを行い、出た意見をメモする。

（10分）

課題②

> 　5歳の生まれつき（先天性）眼の見えない女の子からの「見えるってどういうこと？」と質問されたときに、どのように答えるかを考えてみましょう。

③　それぞれのグループにおいてディスカッションした内容のメモをもとに、どのような点が難しかったのかを全体に発表し意見交換する。

　　　　　　　　　　　　　　　　　（1グループ5分＋意見交換10分）

　　　　　　　　　　　　　　　　　　　　　　　　【時間約60〜80分】

✎ワークをふりかえって

①　人間は「見る」という感覚以外で、どのように物事を認識しているのでしょうか。

②　視覚での情報が8割を占める中で、「見える」という意味を考えたうえで、本人（視覚障害児）には、どのような配慮をした情報の提供が求められるのでしょうか。

【引用文献】
1）同行援護従事者養成テキスト編集委員会編『同行援護従事者養成研修テキスト［第2版］』中央法規出版　2012年　p.65
2）前田泰弘編『実践に生かす障害児保育』萌文書林　2016年　p.110

【参考文献】
尾崎康子・小林真・水内豊和ほか編『よくわかる障害児保育　第2版』ミネルヴァ書房　2018年
ガイドヘルパー技術研究会監修『ガイドヘルパー研修テキスト　視覚障害編』中央法規出版　2007年
坂本洋一『改定　視覚障害リハビリテーション概論』中央法規出版　2007年

第7章　聴覚障害の理解と援助

1　聴覚障害とは

① 聴覚障害について

　聴覚とは、音を感じる感覚であり、聴覚器官は、外耳、中耳、内耳、聴神経によって構成されている（図7−1）。音は、空気の振動が外耳道と呼ばれる耳の入り口から鼓膜までの管状の部分を通って鼓膜に当たり、鼓膜の振動が中耳内の耳小骨（ツチ骨、キヌタ骨、アブミ骨）を経由して蝸牛に到達する。そして、その蝸牛に到達した振動が基底膜*1の有毛細胞を刺激し、それが電気信号となり、大脳へ伝わり、音として感知されるのである。また、外耳から中耳を伝音系といい、内耳以降を感音系という。

　聴覚障害は、このような聴覚器官や神経経路に何らかの障害があることによって、聞こえの能力に困難が生じている状態のことである。

*1
基底膜とは、内耳の蝸牛内部を蝸牛管・前庭階・鼓室階に仕切っている膜のこと。

図7−1　耳の構造図

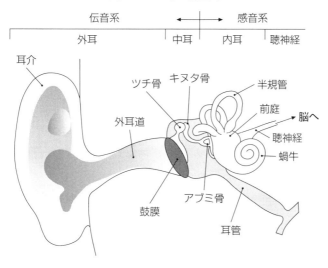

② 聴覚障害の種類

聴覚障害の種類は、聴覚器官の部分によって、伝音（性）難聴、感音（性）難聴に分けられる。

▼伝音（性）難聴

伝音（性）難聴は、外耳から中耳までの伝音系の経路に生じた障害のために、音の振動が内耳に十分伝わらない難聴のことをいう。伝音（性）難聴は、補聴器を使用することによって、音を聞き分けられるようになることが多い。また、医学的な治療によって改善されることも多い難聴である。

▼感音（性）難聴

感音（性）難聴は、内耳から脳に到達する経路で、有毛細胞や神経系に障害が生じたために音の振動を電気信号へうまく変換できないものである。音が聞こえにくく、歪んで聞こえるため、言葉を聞き分けることが難しい。特に子音の周波数が聞き取りにくいことが多いため、補聴器[*2]を使用しても有効ではなく、医学的な治療による改善は困難とされている。しかし、近年は、聞き取りが明瞭になる人工内耳[*3]の開発も進んできている。

▼混合（性）難聴

伝音（性）難聴と感音（性）難聴が合併したものを混合（性）難聴という。

③ 聴覚障害の原因

聴覚障害の原因は、慢性中耳炎[*4]や滲出性中耳炎[*5]、先天性による内耳障害や奇形、内耳炎、突発性難聴[*6]、メニエール病[*7]、脳梗塞、脳出血などがあげられる。また、遺伝的要因や風疹、糖尿病の母体の罹患、薬物の副作用などの胎児期のものや、未熟児で出生すること、重症黄疸など周生期による原因などもある。さらに、原因が不明なものもある。

④ 聴覚障害の程度

難聴の程度については、日本聴覚医学会では、25db～40db未満を軽度難聴、40db～70db未満を中等度難聴、70db～90db未満を高度難聴、90db以上を重度難聴としている。また、身体障害者手帳の基準では、2級に該当する両耳の聴力レベルがそれぞれ100db以上のものを両耳全ろうとしていることから、100db以上をろうとして分類していることが多い。

[*2]
補聴器は、すべての周波数についての振動を増幅するため、各々に応じた周波数の振動増幅は不可能である。

[*3]
人工内耳とは、内耳に電極を埋め込んで聴神経を刺激し、聴力を得るためのもの。感音（性）難聴に使用される。

[*4]
慢性中耳炎とは、細菌やウイルスが中耳に感染し、慢性的な炎症を起こすもの。

[*5]
滲出性中耳炎とは、鼓膜の鼓室に滲出液（血管外に滲み出てくる液）が貯まり、聞こえが悪くなるもの。

[*6]
突発性難聴とは、突然耳の聞こえが悪くなる難聴。原因不明のことが多い。

[*7]
メニエール病とは、耳鳴りや難聴を伴うめまいが慢性的に起こる疾患のこと。

聴覚障害による影響

① 言語発達の影響

　言語の発達に関して着目してみると、音韻や意味の理解は聞くことによって発達するため、聴覚に障害があることで遅れてしまうことになる。また、自分の声が聞こえないということも言語の発達に大きな支障をきたしてしまう。自分の発する声が聞こえないということは、自分がどのような音を出して話しているのかもわからないのである。そのため、声の音量が調整できないという影響も生じてしまう。

　また、言語を習得してから聴覚障害になった場合であれば、口の動きなどで話の内容を理解することも可能であるが、言語を習得する以前から聴覚障害があると、言語の理解は容易ではない。さらに、そのことにより、他者とのコミュニケーションの形成にも大きく支障をきたしてしまうのである。

② 心理的な影響

　耳が聞こえない、話していることがわからないという不自由さは誰にでも想像できることであろうが、そのことによる聴覚障害児の心理的な負担は想像し難いものである。例えば、子ども同士の遊びの中で、ままごとをしていたが、急に子どもたちの中で別の遊びをしようということになり、場所を移動することになったとする。それは聴覚障害の子どもにとっては、何が原因で、どのようなやり取りがあり、遊びを変えることになったのか、まったくわからないまま状況を受け入れなければならないのである。

　健常な大人においても、経過や状況がわからない中で別の行動に移ることはすっきりしないはずである。しかし、聴覚障害のある、ましてや子どもにおいては、状況を推測することもできないままに周囲が目まぐるしく変化していくことは、大きな心理的負担になってしまうのである。

　また、コミュニケーションがとりづらいことにより、他者との関わりをもつ自信をなくす可能性も大きく、他者との関係構築に大きな影響を及ぼす。これらの心理的負担は大きなストレスとなってしまう。

3 聴覚障害児の保育の視点と方法

① 保育の視点と方法

聴覚障害のある子どもであっても、聴覚の活用は必要である。障害の程度にもよるが、伝音（性）難聴であれば、はっきりと大きな声で話しかけることによって伝わりやすい場合もある。補聴器を使用することによって効果を得られる場合もあることは保育者として知っておくべきである。

また、聴覚障害のある子どもへの関わり方であるが、後ろから声をかけず、その子がしっかりと目で認識ができてから声をかける方が安心して関われる。また、急に子どもの体に触れることなども驚かせてしまうので、子どもが認識できてから行う方がよい。

聴覚に障害のある場合は、嗅覚や触覚などの感覚も有効ではあるが、主に視覚に頼らざるを得ない状態にあることは言うまでもない。そのため、保育の場では、文字を理解している子どもに対しては、ホワイトボードや紙を使用する視覚的な対応も可能である。

② コミュニケーション手段

聴覚障害のある子どもへの保育において、コミュニケーションは重要である。そのため、耳が聞こえなくてもコミュニケーションがとれる手段を使うことが有効である。ここでは、聴覚障害者のコミュニケーション手段をいくつか紹介する。

▼手　話

手話は、多くの人が知っている聴覚障害者のコミュニケーション手段といえよう。手話は、手や身体の動きなどでコミュニケーションをとるもので、表情や口形、位置、方向、強弱などで意味合いをもたせている。手話にもいくつか種類があり、日本手話や日本語対応手話、中間手話などがある。しかし、すべてが共通する手話ではないため、場合によっては通じない部分もあることを留意しておかなければならない。

▼指文字

指文字は、手話の中にも取り入れられているが、単独で使用されることもある。50音文字に対応しており、その文字を手の形や動きで表している。手話にはない言葉や固有名詞を表現する場合に用いられることが多い。ただし、

図7-2　指文字一覧

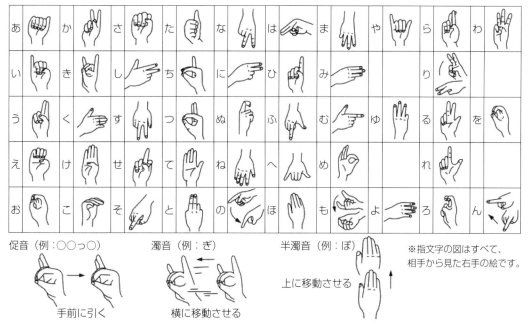

促音（例：○○っ○）　　　濁音（例：ぎ）　　　　半濁音（例：ぽ）

手前に引く　　　　　　横に移動させる　　　　上に移動させる

※指文字の図はすべて、
　相手から見た右手の絵です。

出典：内閣府ホームページ「公共サービス窓口における配慮マニュアル─障害のある方に対する心の身だしなみ─」
https://www8.cao.go.jp/shougai/manual/23out.pdf（2023/7/19 閲覧）

一文字ずつ表現するので、伝達に時間がかかってしまう面もある（図7-2）。

▼口話法

　口話法は、「聴能」「読話」「発語」によって構成されている。補聴器の使用などによって聴覚を活用する「聴能」や、相手の口の形や動き、表情などから話を理解する「読話」、自ら話すことができるように発生訓練（「発語」）を行う教育法である。社会生活を送るうえでは、健聴者とのコミュニケーションが必要となってくる面から、口話法が有効だとする考え方もある。

▼キュードスピーチ

　手指による「キューサイン」を用いて、コミュニケーションをとるものである。母音は口形で、子音はキューサインで表現する（図7-3）。

▼その他

　他に、紙などに文字を書いて意思を伝える「筆談」や、文字を空中で書いて伝える「空書」などもコミュニケーション手段として使用されることがある。また、近年はパソコン等も用いられるようになっている。

　以上のようなコミュニケーション手段を用いることができるが、いずれにしてもその子どもに適した視点と方法によって、保育を実施していかなければならない。

図7-3　キューサイン表

ん	わ	ら	や	ま	は	な	た	さ	か	あ
		り		み	ひ	に	ち	し	き	い
		る	ゆ	む	ふ	ぬ	つ	す	く	う
		れ		め	へ	ね	て	せ	け	え
	ろ	よ	も	ほ	の	と	そ	こ	お	

出典：京都府立聾学校ホームページ「WEBコンテンツ『幼児手話辞典』」
http://www.kyoto-be.ne.jp/rou-s/youjisyuwa/index.html（2023/6/8 閲覧）

ワーク

1　ジェスチャー・読話・指文字当てゲーム

▼ ワークのねらい ▼

　聴覚障害は、前述してきたように耳が十分に聞こえないなどの状態である。そのため、コミュニケーションのとりづらさを抱えていることも多い。このワークを通して、聴覚障害児とのコミュニケーションをとる保育者という立場と聴覚障害児自身の立場の両方を感じてもらい、保育現場に出た際に生かせるようにしてもらいたい。

■ ワークの進め方

①　2人1組をつくる。2人のうち、どちらかをA、もう一方をBという役割を決める。ちょうど2人組にならない場合は、3人組をつくる。（5分）
②　ジェスチャーゲームを行う。
　　指導者がAと呼べば、Aが指導者の所に来て、用紙に書いてある解答を確認する。その際、決して口に出さないよう注意する。

Aの学生は、身振り手振りを使い、解答を伝える。その際、伝える側は声を出さない、口でその言葉の形をつくらないことに注意する。また答える側は、声に出して答えてしまうと周囲に正解が知られてしまうため、メモに書いて答えるようにする。

終了すれば解答を伝える側と答える側のAとBの学生が交代して、進めていく。　　　　　　　　　　　　　　　　　　　　　　　　　　　　（10分）

③　読話当てゲームを行う。

ジェスチャーと同じようにAからはじめ、終了すれば、Bに交代する。
　　　　　　　　　　　　　　　　　　　　　　　　　　　　　　（10分）

④　指文字当てゲームを行う。

指文字は、図7-2の一覧を参考に見ながら伝える。答える側も、図を見て答える。これも今までと同じく、A、B交互で行う。　　　　（10分）

⑤　すべてのゲームが終了したら、「ワークをふりかえって」の設問にあるジェスチャー、読話、指文字のそれぞれについて、伝える側と答える側両方の印象と感想を考え、各組でお互いに話し合う。　　　　（25分）

【時間約60分】

🔦ワークをふりかえって

①　ジェスチャーで伝える側と、答える側それぞれで難しかったことや工夫したこと、感じたことなどをまとめてみよう。

②　読話を使って伝える側と、答える側それぞれで難しかったことや工夫したこと、感じたことなどをまとめてみよう。

③　指文字を使って伝える側と、答える側それぞれで難しかったことや工夫したこと、感じたことなどをまとめてみよう。

【参考文献】

藤永保監修、阿部五月・村田カズほか『障害児保育［第3版］』萌文書林　2018年

石部元雄・上田征三・高橋実ほか編『よくわかる障害児教育［第4版］』ミネルヴァ書房　2020年

草薙進郎・四日市章編『聴覚障害児の教育と方法』コレール社　1996年

日本聴覚医学会難聴対策委員会「難聴（聴覚障害）の程度区分について」
https://audiology-japan.jp/audi/wp-content/uploads/2014/12/a1360e77a580a13ce7e259a406858656.pdf（2023/6/8 閲覧）

奥野英子編『聴覚障害児・者支援の基本と実践』中央法規出版　2008年

第8章　知的障害の理解と援助

 1 知的障害とは

① 知的障害の定義

▼知的障害とは

　厚生労働省が実施する「知的障害児（者）基礎調査」の「用語の解説」では、知的障害を「知的機能の障害が発達期（おおむね18歳まで）にあらわれ、日常生活に支障が生じているため、何らかの特別の援助を必要とする状態にあるもの」[1)] と定義している。

　また、知的障害であるかどうかの判断基準は、次の（a）および（b）のいずれにも該当するものを知的障害としている。

（a）「知的機能の障害」について

　　標準化された知能検査（ウェクスラーによるもの、ビネーによるものなど）によって測定された結果、知能指数がおおむね70までのもの。

（b）「日常生活能力」について

　　日常生活能力（自立機能、運動機能、意思交換、探索操作、移動、生活文化、職業等）の到達水準が総合的に同年齢の日常生活能力水準のa、b、c、dのいずれかに該当するもの。

▼知的障害の程度

　先の「知的障害児（者）基礎調査」では、図8-1にあるように、知的水準（ＩＱ）がⅠ～Ⅳのいずれに該当するかを判断するとともに、日常生活能力水準がa～dのいずれに該当するかを判断する。a～dは程度を表しており、aが最も日常生活能力が低くdにいくほど自立度が高い状態となる。例えばaの場合「他人の助けを借りなければ身のまわりの始末ができない」「簡単な意思表示しかできない」などが例示されている。

図8-1　知的障害の程度判定の導き方

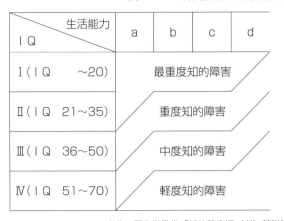

生活能力 IQ	a	b	c	d
Ⅰ（IQ　～20）	最重度知的障害			
Ⅱ（IQ　21～35）	重度知的障害			
Ⅲ（IQ　36～50）	中度知的障害			
Ⅳ（IQ　51～70）	軽度知的障害			

＊知能水準の区分
　Ⅰ…おおむね20以下
　Ⅱ…おおむね21～35
　Ⅲ…おおむね36～50
　Ⅳ…おおむね51～70

＊身体障害者福祉法に基づく障害等級が1級、2級又は3級に該当する場合は、一次判定を次のとおりに修正する
　・最重度　→　最重度
　・重度　→　最重度
　・中度　→　重度

出典：厚生労働省「知的障害児（者）基礎調査：用語解説」
https://www.mhlw.go.jp/toukei/list/101-1c.html（2023/6/1 閲覧）

②　療育手帳について

▼療育手帳制度について

　療育手帳制度は、知的障害児（者）に対して一貫した指導・相談を行うとともに、各種の援助措置を受けやすくするため、知的障害児（者）に手帳を交付し、知的障害児（者）の福祉の増進に資することを目的とされたものである。

　手帳の交付申請は、本人またはその保護者が、知的障害児（者）の居住地を所管する福祉事務所の長を経由して都道府県知事に対して行う（福祉事務所を設置しない町村にあっては、当該町村の長及び管轄の福祉事務所の長とする）。

　手帳は、児童相談所または知的障害者更生相談所において知的障害であると判定された者に対して交付されるが、手帳の交付後、手帳の交付を受けた知的障害児（者）の障害の程度を確認するため、原則として2年ごとに児童相談所または知的障害者更生相談所において判定を行っている。

▼療育手帳の判定基準、障害の等級について

　療育手帳制度は国の助言に基づき、各都道府県が条例や要綱によって実施する制度であり、各自治体により判定区分の呼び名や判定区分に若干の違いがある（表8-1）。また、療育手帳の更新と有効期限も、自治体によって違いがあるが、2～5年程度で更新されている。

表8−1　自治体による療育手帳の名称や判定の違い

【療育手帳の名称例】
・青森県・名古屋市…愛護手帳
・さいたま市…みどりの手帳
・東京都・横浜市…愛の手帳
【判定区分、障害の等級の例】
・最重度：Ａ（その他の例…１度、Ａ１、マルＡ）
・重　度：Ａ（その他の例…２度、Ａ２、Ａ）
・中　度：Ｂ（その他の例…３度、Ｂ１、Ｂ）
・軽　度：Ｂ（その他の例…４度、Ｂ２、Ｃ）
【重度の判定Ａの基準】
・知的指数IQ35以下で、日常生活の介助が必要か問題行動
・知能指数IQ50以下で、視覚、聴覚、肢体不自由など
・東京都愛の手帳では１・２度に相当
【重度の判定Ｂの基準】
・重度Ａ以外
・知能指数IQ75〜70以下
・東京都愛の手帳３・４度に相当

③　知的障害の原因

　知的障害はその原因が特定できないことが多い。原因がわかるものの中ではダウン症などの染色体異常が最も多く、ほかにも感染症や出生時のトラブルなど多岐にわたる。

④　ダウン症について

▼ダウン症とは

　ダウン症は染色体異常の中でも最も多い障害で、知的障害を伴うことが多い。ダウン症は通常２本ずつある常染色体のうち21番染色体が３本あることにより、様々な症状が起こる（トリソミー95％）。出生率は1,000人に１人の割合だと言われている。

　ダウン症の特徴としては、①低緊張、②合併症、③認知の弱さ、④言葉の遅れが見られる。

▼低緊張

　筋肉が柔らかいために頸（くび）の座り・お座り・はいはい・独歩（ひとり歩き）などの運動発達にも遅れが見られる。歩行ができてからも骨盤後傾の円背や、極端な骨盤前傾のためお尻を突き出した姿勢なども見られる。また、反張膝や外反扁平足のために膝を突っ張ったまま体を左右に揺らすよう

な歩き方になり、歩く距離が伸びにくく疲れやすい。

▼合併症

ダウン症によく見られる合併症としては、先天性心疾患、神経疾患、消化器疾患、血液疾患、外反扁平足、環軸椎亜脱臼、耳鼻咽喉科疾患、眼疾患、内分泌疾患などがある。

▼認知の弱さ[2]

「ダウン症の子どもは認知の弱さを伴っている。認知の弱さの程度は個人差が大きい」「成人のダウン症者の知能は個人差はあるが4〜6歳程度であることが多い」と言われている。この認知の弱さがあるということが、ダウン症の大きな特徴である。また、認知の弱さは、象徴機能の獲得や概念の獲得、数の認識など、様々な能力に影響を与える。

遅れながらも4〜6歳の知的能力があるということは、日常生活を送るために必要な事柄を習得する力があることを示している。具体的に経験した事柄の理解はでき、楽しめるよい特質をもっている。ダウン症の子どもの知的な弱さを考慮し、ゆっくり、ていねいに積み重ねていくことで生活面の自立ができていく。

▼言葉の遅れ

ダウン症児の初語（例：マンマ）は1歳半頃からはじまるが、その後の言葉の数が増えにくい。また、状況を含めた言語理解は比較的良好なのに比べ、言語表出（話し言葉）の発達が弱いのが特徴である。

一方、ノンバーバル・コミュニケーション（非言語的）の理解と使用や対人関係が良好な子どもが多く、雰囲気の理解、身振りの理解や使用はあまり遅れがないのが特徴である。また、音楽的な能力に優れている場合も多く、音楽に合わせて動いたり、リズムをとったりすることができる。

2　知的障害の保育・援助の視点と方法

①　知的障害のある子どもの発達

知的障害のある子どもの発達については、「粗大運動、微細運動、認知、理解言語、表出言語、情緒、社会性、生活習慣など全般的な発達の遅れがみられる。発達順序（育つ筋道）は定型発達の子どもとほぼ同様で、発達はしていくがそのスピードは緩慢になり、最終的にどのレベルまで発達していくかは、知的障害の程度によって異なる。定型発達の子どもと比較すると、発達の個人差や個人内差が大きいことも特徴として挙げられる」[3]と、発達

の速度が遅く、個人差が大きいと言われている。

　具体的な特徴と対応について、次にあげていく。

② 知的障害の保育・援助の視点と方法

▼特徴①：言葉がなかなか覚えられない

　知的障害のある子どもに言葉の遅れが見られるのは、物事を抽象化して考えられず、構音障害などもあるためと言われている。

【対応】

　視線や表情、動作、身振りなどを使いながら、経験の一つひとつを言葉として、理解できるようにすることが必要である。

　・動作や身振りで表現する。

　・絵や写真、実物を使って理解しやすくする。

▼特徴②：物事を記憶しておくことができない

　記憶には、短期記憶と長期記憶がある。短期記憶は、何度か繰り返して思い出さなければ、数分で失われる。長期記憶は、数時間から数年保たれる記憶で、短期記憶を繰り返し覚えた結果つくられていく。知的障害のある子どもは記憶の繰り返しがうまくできないために、すぐに忘れてしまう。

【対応】

　一度に多くのことを長い時間覚えていられない。情報を伝えるためには、伝えたいことを一つずつ、その都度わかりやすく伝える工夫が必要である。

　・記憶と楽しい体験を結びつけるなど、動機づけの工夫をするとよい。

　・何かを伝えるときは、一つずつ伝える。

　・一つのことを繰り返して教える。

▼特徴③：動きがぎこちなく、細かい作業が苦手

　知的障害に伴う運動障害には、原因や合併症が深く関係している。一時的なものもあれば、脳性まひのように一生残るものもある。また、単なる運動発達の遅れの場合もあり、障害の程度や内容は様々である。

【対応】

　運動の発達に遅れが見られる場合は、子どもの興味に働きかけ自然に体を動かせるようにする。また、その子どもの障害を補うような用具を利用するのも、生活をスムーズに送るうえで大切なことである。

　・運動能力を鍛えることが、子どもの安全につながる。

　・細かい動きが必要でない運動をする。

　・自分から体を動かすように楽しく運動する。

　・姿勢が悪いため疲れやすい。こまめに休憩をとるように声をかける。

「ダウン症児」の事例から

▼ ワークのねらい ▼

　ダウン症の子どもたちは保育所・幼稚園生活で、友だちとの遊びや真似などによって目覚ましい発達を示すようになる。しかし、知的な理解力、言葉の理解や表出の弱さ、筋緊張の低さからくる姿勢保持の弱さや疲れやすさ、手先の不器用さなどがあるため、様々な面からの個別の支援が必要である。この個別の支援を行うことで、「しっかりわかる」ことにつながり、そのことが「自分でできる」ことに、そして、「自分ですることに自信をもつ」ようになる。ここでは特に、知的面での具体的な支援方法を考える。

■■ ワークの進め方

① 　指導者がワークシート「ダウン症児の保育所・幼稚園・認定こども園での支援」を配布し、シートの説明をする。　　　　　　　　　　　　（5分）
② 　3〜4人のグループをつくり、課題1〜3について、自分の考えをワークシートに記入する。　　　　　　　　　　　　　　　　　　　　　（20分）
③ 　グループ内でそれぞれが記入した「具体的な支援の方法」を出し合い、グループとしての意見をまとめる。　　　　　　　　　　　　　　（15分）
④ 　課題1〜3について、各課題につき2つのグループから、具体的な支援の方法を代表者が発表する。発表内容を受けて指導者が補足の解説をする。
　　　　　　　　　　　　　　　　　　　　　　　　　　　　　　　　（20分）

【時間約60分】

ワークをふりかえって

① 　知的障害のある子どもを支援する際に、どのような配慮が必要かを考えてみましょう。
② 　統合保育の中で、ダウン症の子どものことを他の園児にどのように伝えることで良好な関係が築けるかを考えてみましょう。

年　　月　　日（　）第（　）限　　学籍番号＿＿＿＿＿＿＿　　氏名＿＿＿＿＿＿＿＿＿

ワークシート「ダウン症児の保育所・幼稚園・認定こども園での支援」

課題	支援項目	目的	具体的な支援の方法
1　環境面での支援	① 靴箱	・靴箱に自分で靴を片づける意識が育つ。	
	② 座る・立つ位置や順番	・自分のいる場所がわかり、安心して生活できる。 ・自分の座る・立つ位置や順番がわかり自分の力で行動する。	
	③ スケジュールと手順表	・子どもが次の活動の予定を確認する。 ・言語の理解を助けて、活動に取り組める。 ・自分から行動できることを助ける。	
2　表現への支援	④ 不器用さを補う道具（クレヨン・鉛筆）	・クレヨン・鉛筆を正しく握る。 ・クレヨン・鉛筆を使って造形活動に参加する。	
	⑤ 楽しく折り紙を折ろう	・繰り返し何度も折ることで、一人で折ることができる。 ・色々な作品をつくることができる。	
3　あそびの支援	⑥ 手遊び・歌遊び	・視覚的な手がかりで、歌詞を予測し、イメージして自分で歌って遊ぶ。	
	⑦ 遊びのコーナー（一人で遊べる場所）	・一人で遊べるコーナーで、簡単な課題ができる。 ・発達に応じた課題を楽しく行う。	

90

【引用文献】

1）厚生労働省：統計情報・白書「知的障害児（者）基礎調査：調査の結果」
　　https://www.mhlw.go.jp/toukei/list/101-1c.html（2023/7/9 閲覧）
2）玉井浩・玉井るか・中島順子・里見恵子『ダウン症児の健やかな発達のために―
　　健康管理と発達支援（運動、ことば、学び）』大阪医科大学ＬＤセンター　タン
　　ポポ教室　2010年　pp.6-7
3）尾崎康子・三宅篤子編『知っておきたい発達障害の療育』ミネルヴァ書房　2016
　　年　p.155

【参考文献】

厚生労働省「療育手帳制度について」（昭和48年厚生事務次官通知）
　　https://www.mhlw.go.jp/content/12200000/000639205.pdf（2023/7/19 閲覧）
有馬正高監修『知的障害のことがよくわかる本』講談社　2007年
玉井浩・玉井るか・中島順子・里見恵子『ダウン症児の健やかな発達のために―健康
　　管理と発達支援（運動、ことば、学び）』大阪医科大学ＬＤセンター　タンポポ教
　　室　2010年

第9章　発達障害の理解と援助1 —自閉スペクトラム症

 1 自閉スペクトラム症の診断基準

① DSM−5とDSM−5−TRの出版

　DSM−5（Diagnostic and Statistical Manual of Mental Disorders: 精神疾患の診断・統計マニュアル第5版）は、米国精神医学会（APA: American Psychiatric Association）によって2013年5月に出版され[1]、日本でも日本精神神経学会の監修により2014年6月に日本語訳[2] が出版されていたが、2022年3月に改訂版であるDSM−5−TR[3] が出版された。

② DSM−5とDSM−5−TR　用語翻訳の基本姿勢

▼「障害」から「症」へ

　児童青年期の疾患では、病名に「障害」がつくことは児童や親に大きな衝撃を与えるため、「障害」を「症」に変えることが提案された[4]。disorderを「障害」とすると、disabilityの「障害（碍）」と混同され、しかも"不可逆的な状態にある"との誤解を生じることも懸念された。一方、「症」とすることは過剰診断・過剰治療につながる可能性があるなどの意見もあり、児童青年期の一部の関連疾患に限り変えることになった。

▼疾患名の併記から統一へ

　DSM−5ではAutism Spectrum Disorder（ASD）は、「自閉スペクトラム症／自閉症スペクトラム障害」と併記していた。しかし、DSM−5−TRは、疾患名の併記をなしとした。よって本章では「自閉スペクトラム症」を用いる。

③ DSM−5−TRにおける自閉スペクトラム症

▼記載カテゴリー

　自閉スペクトラム症は、神経発達症群にカテゴライズされている。知的発達症、注意欠如多動症、限局性学習症等と同じカテゴリーである。

▼自閉スペクトラム症の診断基準

　ＤＳＭ−５からの主な変更点は以下の通りである。

・言語・非言語に分けた診断から対人相互性の問題として統合された。

・特定不能の広汎性発達障害という広い概念が削除された。

・こだわりの診断枠の中に反響言語、感覚過敏などの独特の行動も含まれた。

・下位診断分類が消失した（アスペルガー障害という言葉が削除された）。

表9−1　ＤＳＭ−5−ＴＲにおける自閉スペクトラム症の診断基準の概要

Ａブロック：社会的コミュニケーションと対人的相互反応の欠陥
1．相互の対人的―情緒的関係の欠陥 2．対人的相互反応で非言語的コミュニケーション行動の欠陥 3．人間関係の発展・維持・理解の欠陥
Ｂブロック：行動、興味、活動の限定された反復的様式
1．常同的・反復的な身体運動、物の使用、会話 2．同一性への固執、習慣へのこだわり、儀式的行動様式 3．限定された執着する興味 4．感覚刺激への敏感さ・鈍感さ、環境の感覚的側面に対する強い興味

出典：日本精神神経学会監修、高橋三郎・大野裕監訳『ＤＳＭ−５−ＴＲ　精神疾患の診断・統計マニュアル』医学書院　2023年より筆者が要約

2　自閉スペクトラム症がある子どもの行動特徴

①　友だちとの関係づくりが難しい

　ＤＳＭ−５−TRに記載されている「社会的コミュニケーションと対人的相互反応の欠陥」が具体的にどのような特性や行動特徴となって表れるかを見ていく。

▼相互の対人的―情緒的関係の欠落

　他者の情動に対してどう反応するか、喜び・興味や達成感を分かち合う関係を指す。例えば、保育所や幼稚園での対人場面や集団場面で、話をする時に他者に異常に近づく、発語はあるものの会話が成立しない、皆と一緒に絵本の読み聞かせを楽しむことが難しい、運動会の集団競技で勝ちの喜びや負けの悔しさを分かち合うことが難しい。

▼対人的相互反応で非言語的コミュニケーション行動の欠陥

　他者とのやり取り場面で身振りや表情といった非言語的コミュニケーショ

ン行動を適切に用いることが難しいことを指す。例えば、保育所や幼稚園での対人場面で、視線を合わせないもしくは適切に視線をそらすことが難しい、相手の身振りや顔の表情を理解することが難しい、身振りや表情を使って相手に意図を伝えることが難しい。

▼人間関係の発展・維持・理解の欠陥

　他者との関係を発展させたり、維持したり、また理解することが難しいことを指す。例えば、保育所や幼稚園での対人場面で、状況にあった行動を調整することが難しい、想像遊びを他者と一緒に行うことが難しい、仲間への興味が乏しいため友人をつくることが難しい。

② こだわりが強い

　ＤＳＭ−５−ＴＲに記載されている「行動、興味、活動の限定された反復的様式」が具体的にどのような特性や行動特徴となって表れるかを見ていく。

▼常同的・反復的な身体運動、物の使用、会話

　おもちゃを一列に並べたり物を叩いたりする単調な常同運動、反響言語[*1]、独特な言い回しが見られる。

*1　反響言語（エコラリア）
相手と同じ言葉を繰り返して言うこと。

▼同一性への固執、習慣へのこだわり、儀式的行動様式

　小さな変化でも強く嫌悪する、儀式のようなあいさつの習慣、毎日同じ道をたどる、同じ食べ物の強い要求などが見られる。

▼限定され執着する興味

　あまり子どもが興味をもたないような対象に強い愛着や没頭を示す、過度に限局されたものにしか興味をもたないなどが見られる。

▼感覚刺激への敏感さ・鈍感さ、環境の感覚的側面に対する強い興味

　痛みや温度に無関心のように見える、特定の音や触覚に強い関心を示す、対象を過度に嗅いだり触ったりする、光や動きを見ることに熱中するなどが見られる。

 3 自閉スペクトラム症の子どもへの基本的対応

① 友だちとの関係づくりに関する配慮・支援

　自閉スペクトラム症の中核は、対人的コミュニケーションと相互作用の障害である。統合保育場面での配慮や支援について考える。

▼やって良いことと悪いことの区別がつきにくい

　勝手気ままな振る舞いから、クラスの友だちや他の保護者から「わがまま」と思われて非難されることもあるが、他者の気持ちがわかりにくい、表情から感情を察しにくい、状況判断がつきにくいといった特性が原因になっている。また、常識の理解や、暗黙のルールの理解にも困難がある。

　自分や他者を傷つける行動や、社会に出て許されない行動については、単に「いけない」ではなく、具体的にどうすべきなのか根気よく教える。大声で感情的に叱っても、伝わらない。表情を読み取ることに困難があり、叱られている状況がわかりにくいことにも留意する。

　言葉の理解にも困難があるので、長々と諭すよりも、絵本や紙芝居を用いて適切な振る舞いを明示するのもよいだろう。

▼同じことを何度言ってもわからない

　保育者から何度も同じことを言われ、「はい」「わかりました」「ごめんなさい」と応じるものの、またすぐに同じ間違いを繰り返すことがある。本人も混乱している可能性があるので、絵や写真を使ってわかりやすく伝えるなどの工夫が有効である。

　注意するときのみ話しかけると、保育者とのコミュニケーションを避ける結果にもなる。身振りや仕草を加えて穏やかなコミュニケーションの機会を増やし、人と関わることの楽しさも経験できるような配慮が必要である。

表9-2　自閉スペクトラム症の子どもに分かりやすい伝え方

視覚的に伝える	絵カードや文字、写真を使って伝える。
簡潔明瞭に伝える	短く簡潔に、わかりやすく伝える。
一つずつ伝える	複数のことをやらなくてはならないときには、一つずつの行動に対して個別に指示する。
具体的に伝える	「かたづけましょう」ではなくて「○○をここに入れて」など具体的に伝える。
すぐに伝える	いけないことをしたときには、すぐにその場で伝える。後から反省を促してもわかりにくい場合が多い。
肯定形で伝える	「走ってはダメ」よりも「歩きましょう」の方がわかりやすい。また、否定的な言葉に自信を失うことがある。

出典：筆者作成

② こだわりに関する配慮・支援

　自閉スペクトラム症のある子どもの行動特徴として強いこだわりがあり、時に集団場面での適応に支障が生じることがある。ここでは、統合保育場面での配慮や支援について考える。

▼こだわりは心の安定のためにある

　こだわりをなくすことをめざすよりも、その行為が心の安定となっていることを理解することも大切である。その行為が本人や他の子どもたちの問題となる場合には、時間帯や場所を限定するなど周りとの関係調整を考える。

▼感覚過敏は無理強いしない

　大きな音を嫌がったり、触られることを嫌がったりすることがある。無理やり慣れさせようとすると、かえって場面に不適応を起こすことがある。予告をしてから触るなど、安心できるように工夫する。

▼予定変更のときはあらかじめ伝える

　急な予定変更に強い不安を感じて、大騒ぎをすることがある。変更せざるを得ないときには、なるべく早くに書いて見せる、写真を使うなどして、心構えができるよう配慮する。

ワーク

1

統合保育場面で見られる自閉スペクトラム症の行動特徴への対応を考える

▼ ワークのねらい ▼

　自閉スペクトラム症のある子どもは、対人関係の調整や構築に困難があり、また独特なこだわりがあるために、統合保育場面で子ども自身が苦しんでいる。「困っているのは子ども自身」という考えに立ち、どのような対応をすれば子どもが安心して子ども集団を楽しむことができるかを考えることが肝要である。ここでは、表出行動の背景にどのような認知特徴があるのか考え、他の子どもたちとも穏やかに過ごせるよう保育の工夫を考える。

■ワークの進め方

① 　5人1組のグループをつくる。

② 　次の事例を読み、★1〜4の行動について、子どもの視点に立った行動

事例

> 　Mくんは4歳児クラスに在籍している。3歳6か月のときに医師から自閉スペクトラム症との診断を受けた。語彙は豊富であり、人への関心もあるので、保護者は幼稚園での保育を望んだ。
>
> 　Mくんは登園すると真っ先に職員室へ向かう。職員室のすべての机の下に潜り、迷路のようにたどってから自分の教室に向かう★1。
>
> 　教室に入ると、他の子どもたちは、園服に着替えたり、カバンから連絡帳を出したり身支度をしている。身支度が終わったら好きな絵本を読んでもよいという約束になっている。Mくんは職員室に寄ってきたので支度が遅くなっているが、乱雑に所持品を片づけると「ぼくが一番！」★2と言って絵本を読みはじめる。
>
> 　Mくんは絵本や紙芝居が大好きである。教師が集団に向かって絵本の読み聞かせをはじめると席を立ち、絵本の前に立ちふさがる★3。他の子どもたちから「見えなぁ～い！」と言われても、気にする様子はない。
>
> 　Mくんは最近、Nちゃん（女児）がとても気に入っている。Nちゃんは、明るい色のフリルのついた服をよく着ている。MくんはNちゃんのとなりに座り、服の匂いをかぐこと、髪の毛を触ることが大好きである。Nちゃんから「やめて！」と言われても気にせずNちゃんにもたれかかりながら髪の毛を触り続けている★4。
>
>

の理由を考える。また、保育者の対応をワークシートの【自分の考え欄】に記入する。
(10分)

③　グループ内でそれぞれが自分の考えた理由と対応について発表する。

(5分)

④　グループ内で司会者、書記、発表者を決めてディスカッションを行い、最終的な保育者の対応を完成させ、【グループの考え欄】に記入する。

（15分）

⑤　クラス全体で、子どもの視点に立った行動の理由、保育者の対応、そしてなぜそのように考えたのかを発表し合う。　　　　　　　　（15分）

【時間約45分】

✏️ワークをふりかえって

①　保育者にとって迷惑な行動なので消去すべきだと考えるのではなく、子どもにとってこの行動にはどんな意味があるのか、という視点で考えることはできましたか。

②　統合保育場面では、障害のある子どもも、障害のない子どもも、ともに育つ環境づくりが大切です。あなたの考えた対応は、クラスの子どもたち誰もが納得できる対応ですか。

③　自閉スペクトラム症の子どもが呈する行動は、わかりにくいこともあります。ＤＳＭ－５－ＴＲの記述に照らして、どの項目に当てはまるのか考えてみましょう。

【引用文献】
1）American Psychiatric Association: *Diagnostic and Statistical Manual of Mental Disorders*, Fifth Edition, DSM-5. American Psychiatric Association, Washington, D. C., 2013
2）日本精神神経学会監修、高橋三郎・大野裕監訳『ＤＳＭ－５ 精神疾患の診断・統計マニュアル』医学書院　2014年　pp.49-57
3）日本精神神経学会監修、高橋三郎・大野裕監訳『ＤＳＭ－５－ＴＲ 精神疾患の診断・統計マニュアル』医学書院　2023年　pp.54-65
4）日本精神神経学会精神科病名検討連絡会「ＤＳＭ－５病名・用語翻訳ガイドライン」『精神神経学雑誌』第116巻第6号　2014年　pp.429-457

年　月　日（　）第（　）限　学籍番号＿＿＿＿＿＿＿　氏名＿＿＿＿＿＿＿＿＿

自閉スペクトラム症児の行動の背景・理由を考える。また、保育者としての対応を考える。

【自分の考え欄】

	行動の理由	保育者の対応
※1		
※2		
※3		
※4		

【グループの考え欄】

	行動の理由	保育者の対応
※1		
※2		
※3		
※4		

第10章　発達障害の理解と援助2
—ADHD・LD

1　ADHDの理解と援助

① ADHDの定義

　ＤＳＭ－５－ＴＲ（アメリカ精神医学会による精神疾患の診断マニュアル）では、ＡＤＨＤ（Attention-Deficit／Hyperactivity Disorder）を「不注意、まとまりのなさ、および／または多動性−衝動性が障害レベルに達することにより特徴づけられる神経発達症である」（髙橋・大野、2023）[1]と定義する。

　不注意およびまとまりのなさは、年齢や発達水準に合わないレベルで、課題を続けられない、話を聞いていないように見える、および物をなくすことを引き起こす。また、多動性−衝動性によって、動きすぎる、そわそわする、席に座っていられない、他人の活動を邪魔する、および待てないことなどが引き起こされ、これらの症状は年齢や発達水準に対して過剰に認められる。

　わが国では、文部科学省がＡＤＨＤを「注意欠陥／多動性障害」と訳し、「年齢あるいは発達に不釣り合いな注意力、及び／又は衝動性、多動性を特徴とする行動の障害で、社会的な活動や業績の機能に支障をきたすもの」[2]とし、症状が７歳以前に現れ、その状態が継続することや、中枢神経系に何等かの要因による機能不全があることを説明してきた。しかし、近年のＤＳＭの改定および、ＷＨＯ（世界保健機関）が現行するＩＣＤ[*1]の改定を受け、名称を「注意欠如・多動症」と改め、症状の出現を12歳に引き上げる専門書も多くなってきた。本章も、ＡＤＨＤを「注意欠如・多動症」とし、主にＤＳＭの定義と基準を用いる。

② ADHDの診断基準における基本症状

　基本症状は、機能または発達を妨げるほどの不注意と多動性−衝動性、またはそのいずれかが６か月以上持続し、また、家庭や学校、職場などの複数の状況で症状が現れることである（表10−1）。症状の現れ方は様々で、多動や衝動性が優勢な「多動・衝動性優勢型」、注意・欠如が優勢な「注意・欠如優勢型」、またはこれら両方の特性すべてをもつ「混合型」に分けることができる。最も多いタイプは「混合型」である。軽度、中等度、重度で診

*1　ＩＣＤ
ＩＣＤは、「疾病及び関連保健問題の国際統計分類」(International Statistical Classification of Diseases and Related Health Problems) の略称で、ＷＨＯが作成する国際的に統一した基準で定められた死因及び疾病の分類である。

表10－1　ＡＤＨＤの診断基準に示されている基本症状の概要

●以下の症状のうち6つ、またはそれ以上が少なくとも6カ月持続したことがある。（17歳以上では少なくとも5つ以上の症状が必要である。）
●その程度が発達の水準に不相応で、社会的、学業的、職業的活動に直接、悪影響を及ぼす。
●以下のような症状は、単なる反抗的態度、挑戦、敵意などの表れではなく、課題や指示を理解できないことでもない。

基準Ａ－1　不注意　(a)～(i)のうち6つ以上（17歳以上では5つ以上）
　(a)　学業、仕事、または他の活動中に、しばしば綿密に注意することができない、または不注意な間違いをする。
　(b)　課題または遊びの活動中に、しばしば注意を持続することが困難である。
　(c)　直接話しかけられたときに、しばしば聞いていないように見える。
　(d)　しばしば指示に従えず、学業、用事、職場での義務をやり遂げることができない。
　(e)　課題や活動を順序立てることがしばしば困難である。
　(f)　精神的努力の持続を要する課題に従事することをしばしば避ける、嫌う、またはいやいや行う。
　(g)　課題や活動に必要なものをしばしばなくしてしまう。
　(h)　しばしば外的な刺激によってすぐ気が散ってしまう。
　(i)　しばしば日々の活動で忘れっぽい。

基準Ａ－2　多動性－衝動性　(a)～(i)のうち6つ以上（17歳以上では5つ以上）
　(a)　しばしば手足をそわそわ動かしたりとんとん叩いたりする。またはいすの上でもじもじする。
　(b)　席についていることが求められる場面でしばしば席を離れる。
　(c)　不適切な状況でしばしば走り回ったり高い所へ登ったりする。
　(d)　静かに遊んだり余暇活動につくことがしばしばできない。
　(e)　しばしば"じっとしていない"、またはまるで"エンジンで動かされているように"行動する。
　(f)　しばしばしゃべりすぎる。
　(g)　しばしば質問が終わる前に出し抜いて答え始めてしまう。
　(h)　しばしば自分の順番を待つことが困難である。
　(i)　しばしば他人を妨害し、邪魔する。

基準Ｂ：基準Ａ－1、基準Ａ－2の症状のうちのいくつもが12歳になる前からあった。
基準Ｃ：基準Ａ－1、基準Ａ－2の症状のうちのいくつもが2つ以上の状況において見られる。
基準Ｄ：基準Ａ－1、基準Ａ－2の症状が、社会的、学業的、または職業的機能を損なわせたり、その質を低下させているという明確な根拠がある。
基準Ｅ：基準Ａ－1、基準Ａ－2の症状が、統合失調症、または他の精神症の経過中にのみ起こるものではなく、気分症や不安症、解離症、パーソナリティ症、物質中毒または離脱などの他の精神疾患ではうまく説明されない。

出典：日本精神神経学会監修、髙橋三郎・大野裕監訳『ＤＳＭ－5－ＴＲ精神疾患の診断・統計マニュアル』医学書院　2023年より筆者が要約

断され、軽度では症状がもたらす社会的な障害はわずかだが、重度になると社会的に適応することが困難となる。

　就学前に見られる主な徴候は多動性である。幼児期早期より、落ち着きがなく、追いつくことが困難なくらい走り回ったり、危険なことを憶することなく行うなど、過度の運動活動が観察され、その結果、活動の集中や継続ができないなどの気になる行動が多く見られる。また、わずかな運動発達の遅れなどから、他児に比べ不器用さが見受けられる。多動性や衝動性は成長とともに治まるが、そわそわする感じやじっとしていられないなどの落ち着きのなさや忍耐力の欠如が残ることもあり、小学校以降では忘れ物や集中力のなさなどの不注意が目立つようになることが多い。ＡＤＨＤのある子どもたちの中には成人期になっても、基本症状に関連する特徴の傾向が残る場合も多いが、幼少期からの適切な対応によって、社会的不適応を軽減することも可能である。

③　ＡＤＨＤの原因と治療

　ＡＤＨＤの原因は養育態度などの後天的なものではなく、先天的な脳の機能の問題だと考えられる。前頭前野や尾状核、前帯状回といった脳の特定部位の働きに活発さがなく、そのことがＡＤＨＤの行動特性と関連すると考えられている（榊原、2011）。脳内には多くの神経伝達物質が流れているが、その中で特にＡＤＨＤに関わりが深いのがドーパミン*2とノルアドレナリン*3である。ＡＤＨＤではこれらの神経伝達物質が不足し、必要時に活発に神経伝達を行うことができず、その結果、不注意や多動になる。

　その他の原因として、1,500ｇ未満の極低出生体重児で発症の危険性が2〜3倍となることや、妊婦の喫煙が発症リスクにつながると言われる[3] [4] [5]が、該当するすべての子どもがＡＤＨＤを発症するとは限らない。

　有病率は、世界的に児童の約7.2％に生じることが示されているが、国によって0.1〜10.2％と大きく異なる[6]。男女比は2：1の割合で男児に多い。男児は多動性や衝動性に関連する行動が多く見られ、女児は主に不注意の特徴を示す傾向にある。また、ＡＤＨＤは限局性学習症（学習障害）を併発することも多い。

　ＡＤＨＤの治療は薬物療法と療育・教育的な介入があり、これらを並行して行う場合も多い。薬物療法は、学習がはじまり、より集中することが多く求められる小学生くらいからが一般的で、幼児期の処方は比較的少ない*4。

　療育および教育的な介入方法については、ＡＤＨＤのある子どもが集中で

＊2　ドーパミン（ＤＡ）
ＡＤＨＤの他にもパーキンソン病の進行にも関わることから、中枢神経系においては重要な役割を果たした神経伝達物質であることが判明した。脳を覚醒させ、集中力を高め、ストレスを解消し心地よさを生む働きをする。また、動機づけにも関連することから、ドーパミンが不足すると物事への関心が薄らぐことがある。その他にも、環境からの刺激による運動反応を促進する働きがあり、ドーパミンが不足すると運動機能の低下が起こる。

＊3　ノルアドレナリン（ＮＡＤ）
ノルエピネフリン（ＮＥ）とも呼ばれる末梢自律神経系の神経伝達物質である。神経を興奮させる作用があることから、痛みを鈍らせたり、集中力や記憶を高める、積極性を生むなどの働きがある。ノルアドレナリンが不足すれば、無気力や無関心、意欲低下、うつ状態を起こし、過剰になれば躁状態を引き起こす。

＊4
メチルフェニデートが、不注意や多動・衝動性を軽減する可能性がある薬剤として保険適応されている。その他にもアトモキセン（ストラテラ）、グアンファシン、リスデキサンフェタミンなどがある[7]。効果や副作用には個人差があることから処方や服用については専門医の指示に従いながら試みる。

きる環境構成や仲間関係への配慮をふまえながら次に解説する。

④　ADHDの援助の視点および方法

▼環境構成への配慮

　ADHDのある子どもの幼児期には、多動性や衝動性に関する行動特性が目立つため、事故やけががないよう周囲の大人は第一に安全な環境を提供したい。特に子どもの手の届く場所に危険な物を置かない配慮は大切である。また、子どもが落ち着いて活動に集中できる環境構成を考える必要がある。不必要な掲示はなるべく減らすことで、子どもは集中を妨げる余計な刺激から解放される。遊びが活動の大半を占める幼児期では、遊び道具に関しても必要以上に出し過ぎないことを心がけ、遊びに集中できるように環境への配慮を行いたい。

　ADHDのある子どもは身辺の整理整頓や片づけが非常に苦手である。したがって、絵カードや写真を整理用のボックスに貼り、決められた場所に片づけられる工夫をするとよい。また、ワーキングメモリ＊5の働きが弱いADHDのある子どもは、一度に多くを要求すると不注意傾向から聞き逃してしまい失敗につながりやすい。準備や片づけの場面では、スモール・ステップで一度にこなす課題量を少なめに設定し、自分の力でできたという達成感を味あわせたい。

▼人間関係に配慮した援助

　ADHDのある子どもは、注意が散漫でクラスでは忘れ物が多く、また、多動性や衝動性の症状から、自分を制御することが苦手である。そのため順番が待てず、思いつきの無鉄砲な行動が多い。これらの行動を制御されると、我慢できず痼癪を起こし仲間とトラブルになることで、同年代の仲間集団からの無視や拒絶にあいやすく、いじめにより仲間関係が崩壊することもある。したがって、人との関わりで望ましくない行動は修正し、自己コントロールを身につける援助が必要となる。例えば行動療法＊6を用いた療育など様々な対応が試みられている。また、担当の先生をはじめとした周囲の理解が不可欠となる。

　家庭では、育てにくさからくる家族関係の不調和が生じ、しつけの中でADHDの子どもは保護者から否定的な言動を受けやすい。このような人間関係から次第に自己肯定感がもてなくなり、反抗的になったり反社会的な行動に走る子どももいる。禁止や注意など否定的な言葉のみのしつけで終わらず、その子どもの得意とすることやよいところを見出し、それを伸ばすため

＊5　ワーキングメモリ
外界から入ってくる情報や過去の記憶から、次の行動に必要なものを取捨選択し、行動の決定に働いている。また、脳の司令塔として脳全体に情報を伝達し、行動や情動の調整を担っている。

＊6　行動療法
「人間の行動と情動を、現代行動理論にしたがってよい方向に変える試みである」とか「適応的でない行動を変容させるために、実験的に確立された学習の諸原理を使用するものである」と定義されることから、人との関わりにおける不適切または不適応な行動を治療するための治療技法といえる。

の方法を一緒に考えるようにするとよい。そのときに、やるべきことを紙に書き出して手順を決め、できたら褒めるという方法で自信を育む方法がある。できないことを叱るのではなく、目標のゴールに近づいていることを視覚的に理解できるように伝え方に工夫をし、できたことを認める方法も効果的である。

2 LDの理解と援助

① LDの定義

LDには "Learning Disorder" と "Learning Disabilities" という用語があり、どちらもLDと略される。前者は主に医学用語として、後者は教育用語として用いられてきた。文部科学省では、教育用語のLDを用い、これを「学習障害」と訳す。その定義は、「基本的には全般的な知的発達に遅れはないが、聞く、話す、読む、書く、計算する又は推論する能力のうち特定のものの習得と使用に著しい困難を示す様々な状態を指すものである」[8]。

一方の医学的用語のLDは、アメリカ精神医学科のDSM改定に伴い、DSM-5以降、「SLD（Specific Learning Disorder）：限局性学習症」と名称変更され現在に至る。そして、「正規の学校教育の期間において初めて明らかになり、読字、書字、算数の基本的な学習技能を身につけることの困難さが持続的で支障をきたすほどである」（髙橋・大野、2023）[9]と定義される。

現在LDの定義は世界共通のものがないため、本章では、症状はSLDの基準、援助方法はLDの定義をもとに考える。

② LDの診断基準と基本症状

DSMによるSLDの診断基準の基本症状を表10-2に示す。基本的には、①読み（読字）の障害、②書くこと（書字）の障害、③算数（計算）の障害が基本となるため幼児期には発見されにくく、学校教育がはじまる頃に学業に関連する技能を習得することの持続的な困難さ（表10-2基準A）として現れる。SLDに先行し、注意、言語または運動機能の遅れが就学前の数年間にしばしば持続することが明らかになってきた。特に言語の遅れでは、韻を踏むこと、数えることの困難、または書字に必要とされる微細運動技能の

困難などの前兆が報告されている。文字や数字に興味や関心をもちはじめる頃の幼児は、文字や数字、曜日の名称を覚えるのに苦労することがあり、ＳＬＤとの見分けは難しい。目安は、正規の学校教育が施されている状況で、基準Ａの症状が少なくとも６か月以上継続することである。

　また、本人の努力や周囲の大きな支援があるにもかかわらず、読字、書字、算数などの成績がその年齢の平均よりもかなり低い特徴があり（表10－2基準Ｂ）、このような症状は、小学校低学年のうちに明らかになることが多い（表10－2基準Ｃ）。

　基準Ａ、基準Ｂ、基準Ｃの状態は知的障害によらない学習困難として現れ、経済的不利益や長期欠席などの学習ができない環境に置かれるような外的要因とも関係しない。また、視覚や聴覚、神経、運動の障害など、他の障害が原因ではないことが必要である。

表10－2　ＳＬＤの診断基準に示される基本症状の概要

●学習や学業的技能の使用に困難があり、その困難を対象とした介入が提供されているにもかかわらず、以下の症状の少なくとも１つが存在し、少なくとも６カ月持続していること。 基準Ａ 　(1)　不正確または速度が遅く、努力を要する読字 　(2)　読んでいるものの意味を理解することの困難さ 　(3)　綴り字の困難さ 　(4)　書字表出の困難さ 　(5)　数字の概念、数値、または計算を習得することの困難さ 　(6)　数学的推論の困難さ
基準Ｂ：欠陥のある学業的技能は、その人の暦年齢に期待されるよりも、著明にかつ定量的に低く、学業または職業遂行能力、または日常生活活動に意味のある障害を引き起こしている。 基準Ｃ：学習困難は学齢期に始まるが、欠陥のある学業的技能に対する要求がその人の限られた能力を超えるまでは、完全に明らかにはならないかもしれない。 基準Ｄ：学習困難は知的能力障害群、非矯正視力または聴力、他の精神または神経学的病態、心理社会的逆境、学校教育の用語の習熟度不足、または不適切な教育指導によってはうまく説明されない。

出典：表10－1に同じ文献より筆者が要約

③　ＬＤの原因と有病率、併存症

　ＬＤでは全般的な知的発達の遅れはないが、聞く、話す、読む、書く、計算する、推論するなどの能力の一部が身につかず、学習の困難さによって、「読字障害」「書字障害」「算数障害」の3つに分類される。最も多く見られるの

が読字障害で、約8割を占める。また、これらの異なる型の症状が併発することもある（例えば、読字障害と書字障害が併発するといった具合）。読み書きに関する症状は、脳の情報伝達や情報処理機能に問題が発生することで現れる。榊原（2011）は、脳の角回とブローカー野の働きが弱いために音読や書字につまずきが生じることを指摘する。

　有病率は、学齢期の子どもにおいて5〜15％といわれ、成人でも約4％にあるといわれる。性別では男児に多く、男女比はおよそ2：1〜3：1の範囲である。早産や極低体重出生、妊婦の喫煙などはLD（SLD）の危険性を増加させるが、該当するすべての乳児が発症する訳ではない。

　LD（SLD）児の中には、ADHD傾向やコミュニケーションに課題がある子ども、ぎこちない体の使い方をするなどの発達の問題を併せもつ子どももいる。また、本人の理解能力の程度、障害に対する周囲の理解不足が不安定な精神状態をつくり出し、不登校や精神疾患のきっかけとなることもある。

④　LD（SLD）の援助の視点および方法

▼行動特性に配慮した個別の支援計画

　幼児期には、言葉の初期発達の遅れや、その後の語彙の増加や文への移行の遅れが見られる。しかしながら、幼児期の大半は生活経験が未熟であることからLD（SLD）の早期発見は困難である。

　小学校以降には、①音読の不得意、②文字を正しく書けない、③算数問題の苦手さ、④図形認知の困難さ、⑤文章題が不得意という学習面での行動特性が顕著になってくる。このような行動特性は脳の中枢神経系の不具合から生じるが、個々により脳機能のつまずきの箇所が異なるため、症状の現れ方も一人ひとり異なる。必要な援助を行うために、まずはLD（SLD）のある子どもと関わりながら、その行動特性の把握に努め、個別の支援計画を立てるようにするとよい。

▼学習方法の工夫

　LD（SLD）のある子どもは、学習の反復練習をしても身につきにくく、苦手なことを強制し克服させるのは効果的ではない。小学校以降であれば、学習方法を工夫し学習の成功体験を味わえるように援助することで本人のやる気につながるだろう。

　具体的には、読むことが苦手なタイプであれば、板書の文字の行間を広げて読みやすくする、大きく書くなどの工夫ができるだろう。板書そのものが

苦手であれば、自宅学習ができるように授業内容の録音や板書の録画を許可することも手立てである。もしくは、パソコンをうまく利用し、授業内容を後から見直せる方法を提供するのもよい。ディスレクシアの症状によって正しい音読ができない場合は、大人が正しく音読した録音を繰り返し聞けるようにすることも考えられる。

　このように学習方法を工夫し、学習を補う援助を心がけたい。

▼周囲への理解を促す

　学習を補う援助には、学習に関する特別な配慮を要するため、他児からは「えこひいき」と捉えられやすい。したがって、周囲への正しい理解を求める必要があり、そのためにも、まずはLD（SLD）の子どもの保護者と周囲への理解をどのように促すか話し合いたい。最も大切なことは、本人や保護者の思いの尊重であり、それを十分に考慮しながら周囲への理解の促し方を工夫したい。

ＡＤＨＤの行動特性を考慮したクラスの環境づくり

▼ ワークのねらい ▼

　統合保育の現場では、ＡＤＨＤの子どもたちが健常な子どもたちとクラスで生活し、ともに学ぶが、その障害特性から誤解を受けやすく様々な困難を抱えやすい。彼らが、落ち着いて生活できる環境を保育者自らが提供できるよう、クラスの環境構成について学ぶことがねらいである。

■ ワークの進め方

①　2人1組で話し合い、ＡＤＨＤの子どもの行動特性をまとめましょう。

（15分）

②　①をふまえて、2人でＡＤＨＤの子どもが落ち着いて生活できるクラスの環境構成図を作成しましょう。　　　　　　　　　　　　　　（40分）

③　作成した環境構成図に、保育者の配慮や留意事項を記入しましょう。

（15分）

　　　例）掲示板→必要なもの以外の掲示を控える。

　　　　　荷物置き場→個人の私物を整理整頓できるよう〜に工夫する。

④　他のグループに発表し、環境構成で自分たちが工夫したことや配慮すべきことを伝えましょう。　　　　　　　　　　　　　　　　（20分）

【時間約90分】

🔩ワークをふりかえって

①　ＡＤＨＤの子どもが落ち着いて生活できる環境をどのように工夫しましたか。
②　ＡＤＨＤの子どもがクラスにいる場合、他児との関係で配慮すべきことは何ですか。
③　ＡＤＨＤの子どもの行動特性から想定されるクラス内でのトラブルをいくつか考え、そのときに保育者としてどう関われるか考えましょう。

課題のためのワークシート（参考）

1．ＡＤＨＤの子どもの行動特性をまとめましょう。

2．ＡＤＨＤの行動特性に留意したクラスの環境構成図を作成し、専門職者としての配慮や留意点を記入しましょう。
（例）５歳児の室内における自由遊びの環境構成図

（例）3歳児の給食時間の環境構成図

3．上記の環境の中での他児との関係において配慮すべき点を考えましょう。

（例）5歳児の室内における自由遊び

（例）3歳児の給食時間

4．環境構成図を作図する中で工夫したことをまとめましょう。

5．ＡＤＨＤの行動特性から想定されるクラス内でのトラブルをいくつか考え、そのときに保育者としてどう関われるか考えましょう。

【引用文献】
1）日本精神神経学会監修、髙橋三郎・大野裕監訳『ＤＳＭ－５－ＴＲ精神疾患の診断・統計マニュアル』 医学書院　2023年　p.36
2）文部科学省「今後の特別支援教育の在り方について（最終報告）」2003年
　　https://www.mext.go.jp/b_menu/shingi/chousa/shotou/054/shiryo/attach/1361204.htm（2023/9/20 閲覧）
3）河野由美「早産・低出生体重児の発達障害」『医学のあゆみ』260(3)　2017年　pp.231-236
4）村上佳津美「注意欠如・多動症（ＡＤＨＤ）特性の理解」『心身医』57(1)　2017年　pp.27-38
5）前掲書1）　p.69
6）前掲書1）　p.69
7）厚生労働省ｅヘルスネット「ＡＤＨＤ（注意欠如・多動症）の診断と治療」
　　https://www.e-healthnet.mhlw.go.jp/information/heart/k-04-003.html（2023/7/29閲覧）
8）文部科学省「学習障害児に対する指導について（報告）」1999年
　　https://www.mext.go.jp/a_menu/shotou/tokubetu/material/002.htm（2023/9/20 閲覧）
9）前掲書1）

【参考文献】
原仁編『〔ＤＳＭ－５対応〕最新子どもの発達障害辞典』合同出版　2014年
伊藤健次編『新・障害のある子どもの保育［第３版］』みらい　2016年
榊原洋一『図解よくわかる発達障害の子どもたち』ナツメ社　2011年
森則夫・杉山登志郎・岩田泰秀編『臨床家のためのＤＳＭ－５虎の巻』日本評論社　2014年
日本精神神経学会監修、髙橋三郎・大野裕監訳『ＤＳＭ－５精神疾患の診断・統計マニュアル』医学書院　2014年
厚生労働省ホームページ　https://www.mhlw.go.jp/
文部科学省ホームページ　https://www.mext.go.jp/
Newton別冊『精神科医が語る 発達障害のすべて』ニュートンプレス　2022年

第**11**章　配慮を必要とする子どもの理解と援助

　近年、障害や診断名が明確ではないものの、保育の様々な場面において「気になる子ども」の存在が指摘されている。保育者が気になると感じる具体的な内容としては、保育者の指示やルールがわかっているようでも従えない、椅子に座って参加することが苦手、いざというときに言葉でコミュニケーションがとりにくい、感情のコントロールが苦手で気分のむらが大きい、運動面のぎこちなさ、保護者との関係のぎこちなさ等があげられる。このような子どもたちの背景として、第2部9・10章で取り上げられている発達障害の存在が考えられる場合もあるが、そこまでの偏りなのか、発達の個人差なのかを見極めることは容易ではない。しかし、少なくとも保育者にとって「気になる子ども」というのは、障害の有無のほかにも、その子どもと保育者自身との関係性のあり方、その子どもが置かれている家庭的、情緒的環境のあり方が気がかりとなる場合が多い。本章ではかかる観点から、「気になる子ども」「配慮を必要とする子ども」の理解を「愛着形成」の視点から整理していきたい。

 ## 愛着形成に課題をもつ子どもの心と育ち

① 愛着とは

　子どもを取り巻く養育環境の中でも、とりわけ"人"を要因とする養育環境が子どもの心身の健全な発達に大きく関わることは、かなり以前から明らかにされてきた。子ども虐待の問題とその影響の深刻さは、端的にそのことを示している。

　イギリスの精神科医ボウルビィ（J. Bowlby）は、子どもの精神的健康には、母性的な愛情に満ちた安定した養育が不可欠であることを主張し、愛着（アタッチメント）概念を提唱した。愛着とは、特定の養育者（母親や父親）との間に結ぶ情緒的な絆である。愛着が形成されることで、特定の養育者のもとでは必ず不安や恐れ、危機感から守られるという安心感が育つ。その結果養育者が「安心の基地」（secure base）となり子どもの積極的な探索行動を引き出していく（図11－1）。人生早期に形成された養育者との受容的な安

図11-1　アタッチメント・システムと探索システム
―養育者は安心の基地―

何か不安なことなどがあると、養育者のほうへ戻る

安心していると、養育者から離れて遊んだり、学習したりという探索行動が盛んになる

出典：数井みゆき編著『アタッチメントの実践と応用―医療・福祉・教育・司法現場からの報告』誠信書房　2012年　p.10をもとに筆者作成

定した関係性が、乳幼児期のみならず生涯を通した基本的対人関係や精神的健康を支えると考えられている。

▼愛着の発達と個人差

　乳児は身近な養育者に対して様々な働きかけをしている。具体的には、定位行動（顔を見る、声を聞く）や信号行動（微笑み、泣き、喃語など）、接近行動（しがみつく、這う、歩く）などであり、これらの生得的な信号（シグナル）を養育者が敏感に、受容的に受け止めるかが、愛着形成を促す鍵となる。安定した養育のもとでは、生後3か月頃から日常よく関わる人とそうでない人を識別しはじめ、6か月頃には分離不安や人見知りのように明らかに特定の養育者との愛着が形成された姿を示すようになる。はいはいや歩行がはじまる1歳前後には、後追いなど能動的な愛着行動もはじまり、3歳頃には養育者のイメージを心の拠り所として、目の前にいなくても比較的長い時間安定した状態で過ごせるようになる。しかし、子どもの発信するシグナルに対する応答性、感受性が低い、一貫性がない、拒否的であるといった養育者のもとでは、回避型やアンビバレント型、無秩序・無方向型と呼ばれるような不安定な愛着行動が観察されることがあり、愛着行動には個人差があると考えられている。

　エインズワースら（Ainsworth et al.）は、母子の分離―再会場面を設定したユニークな実験を考案し、愛着の個人差とその特徴を明らかにしている（図11-2）。

図11-2　愛着のタイプと子どもの特徴

回避型
母親がいなくても泣かずに、母親が戻ってきても歓迎もせず、むしろ母親を回避するような行動をとる。

安定型
母親がいるときは活発な探索行動をする。母親がいなくなると泣き、探索行動は減少する。母親が戻ってくるとうれしそうにし、また、活発な探索行動をはじめる。

アンビバレント型
不安傾向が強く、母親にくっついていることが多いため探索行動はあまりしない。母子分離時には激しく泣き、再開時には怒りや反抗的な態度を示す。極端に母親にべったりする一方で拒否的な態度を示す。

無秩序・無方向型
顔をそむけながら母親に近づくという接近と回避行動が同時に見られる。また、不自然でぎこちない動きが見られる。おびえた表情をするときがある。

出典：小野寺敦子『手にとるように発達心理学がわかる本』かんき出版　2009年　p.91

②　愛着障害とは

　特定の養育者と安定した愛着関係が形成されていない子どもは、心の安全基地が育たず、様々な心理、行動上の困難を示しやすくなる。そのような困難・障害の総称が愛着障害である。特に5歳前から頻繁な養育者の交代があったり、不適切な養育環境に置かれた子どもは、その後の対人関係に深刻な課題を抱えやすいと考えられている。

　先ほどの愛着行動の個人差である不安定型が必ずしも愛着障害と同義ではないが、無秩序・無方向型については虐待や明らかな養育不全と関連があるとされている。愛着障害の中でも、抑制型と呼ばれる状態は、他者に対してひどく内気で警戒心が強く、苦痛があっても大人に安心を求めない、素直に甘えられず腹を立てたり嫌がるなど両価的な態度を示しやすい。脱抑制型では、慣れない大人にもためらいなく関わり、無警戒で誰にでも甘えたがる。根底には安心感や信頼感が希薄で、感情調整の弱さを抱えているため、保育の現場では＜落ち着きがない、乱暴、反抗的、基本的な生活習慣やルールを守れない、通常の励ましや慰めでは感情を調整しにくい＞等の姿を示すことが多い。「家庭では問題ないと言われるが、園ではとても対応に苦慮している」「発達障害を疑うが、どうもその対応ではうまくいかない[1]」という場合、その背景を愛着障害の視点から見直してみると、新たなヒントが得られる場合もある。

*1
愛着障害のある子どもの行動は、一見すると注意欠如・多動症や自閉スペクトラム症といった発達障害の特性と非常に似ている場合があり、その鑑別は専門家でも難しい問題である。近年、発達障害の理解が進んだことで、子どもの不適応行動＝発達障害とみなしてしまい、愛着の問題が見えにくくなる傾向が懸念されている。

次に、愛着障害の正確な理解に向け、補足ポイントを３点あげる。

▼愛着障害が生じる場

まず、愛着障害が生じる場についてである。かつて愛着障害は児童養護施設など物理的環境による影響が大きいと考えられていたが、近年は一般の家庭で育つ子どもも例外ではなくなっている。子ども虐待は最も突出した養育不全であるが、他にも親の精神疾患や極端な育児方針、過剰な育児不安・ストレス等が長く続くことにより、愛着形成は阻害されると考えられている。

▼子ども側の要因

愛着形成に関わる子ども側の要因も見逃せない点である。愛着形成は相互的な問題であるため、親の関わり方を子どもがどう受け取るかにも、実は個人差がある。特に、子どもが発達障害の特性をもつ場合、親がよかれと思う関わり方が子どもには戸惑いであったり、子どもへの伝わらなさが親の不安を高め極端な育児に傾くことも十分に起こりうる。愛着の問題は、親と子ども双方を視野に入れて整理する必要がある。

▼愛着障害の支援の可能性

愛着障害＝家庭・親が原因と考えると、親が変わらなければ何も変わらないのではと支援の無力感、親非難に陥る可能性がある。しかし、愛着対象は必ずしも親、まして母親と限定されるものではない。保育者が愛着対象となり、それを基盤に様々な他者や他児との関係性を広げていくことは十分可能である。特に乳幼児期の早い段階で周囲が愛着障害の可能性に気づき対応することは、その後の精神発達において大きな意味をもつ。

 ## 愛着形成に課題を抱える子どもの保育の視点と方法

① 保育者が直面しやすい難しさ

子どもの日々の様子や、送迎時・連絡帳等に垣間見える保護者の養育態度から、愛着形成の課題が懸念される場合、保育者には何が求められるのであろうか。もちろん、虐待と認識しうる事態であれば適切な関係機関と速やかに連携をとり、対応を進めていく必要がある。しかし、家庭—特に母親の—子どもへの関わり方が気になる段階では、母親の"性格"や"気持ちの余裕のなさ"を面と向かって指摘しにくい。子どもの日々の気になる行動やそれに影響を受ける他の子どもへの対応に精一杯となり、見通しをもって支援を

組み立てていくことが困難になる場合も多い。問題に振り回され、本質的課題—保育を通して子どもの愛着形成を支える—が見えなくなるといえよう。

　一例として、愛着形成に課題を抱える子どもはしばしば、見境なく大人に甘えてきたり、注目を得るためにわざと叱られる行動を繰り返すことがある。保育者が支援の見通しをもてない段階では、甘えの要求にできるだけ応え、スキンシップも図るが一向に落ち着かない、いけない行動はその都度言い聞かせているが、そのような制止や注意に対して余計にパニックを起こすようになってきた等、問題がむしろ増幅する可能性が高い。常識的にはよいとされる対応では通用しない点を基本に据え、向き合い方を整理する。

② 保育の現場でどう向き合うか

　ここでは保育の現場で直接子どもと関わる際の手がかりを4点あげてみたい。

▼キーパーソンの位置づけを整理する

　愛着形成はまず一人の大人からと考え、子どもに時間的にも、心理的にも手と目をかけられる保育者をキーパーソンと位置づける。

　ただし、キーパーソンがすべての場面で1対1の関わりをとる／全責任を負うというのは誤った理解であり、たとえクラス全体を見ながらでも、その都度対象児には目を向け、褒め、何かトラブルになればキーパーソンが介入し、他の保育者がその動きをフォローすることが必要である。たまたま居合わせた大人が、それぞれの判断で甘えさせたり、叱ったりを見通しなく繰り返すことが問題を増幅させやすいことに留意する。

▼行動の制止より、感情の言語化、社会化を手助けする

　子どもは自分の様々な感情を叱責や非難ではなく、温かい言葉で言語化され、肯定的感情、否定的感情ともに適切な形で表出してよい（社会化）と受容されることで、ようやく大人と信頼関係を築く入口に立つ。母性的養育の基本は、物言わぬ乳幼児に対しても大人が「いやなのね／うれしいね／びっくりしたね」などと、子どもが感じているであろう感情を言葉にしていくことにあり、この基本をもとに保育実践を整理することが大切である。子どもの基本的感情はまず【うれしい／たのしい／かなしい／おこっている／うらやましい】の5つである。行動や結果に注目し「だめ／いけない」と指示を重ねるより、まず、その行動の背景にある感情に子ども自身が気づくことができるよう感情の言語化を意識する。

▼叱り方と褒め方を一工夫する

　いけない事をまったく叱らないことに抵抗を感じるのは保育者として当然の感覚である。その場合「高い所は危ない」「大きな声はびっくりする」等、情報提供としての叱り方が有効である。さらに「降りてごらん」「もう一度先生に静かに言って」と次にとるべき行動を端的に示し、できたらすぐに褒めることである。また、問題が起きやすい場面を見極め、先手を打って個別に課題や指示を与えることも重要である。保育場面を見ていると、片づけ場面、切り替え・移動場面、新しい活動場面が子どもたちには"危機場面"となりやすいようである。クラス全体への一斉指示の前に「○○だけこの箱に入れて終わろうね」「先生と手をつないで並ぼうね」と個別に指示を出し、できたら褒める。一つの約束（行動）で一つ褒める、というわかりやすさが必要である。

▼大人が遊びを主導し、子どもの応答性や達成感を育てる

　子どもの甘えに応じてスキンシップを重ねても一向に落ち着かない背景は、一時的な満足感はあってもそれを溜めて行動のエネルギーにつなげる土台（自己）が弱いためと理解する。愛着形成に課題を抱える子どもをよく観察してみると、"遊べていない""遊びを知らない"ことが非常に多い。他者（まず大人）と一緒に遊ぶ、遊びを教えるというシンプルな目標設定も保育ならではの取り組みであり、子どもの自己の育ちには大きな支えとなる。なお、ここで大切なのは、保育者が主導して、遊びを設定し、誘い、見守り、一緒に楽しみ、褒める（ここでスキンシップを挟むことは効果的である）ことである。子どもの要求のままに大人が応答する子ども主導の関係では愛着形成は難しく、遊びも育たない。甘えに応じてスキンシップを重ねるだけでは安定しないことのもう一つの背景はこの点にある。スキンシップだけでは子どもの心は育たず、スキンシップの次を見据えて保育者が主導し遊びを育てていきたい。

ワーク 1 　愛着形成の視点から行動の背景を理解する

▼ ワークのねらい ▼

　愛着形成に課題を抱える子どもの保育場面での理解と働きかけをイメージする。特に常識的な感覚や判断では適切な対応になりにくい点をおさえることが重要であるため、子どもの行動に対して＜常識的な理解＞と＜愛着形成からみた理解＞の２つの視点を区別できるようになることを目的とする。

■ ワークの進め方

①　３つのショート事例を読み、それぞれの子どもの振る舞いを、＜常識的な見方＞と＜愛着形成の課題からみた見方＞の２つに分けて記述する。

(25分)

②　①の内容について、小グループで話し合い、共通点や相違点を確認する。

(15分)

③　愛着形成の課題からみた見方が整理された後に、それぞれの子どもへの対応をKey Wordを参考に考えてみる。　　　　　　　　(25分)

【時間約65分】

◆ ショート事例①

年少男児：ブロックで遊んでいて、他児も遊びに加わろうとブロックに手を出しただけで叩き、噛みつこうとする。片づけの時間になると、高い所に登ったり、裸足で園庭に出ていく。気づいた保育士が止めたり、追いかけたりすると、笑っているときもあれば、ひどく怒り出し泣き続けることもある。

＜どう理解する？＞

常識的な見方：

_____

_____

愛着形成の課題からみた見方：

_____

_____

＜どう対応する？＞Key word：感情の言語化、キーパーソンの動き

_____

_____

_____

_____

📝ショート事例②

年中女児：フラフラと動いていることが多く、落ち着いて遊ぶ場面が少ない。担任以外でも急に「抱っこ〜」と来ることが多い。実習生がクラスに入った日は、すぐに近づき「こっちきて」と手を離さず、2人で何をするでもなく園庭をウロウロと歩き回っていた。

＜どう理解する？＞

　常識的な見方：_____

_____

　愛着形成の課題からみた見方：_____

_____

_____

＜どう対応する？＞Key word：大人が主導し遊びを教える

_____

_____

_____

_____

📝ショート事例③

年長男児：クラスではじめて行う制作活動の場面。椅子をガタガタさせ落ち着きなく座り、保育士の説明を遮るように「○○ってことでしょ？」と声をあげる。導入当初は活動を期待していたかのようであったが、はじまってみるとサーッと済ませて早々に終わらせてしまう。そのうちせっかく描いたものも上から塗りつぶし、保育士が慌てて止めにくる。

＜どう理解する？＞

　常識的な見方：＿＿＿＿＿＿＿＿＿＿＿＿＿＿＿＿＿＿＿＿＿＿＿＿＿＿＿

　＿＿＿＿＿＿＿＿＿＿＿＿＿＿＿＿＿＿＿＿＿＿＿＿＿＿＿＿＿＿＿＿＿＿＿

　＿＿＿＿＿＿＿＿＿＿＿＿＿＿＿＿＿＿＿＿＿＿＿＿＿＿＿＿＿＿＿＿＿＿＿

　愛着形成の課題からみた見方：＿＿＿＿＿＿＿＿＿＿＿＿＿＿＿＿＿＿＿＿＿

　＿＿＿＿＿＿＿＿＿＿＿＿＿＿＿＿＿＿＿＿＿＿＿＿＿＿＿＿＿＿＿＿＿＿＿

＜どう対応する？＞Key word：先手を打ち個別指示、褒め方の工夫

　＿＿＿＿＿＿＿＿＿＿＿＿＿＿＿＿＿＿＿＿＿＿＿＿＿＿＿＿＿＿＿＿＿＿＿

　＿＿＿＿＿＿＿＿＿＿＿＿＿＿＿＿＿＿＿＿＿＿＿＿＿＿＿＿＿＿＿＿＿＿＿

　＿＿＿＿＿＿＿＿＿＿＿＿＿＿＿＿＿＿＿＿＿＿＿＿＿＿＿＿＿＿＿＿＿＿＿

　＿＿＿＿＿＿＿＿＿＿＿＿＿＿＿＿＿＿＿＿＿＿＿＿＿＿＿＿＿＿＿＿＿＿＿

🐝ワークをふりかえって

①　ショート事例はいずれもあえて３歳以上の子どもを想定したものです。
　３歳を過ぎると、愛着行動は本来どのような形で表出されるのでしょうか。
　３つの場面で、仮に安定した愛着形成であればどのように子どもは振る舞
　うか、考えてみましょう。

②　いけない事をしたら叱る…これが通用するのはどのような子どもでしょ
　うか。愛着形成の視点から考えてみましょう。

③　先手を打って対応するには、保育者としてどのような力が必要か、考え
　てみましょう。

【参考文献】

二木武監訳『ボウルビィ　母と子のアタッチメント　心の安全基地』医歯薬出版
　1993年

数井みゆき編『アタッチメントの実践と応用―医療・福祉・教育・司法現場からの報
　告』誠信書房　2012年

小野寺敦子『手にとるように発達心理学がわかる本』かんき出版　2009年

坂上裕子・山口智子・林創ほか『問いからはじめる発達心理学―生涯にわたる育ちの
　科学』有斐閣　2014年

米澤好史『「愛情の器」モデルに基づく愛着修復プログラム』福村出版　2015年

大河原美以『怒りをコントロールできない子の理解と援助―教師と親のかかわり』金
　子書房　2004年

第3部　実践演習編
障害児保育の実践的な技術や方法を体験的に学ぶ

めぐみ先生　ここでは、あつし先生に代わって、実践的な障害児保育の方法について教えていきますのでよろしくね。みらいさん。

みらいさん　はい、よろしくお願いします。

めぐみ先生　障害児保育と言っても、大きく統合保育と分離保育という形態があります。また、近年ではインクルーシブ保育という考え方も広がってきました。詳しくは講義（本文）で学びますが、インクルーシブ保育や統合保育は障害のある子どもが通常の保育所等で健常児と一緒に保育を受けることをいい、分離保育は障害のある子どもだけで受ける保育です。どちらにも、メリット・デメリットがありますが、ここでは基本的に統合保育を中心に説明していきます。

みらいさん　障害のある子どもが保育所で一緒に保育を受ける場合、何か保育の内容に違いはあるのでしょうか？

めぐみ先生　保育の内容が大きく変わることはありませんが、クラスの指導計画とは別に障害のある子どもに個別の指導計画を作成したり、環境構成やお友だちとの関係づくりで配慮したりすることは必要になります。また、障害の種類や程度によって食事や排せつ、更衣などの日常生活の援助を行うこともありますね。

みらいさん　実習に行ったときは、そのような場面はなかったのですが、なかなか大変そうですね。私にできるかしら？

めぐみ先生　もちろん大丈夫です。ここでしっかり方法や技術を学んでいけばできますよ。障害がある、なしに関わらず、一人ひとりに合った成長を促していけばいいのです。

みらいさん　そうですね。クラスに障害のあるお友だちがいても、みんなに安心して任せてもらえる保育士になりたいです。

みぐみ先生　それでは様々なワークに取り組んで、具体的なイメージをつくっていきましょう。

第12章　障害児保育の方法と形態

1　障害児保育の方法

① 障害児保育の目標

▼保育所保育指針

　保育所保育指針の第1章「3　保育の計画及び評価」の「(2)指導計画の作成」には、「キ　障害のある子どもの保育」について次のように記載されている。

> 　障害のある子どもの保育については、一人一人の子どもの発達過程や障害の状態を把握し、適切な環境の下で、<u>障害のある子どもが他の子どもとの生活を通して共に成長できる</u>よう、指導計画の中に位置付けること。

　さらに、解説には、「保育所における障害のある子どもの理解と保育の展開」において、「子どもとの関わりにおいては、個に応じた関わりと集団の中の一員としての関わりの両面を大事にしながら、職員相互の連携の下、組織的かつ計画的に保育を展開するよう留意する」と示されている。

▼幼稚園教育要領

　幼稚園教育要領の第1章「第5　特別な配慮を必要とする幼児への指導」の「1　障害のある幼児などへの指導」には、次のように記載されている。

> 　障害のある幼児などへの指導に当たっては、<u>集団の中で生活することを通して全体的な発達を促していく</u>ことに配慮し、一中略一 個々の幼児の障害の状態などに応じた指導内容や指導方法の工夫を計画的、組織的に行うこと。

　さらに、解説には、「幼稚園は、適切な環境の下で幼児が教師や多くの幼児と集団で生活をすることを通して、幼児一人一人に応じた指導を行うことにより、将来にわたる生きる力の基礎を培う体験を積み重ねていく場である。友達をはじめ様々な人々との出会いを通して、家庭では味わうことのできな

い多様な体験をする場でもある」と示されている。

　これら保育所保育指針と幼稚園教育要領から、次のように障害児保育の目標を整理することができる。

　障害児保育の目標とは、「障害のある子どもと他の子どもが共に成長できるように集団生活を通して、子どもの発達を促すこと」といえる。

②　障害のある子どもの理解

　保育者の役割と責任は、子どもの障害と障害のある子どもの理解をすること、障害のある子どもの発達を適切に支援することである。

　障害があってもなくてもどの子どもにも「僕がしたい、僕が」というようにやりたい気持ちがあり、自分で実行するために「先生、できるように手伝ってね」と保育者への支援を求めている。

　どの子どもにもやりたい気持ちがあるが、うまく表現できない、うまく活動できない子どももいる。その際に、保育者は子どものやりたい気持ちを実現できるようにするために、子どもの何を理解すればよいのであろうか。ここでは、障害のある子どもの①障害の理解、②発達の理解、③生活の理解について取り上げる。

▼障害の理解

　障害には他の章で説明されている精神発達遅滞、自閉スペクトラム症、ＡＤＨＤ、ＬＤなどの発達障害や身体の障害がある。保育の際に、これら障害の種類、程度、特性を理解しておくことで、子どもがうまくできないことの背景が見えてくる。しかし、その際に気をつけなければならないことは、障害名はその子どもが活動するうえでの困難さを理解するための一要因としては重要であるが、「○○症」だから「△△△なのだ」と障害名から一般化して子どもを理解してはいけない。障害名を知ることと子どもを理解することは同じではない。同じ障害名であっても、子どもによって得意なところや苦手なところは異なることを覚えておいてほしい。

　保育者は障害名に頼り過ぎず、子ども一人ひとりの姿や行動をていねいに観察することによって、より細かく深く子どもを理解することができる。観察する際に大切になるのが発達の理解である。

▼発達の理解

　保育の中で子どもが見せる行動を理解しようとするとき、どのように理解すればよいのか戸惑うことがある。しかし、それらを発達の道筋の中で捉えることで、子どもの示す行動の意味が理解できることが多い。子どもの発達

の道筋は、障害のある子どもと他の子どもと大きく異なるわけではない。発達の道筋の中で子どもの姿を捉え、子どもが今もっている力が土台となり、次にどのような力へとつながっていくのかという発達の連続性を理解することが大切である。保育者がこの発達のつながりを理解していることで、子どもの発達に見通しをもって関わることができる。また、子どもがもっている力の実態を把握し、個別の目標を定め、保育の中で具体的な支援をするためにも、保育者として発達を理解しておくことが必要である。

▼生活の理解

　子どもを理解する観点として、子どもの障害や発達の理解の他に、子どもの生活を理解することが大切である。子どもを取り巻く生活環境は一人ひとり異なる。例えば、起床、睡眠、食事の時間などの生活リズム、食事や排せつ、整容（衣類の着脱、歯みがき）などの日常生活動作、それに関連する大人の関わり方も家庭によって異なる。保育者は家庭での子どもの生活の様子や、大人の関わり方を理解することで、これらの情報を参考にしながら保育所での保育を適切に行うことができる。これらの生活状況の他に、保育者が子どもの生活を理解し保育に活かすための情報として、好きな食べ物や遊び、きょうだいとの関係、かかりつけの病院や発達支援機関の利用状況、そして、家族構成、成育歴、保護者の障害への理解と受け止め方などを把握することが大切になってくる。

③　障害のある子どもの支援

　保育は環境を通して行うという点においても保育環境を準備する保育者の役割は大きい。保育者が一人ひとりの子どもの理解に基づき、教材・教具など物的な保育環境を準備し、子どもを主体的な活動に導く支援をすると同時に、保育者自らも子どもにとって重要な人的環境の一つであることを念頭に置いて、子どもへの言葉がけや関わりなどを行いたい。

　ここでは障害のある子どもの支援について、①保育環境の構成、②個別支援、③障害のある子どもと他の子どもをつなぐ支援の基本的な考え方を見てみよう。

▼保育環境の構成

　環境を通して行われる保育とは、保育者が保育室を飾ったり、整理・整頓をすることだけではなく、障害児保育の目標である「障害のある子どもと他の子どもが共に成長できるように集団生活を通して、子どもの発達を促すこと」のために、人、物、空間、時間などの環境を意図的に保育者が構成する

ことである。

　ＩＣＦにも示されているように、障害は子ども自身の特徴によってのみ決まるものではなく、子どもを取り巻く人や物などとの関係の中で捉えるものである。そのような点から見ても、子どもを取り巻く環境は、子どもの発達が促進するためにも重要となる。

　障害のある子どもにとって生活しやすい、わかりやすい環境は他の子どもにとっても生活しやすい、わかりやすい環境といえる。時には、子どもの目線で保育室を見て、時計の位置は子どもの目線に合っているか、子どもの動線を配慮した活動スペースが用意されているか、椅子や机の高さが子どもの身体のサイズに合っているかなど、保育室が子どもの発達を促す環境の構成となっているかという視点で必要に応じて再構成していくことが大切である。

▼個別支援

　子どもに障害があってもなくても、保育では一人ひとりの育ちを理解することが、保育者には求められる。一人ひとりに合った適切な保育をすることは、特別なことではなく通常の保育で行っていることである。障害のある子どもには、特別な配慮が必要な場合もあるが、他の子どもへの保育とまったく異なるものではない。保育者が通常の保育で経験してきた保育の方法を基礎にして、障害のある子どもの個別の支援に応用することができる。

　障害のある子どもへの特別な配慮として、子どもの活動に対してていねいな支援を行うことが必要である。しかし、子どもに力があるにもかかわらず必要以上に手伝ってしまうと、子どもの自分で行おうとする意欲が低下し、周りの保育者や子どもに依存的になってしまう。一方で、誰からの支援も受けずに自分一人で行わせることが自立につながると考える保育があるが、このような保育は、子どもが不安な気持ちの中で、失敗を繰り返し、意欲を失わせてしまうことになりかねない。保育者には子どもが自分の能力を発揮して、日常生活動作や遊びに意欲的に取り組めるように支援を行うことが求められる。子どもが知識や技能を獲得することは重要なことであるが、「できる、できない」の結果にだけとらわれず、子どものやりたい気持ち、意欲を大切にし、子どもの状態に合わせながら、できる喜びや取り組む意欲を育てていきたい。

▼障害のある子どもと他の子どもをつなぐ支援

　障害のある子どもと他の子どもを一緒に保育するには、保育者はその子どもの障害を理解して、発達の段階を考慮したうえで、他の子どもとの関わりがその子どもの発達によい影響を与えるように支援する必要がある。子ども

は他の子どもに関心を示し、活動をじっくりと観察したり、遊んでいるおもちゃをほしがったりする。障害のある子どもの中には、他の子どもの活動に関心があっても自らその活動の輪の中に入ることが難しい子どもがいる。保育者との関係ができてくると、他の子どもの活動に保育者と一緒に参加したり、保育者が子どものやりたい気持ちを代弁することで、仲間に入るきっかけをつくったり、その子どもの遊びに他の子どもが参加できるように手伝うこともできる。これらは、子ども同士をつなぐ大切な支援となる。

　他の子どもは障害のある子どもと関わる保育者の姿に関心をもって見ている。保育者が障害のある子どもに関わる態度が見本となる。保育者の態度を通して、子どもたちに関わり方を教えていることを意識して保育を行うことが大切となる。

④　発達過程と課題設定

　子どもの発達を理解するうえで大切なことは、子どもが今もっている力が次のどのような力へとつながるかという発達の道筋がわかることである。

　子どもの状態を正しく理解し、適切な支援を行うには、発達の視点をもって子どもの行動を観察する必要がある。医師の診断により障害が明らかになっている子どもについては障害の特性による行動から発達の状態を理解すること、障害名がはっきりしていない場合は、気になる行動を中心に発達の状態を理解することが大切である。障害児保育の目標は、子どもの発達を促すことである。そのためには、子どもの全体像と発達の諸側面に着目し、発達過程を考慮した発達課題の設定がなされなくてはいけない。ここでは保育所保育指針に書かれている発達を参考にしながら運動、言語と認知、社会性のそれぞれの発達の過程と課題設定の基本について述べることとする。

▼運動機能

　子どもには誕生してから外からの刺激に対して反射的に身体を動かす原始反射が見られる。この原始反射はおおむね6か月から1年を経て消失する。これの消失に伴って自分の意思で身体を動かすことができるようになる。運動機能は、おおむね4か月頃に首が据わり、おおむね6か月が過ぎる頃になるとお座りができ、おおむね8か月頃から這うことができ、おおむね10か月から12か月でひとり立ちができ、おおむね1歳6か月頃までには歩くことができるようになる。子どもの身体の発達は、身体の中心である体幹から周辺の手へと発達していく順序性がある。運動機能は粗大運動から微細運動へと発達する。つまり、全身を使った大きな動きから手指を使った細かな動きへ

と発達する。

　障害のある子どもの運動機能の課題設定の基本は、身体発達の順序性をふまえて、運動の発達を捉え、子どもがもっている運動能力に着目し、次に何ができるようになるかの見通しをもって、運動遊びを用意したり、保育の環境を構成することである。

▼認知・言語

　子どもはおおむね６か月頃になると、発声や自分の意思や欲求を喃語や身振りなど音や動作で表現するようになり、これに大人が応答的に関わることで、大人とのやり取りを楽しみ、徐々に簡単な言葉の意味することを理解しはじめる。これが言葉によるコミュニケーションの芽生えとなる。次第に、子どもは応答的に関わる大人と同じ物を見つめ、同じ物を共有する経験を通して、指さしをするようになる。自分の要求や気づいたことを伝えようと指さしながら、関心を向ける対象を共有し、その対象物の名称や欲求の意味を徐々に理解する認知が発達していく。このように物と音、意味のつながりを理解する経験が土台となって、おおむね１歳頃には意味のある言葉「マンマ」など一語文が見られるようになる。言葉の数が増えていくと、おおむね２歳頃には二語文「マンマ・ホシイ」など一度に２つの言葉を表出するようになる。子どもは様々な遊びを通して物へのイメージを膨らませ、イメージした物を遊具などで見立てて遊ぶようになる。このように実際に目の前にない物をイメージして、遊具などで見立てる認知機能のことを象徴機能というが、この象徴機能の発達が言葉の習得に重要な役割を担っている。おおむね３歳頃になると大人との日常会話が不自由なくできるようになる。

　障害のある子どもの認知・言語の課題設定の基本は、言葉があふれている環境に子どもを入れることで言葉が増えるというものではない。言葉の獲得には対象となる物や人の違いや特徴を理解する力、頭の中でそれをイメージする力、さらに音として結びつけて意味づけする力が必要となる。言葉の遅れとなっている原因を見極め、発達過程を考慮した課題の設定が大切になってくる。基本的には、保育者が「〇〇やりたいんだよね」と子どもの気持ちを汲み取りそれを言葉にしたり、「あれは〇〇だね」と話しかけたり、子どもが指さす物を一緒に見て、目と目を合わせる、言葉にして確認するなど共同作業を通して、人との関係を形成していくことが言葉の獲得の基本となる。

▼社会性

　子どもは大人から生命を守られ、信頼されることによって、情緒が安定し、人への信頼感が育つ。次第に大人との信頼関係を土台にして、他の子どもとの相互の関わり合いをもつようになる。おおむね６か月頃から自分の意思で

移動が可能になると、自分のやりたいことを主張したり、自分の欲求と他者の欲求がぶつかり合う中で、大人にうまく言葉にできない気持ちを代弁してもらったり、共感してもらったりしながら相手の気持ちに気づきはじめる。おおむね4歳頃になると、自分の感情や意思を主張することや、相手の気持ちを受容しながら、自分の気持ちをコントロールできるようになる。このように人との関わり合いの中で、互いに影響し合いながら社会性が育っていくのである。

　障害のある子どもの社会性の課題設定の基本は、子どもと保育者の間で信頼関係と安心できる関係が構築されることである。信頼できる保育者がそばにいることで、保育者の存在が安心基地となって、他の子どもへの活動にも関心が向けられ、関わりを広げていくことができるようになる。その際には、他の子どもへの興味や関心に着目し、障害のある子どもが関わりたい他の子ども、やりたい遊びや活動から、次にどのような関わりができるようになるかの見通しをもった保育を行う。人との関わりを通して、自分の気持ちを主張したり、相手の気持ちを理解したり、自分の感情をコントロールすることやルールを理解することができるような活動を用意したり、保育の環境を構成することが大切となる。

 ## 障害児保育の形態

　障害児保育の形態には、障害児のための専門機関である児童発達支援センターや特別支援学校の幼稚部などで行われる「分離保育」[*1]と保育所や幼稚園、認定こども園のように主に障害のない子どもたちの中で一緒に行われる「統合保育」に分けることができる。

＊1
分離保育は「障害児のみ」「健常児のみ」のいずれも分離保育であるが、一般的には「障害児のみ」の保育を指す場合が多い。

① 分離保育

　分離保育は、障害のある子どものみを対象として行われる保育の形態である。主に児童発達支援センターや、特別支援学校の幼稚部で行われている。児童発達支援センターは、2012（平成24）年に行われた児童福祉法の改正によって、障害種別ごとに分かれていた従来の知的障害児通園施設、肢体不自由児施設、難聴幼児通園施設などの通所サービスが一元化された障害のある子どもの発達と保護者の支援を行うセンターである。児童発達支援センターには、専門の職員、施設、設備、教材、プログラムなどが用意され、障害の

ある子ども一人ひとりの障害特性や発達状況に応じた個別支援が行われている。障害のある子どもの支援には、保育士や児童指導員、心理士、言語聴覚士、作業療法士、理学療法士などに加えて、障害の状態に応じて医師や看護師などの職員が配置されている。これら障害のある子どもの専門職が、多職種チームで一人ひとりの発達状況に合った支援をすることから、子どもは安心して自分のペースで過ごすことができる。発達課題に合ったプログラムの提供と、障害の特性や発達の特徴を配慮した支援が行われることで、できない自分ではなく「できる自分に出会う」経験を積み重ねるプラスの側面がある。さらに、個別的でていねいな支援ができる小集団の中での子ども同士の関わりを通して、言葉やコミュニケーション力、社会性を身につけたり、生活に必要な動作を習得することができる。一方で、障害のある子どもだけの小集団では、言葉の刺激が少なく、子ども同士の交流や経験、模倣による行動の獲得が広がっていきにくいことがあると考えられる。

② 統合保育

　統合保育は、障害のある子どもが障害のない子どもと一緒に活動する保育で、保育所、幼稚園、認定こども園で行われている障害児保育の形態である。障害のある子どもが、地域において当たり前の生活を営む社会をめざすノーマライゼーションの理念による影響、保護者の意向、子どもの数の減少などにより、障害のある子どもの入園は増加傾向にある。この保育形態は、障害のある子どもと障害のない子どもの保育の場が同じであり、障害のない子どもの園生活の流れに基づいた通常の保育の場に障害のある子どもの参加が可能となるよう保育者が活動内容を配慮、工夫することで一緒の保育を可能にしている。

　統合保育は、地域の保育所、幼稚園、認定こども園において、障害のある子どもが障害のない子どもの中で保育されることで、他の子どもとの交流から様々な刺激を受け、言葉、コミュニケーション、日常生活動作、運動、認知などの発達が促され、生活経験の広がりが期待できる。このように障害のある子どもの発達を保障するには、通常行われている保育の質が高いことが前提となる。この質の高い保育を統合保育の土台として、保育の活動を子ども一人ひとりの状態に合わせることなど、子どもの興味・関心、障害や発達の特性に配慮、工夫した保育が求められている。統合保育は障害のある子どもが障害のない子どもの中で時間と場所を共有することだけにとどまらず、学びや参加の機会が整えられ、生活経験や発達が保障される保育環境でなけ

ればならない。そうでなければ、障害のあるすべての子どもにとって統合保育が必ずしも有効とはいえない。障害のある子どもの中には、障害の種類や程度、症状によって、保育所、幼稚園、認定こども園ではなく、専門的な機関で医療や発達の支援を受けることが望ましい子どももいる。

　一方、障害のない子どもにとっては、障害のある子どもとともに成長できるような集団生活を通して障害のある子どもと日常的に交流し、その中で互いに人として共通する点や違う点に気づき、その違いを認め一緒に生活することが当たり前であると感じられることが育ちとして重要であろう。

　保育の中で、障害のある子どもの世話をしている子どもに出会うことがある。これは他者への「思いやり」や「やさしさ」であり大切にしたい。しかし、子どもの中には、自分のやりたい活動を見つけることができず、障害のある子どもの後をいつもついて回って世話を焼いている子どもがいる。そのような子どもには、保育者が他者へのやさしい気持ちを認めながらも、その子ども自身の発達を保障するための活動へと導くことも必要である。

　近年、インクルーシブ保育という考え方が広がりつつある。これは統合保育が障害のある子どもと障害のない子どもを明確に分け、この両者の統合を図ろうとするものに対して、インクルーシブ保育とは、子どもの多様性を認め様々な子どもたちがいることを前提とし、保育に配慮が必要な子どもたちを排除することなく、一人ひとりの子どもの発達を保障する保育である。インクルーシブ保育のインクルーシブとは、「包み込むような」という意味があり、「障害のある子どももない子どもも共に学び、共に育つことができるようにしよう、排除することなく包みこもう」という概念を示している。しかし、このインクルーシブ保育が現段階では十分な形で実施されているとはいえない状況があり、真のインクルーシブ保育の実践に向けて、従来の園の

建物や設備、教材、あるいは教え方、保育プログラムなどの環境や保育システムを柔軟に変更し、合理的な配慮を提供することが求められている。

③　職員間の協働

　障害児保育に限らず保育は、クラス担任が中心となって子どもに関わるが、担任だけに任せるのではなく、園長や主任、加配の保育者などそれぞれの立場で役割を分担し、協力していくことが大切である。担任は障害のある子どもへの対応に配慮しつつ、クラス全体の集団活動を運営する。加配や保育補助の保育者は、障害のある子どもへの対応をしながら、活動への参加や他の子どもとの関係を広げていくように配慮する。ここで注意しなければいけないことは、担任と加配の保育者との間で子どもの担当を明確に分担することで、同じクラスであっても、加配の保育者が、障害のある子どもばかりを対応し、担任は他の子どもだけを見るようになることである。障害のある子どもは他の子どもと交流する機会が少なくなり、障害のある子どもへの担任の意識も薄くなる。このような対応では子ども同士のつながりが分断され、障害のある子どもと他の子どもがともに生活する集団は生まれないので注意したい。

　職員間の協働という意味では、園長や主任の役割も大きい。園長や主任は園全体の保育や行事の参加などについて、広い視点から障害のある子どもの保育のあり方を考える役割を担う。クラスに入りにくい子どもや活動に参加できない子どもがいた場合には、園長や主任が子どもの気持ちに寄り添ったり、他の子どもの活動の様子を見せたりすることで活動への参加が促されることがある。園長や主任が障害のある子どもと関わることは、担任と異なる視点で子どもの様子を捉える機会となり、今後の保育のあり方について担任と話し合ううえで役立つ情報になる。園長や主任は子どもへの対応やクラス運営の助言の他にも、担任のサポート、保護者への対応、さらには地域の保健センター、児童相談所、児童発達支援センター、医療機関など関係機関との調整役として連携する役割を担っている。このように障害児保育は担任だけでなく、加配の保育者、園長や主任など園全体で取り組み、職員間の信頼と協働によって質の高い保育が行われている。

ワーク 1 分離保育と統合保育の良さと課題について考えてみよう

▼ ワークのねらい ▼

　障害児保育の形態には様々なものがあるが、その特徴を詳しく知らない保護者も少なくない。障害児保育の形態について理解し、保護者の相談に乗ることも保育者の役割の一つである。そこで、このワークでは、障害児保育の主な形態である①分離保育と②統合保育の特徴を理解し、それぞれの形態において障害のある子どもの発達を促す保育環境としての良さと課題について学ぶことをねらいとする。

■ ワークの進め方

① 事前に分離保育「児童発達支援センター」と統合保育「保育所」について調べてきた資料を持参する。

② 調べてきた分離保育「児童発達支援センター」と統合保育「保育所」の特徴について【個人ワークシート】に記入する。　　　　　　　　　　（15分）

③ 【個人ワークシート】に記入した項目について、良さには赤色のアンダーラインを引き、課題には青色のアンダーラインを引いて分類する。（15分）

④ 4人のグループをつくり、グループ内で【個人ワークシート】に記入した良さと課題について発表する。　　　　　　　　　　　　　　　　（10分）

⑤ グループで司会者、記録者、発表者を決めて、ディスカッションを行い、グループの考えとして【グループワークシート】に記入する。　　　（15分）

⑥ クラス全体でそれぞれの考えた良さと課題について発表し合う。（15分）

【時間約70分】

ワークをふりかえって

① 分離保育の良さと課題にはどのようなことがありますか。

② 統合保育の良さと課題にはどのようなことがありますか。

③ 障害のある子どもへの対応として、どのようなことが保育者の配慮として必要になるかを考えてみましょう。

【個人ワークシート】

　障害のある子どもにとっての分離保育（児童発達支援センター）と統合保育（保育所）の特徴について記入して下さい。次に良さには赤色のアンダーラインを引き、課題には青色のアンダーラインを引いて下さい。

	分離保育 （児童発達支援センター）	統合保育 （保育所）
通園関係 　交通 　費用		
職員体制 　人数 　免許・資格		
保育体制 　集団の規模 　個別支援 　医療的ケア 　保育時間　など		
保育の様子 　発達保障 　子ども同士の交流 　教材・教具 　雰囲気　など		
保護者・家庭支援 　相談支援 　ホームプログラム など		
施設環境 　バリアフリー 　安全性　など		
給食・食育 　アレルギー対応 　離乳食　など		
その他		

【グループワークシート】

　グループの考えとして、分離保育（児童発達支援センター）と統合保育（保育所）の良さと課題について次のシートに記入して下さい。

	分離保育（児童発達支援センター）		統合保育（保育所）	
	良さ	課題	良さ	課題
通園関係				
職員体制				
保育体制				
保育の様子				
保護者・家庭支援				
施設環境				
給食・食育				
その他				

【参考文献】

厚生労働省『保育所保育指針』フレーベル館　2017年

文部科学省『幼稚園教育要領』フレーベル館　2017年

尾崎康子・小林真・水内豊和・阿部美穂子編『よくわかる障害児保育［第2版］』ミ
　ネルヴァ書房　2018年

久保山茂樹・小田豊編『障害児保育―障害のある子どもから考える教育・保育』光生
　館　2018年

第13章　保育における指導計画

 統合保育における指導計画

① 統合保育の場面から

▼事例から考える保育の計画—みーくんのこと

　みーくんは脳性まひで体が安定せず椅子に座るときもベルトで固定することが必要だ。2歳で保育園に入園した。他の子どもたちはみーくんと一緒に過ごす中で、バギーの扱い方を覚え、必要なときには専用の椅子などを持ってきてくれるようになった。加配の先生と過ごすことも多いが、子どもたちは「みーくんもさくら組だから一緒に並ぶよ」とみーくんに話しかけることもある。みーくんも周りを見てニコニコと笑っていることも多くなってきた。

　4歳のある日、担任の保育士が子どもたちに床の雑巾がけをしようと誘った。雑巾がけをすることでしっかりと手足を動かしてほしいという思いがあったからだ。そのときに数人の子どもがみーくんをバギーから降ろそうとした。保育士はみーくんには雑巾がけはできないだろうと考えていたので、止めようと思った。しかし、子どもたちは、みーくんも含めてみんなで一緒にやりたいという思いが育ってきているのだと思い、試しにみーくんをバギーから降ろし、様子を見守ることにした。みーくんは床にぺたんと座り、お尻をつけたまま足を動かして進み、床に雑巾を滑らせた。保育士はその様子を見て、みーくんも一緒に雑巾をかけることは他の子どもたちにとっては当然のことであり、また、みーくんも一緒にやろうとする気持ちをしっかりもっていることに気づき、最初からできないと考えていたことを反省した。このことは他の子どもたちとみーくんとの関わりをもっと細かく見ていこうと考えるきっかけになった。

　5歳になり、運動会が近づいたある日、担任の保育士はリレーの実施方法について子どもたちに話し合うように促した。子どもたち自身でいろいろな友だちのことを考えたうえでリレーのルールをつくってほしいと考えていた。それまでの子どもたちの様子から、みーくんもリレーに参加する方向で、話し合うことになるだろうという予想もあった。「運動会、赤と白と黄色に分かれて走るけど、みんなはどんなふうに走りたい？」。すると子どもたちは自然とみーくんについて取り上げ「走れなくても赤組だから一緒に走った

方がいい」「いつもバギーに乗っているのだからバギーで出ればいい」「じゃあ誰が押す？」「いつも押しているのはA先生だからA先生に押してもらうのがいい」「みーくんと走る人はぶつかると危ないから大回りをしよう」等の意見が出された。子どもたちはみんなで話し合いながら自分たちのルールをつくり出した。

▼保育者の思い

　保育者はそれぞれの場面で子どもに対して、「こういう経験をしてほしい」「こんな成長をしてほしい」との思いがあることだろう。例えば、雑巾がけの場面では、「しっかりと手足を使って力強く雑巾がけをする」といったクラスのねらいだ。しかし、みーくんが他の子どもの様子を見て、雑巾がけをしようと自分から動こうとすること、そして、他の子どもたちはその様子を見て、特にやり方が違うなど指摘せずに、それが当たり前のこととして捉えていたことに気づいた。ここで、保育者は自分が立ててきたねらいや内容の修正を求められた。「しっかりと手足を使って力強く雑巾がけをする」に「みんなで協力し合って雑巾がけをする」を加え、さらにみーくんに対しては「雑巾がけをしようとする意思をもち、自分から動こうとする」というねらいも設定できたことに気づき、その様子の把握に努めた。

　このような経験を重ね、5歳の運動会のリレーに向けた話し合いでは「互いを理解し合いながら、リレーのルールを決める」というねらいを立て、実際に子どもたちはみーくんを加えたリレーの方法を考え、自分たちなりのルールをつくり上げることができた。

　保育者は子どもの特性をよく把握し、子どもたち同士が影響し合い成長していけるような環境をどのようにつくっていくかを考える必要がある。みーくんの成長にも他の子どもの成長にも関わる計画を立てていかなければならない。

②　統合保育の中の保育の計画

▼互いが育ち合える場の設定

　事例で述べたように、統合保育では、健常児と障害のある子どもが同じ場面を共有することによって互いに育ち合っていく様子が見られる。互いの成長のためには、障害のある子どもの特性をはじめ、他の子どももそれぞれがどのような特性をもっているのかをよく把握し、どのような配慮が必要なのかを理解する必要がある。また、できないことばかりに注目するのではなく、どこまでできているのかに注目し、その部分を伸ばしていけるような計画を

立てていこう。その子どもの特性を生かして、どのように活動や遊びを展開していくのか、また、他の子どもの動向もおさえながら、お互いがかみ合っていくような工夫をすることが必要だ。

▼統合保育での保育計画

保育所保育指針では第1章の保育の計画及び評価(1)全体的な計画の作成において「保育所は1の(2)に示した保育の目標を達成するために、各保育所の方針や目標に基づき、子どもの発達過程を踏まえて、保育の内容が組織的・計画的に構成され、保育所の生活全体を通して、総合的に展開されるよう、全体的な計画を作成しなければならない」とある。子ども自らが環境と関わりながら多様な経験を重ねていけるようにするために、保育士は子どものそれぞれの実態を踏まえた保育環境を計画的に構成していくことが必要となる。

クラスに障害のある子どもがいた場合、私たちはすぐにその子の発達段階に合った特別な計画を立てなければいけないと思うかもしれない。その前にクラス全体の活動をともにする中で障害のある子どもが何を身につけていけるのか、あるいはどのような計画が本人も他の子どもたちも育ち合うことができるのかを考えてみよう。障害のある子どもと周囲の子どもたちの様子をていねいに観察し、子どもそれぞれの状況を把握し、そのうえで子どもたちにどのように成長してほしいのか、全体的な計画を踏まえて考えていく必要がある。

③ 保育の計画の作成

保育の計画には年間・期・月に分けた長期的な指導計画と長期的な指導計画の内容と関連させた週や日の短期的な指導計画がある。障害のある子どもが在籍するクラスの指導計画を作成する際、全体の指導計画の中に障害のある子どもの活動やねらいを併記していく方法がある。みーくんが在籍するさくら組の週案の一例の抜粋を表13−1に示す。

表13−1 週案の一例 【週案】(抜粋)

さくら組　10月　第2週（月）～（金）　　　　　担任：○○○
先週の子どもの実態 　運動会に向けて、同じチームや係の友だちと気持ちを合わせて、一緒に取り組むことに喜びを感じている。また、運動会で行うリレーや運動遊びなどに、期待をもって楽しみながら取り組んでいる。
今週のねらいと内容 【ねらい】　・友だちと力を合わせてつくり上げていく面白さや、やり遂げる満足感を味わう。

	・友だちと一緒に取り組む中で互いのよさに気づく。 Mくん：自分から参加しようとする気持ちをもち、自分なりの表現をする。
【内　容】	・友だちの考えを受け入れたり、自分の考えを伝えたりしながら活動に取り組む。 ・自分の係を理解し、見通しをもって行動する。 Mくん：自分の係を意識してみんなと一緒に動こうとする。

環境と保育者の援助
・運動会までの日程や係担当表を掲示、係活動をグループで行う時間を設定する。
・日常の生活の中で、話し合いの機会をもち、お互いの意見を聞き合えるよう働きかける。
Mくん：本人がやろうとしている気持ちが表現しやすい体勢を保持し、時間の余裕をもって関わる。

子どもの活動
・運動会の練習をする（入場・体操・ダンス）。
・係活動（装飾や応援練習、案内係の確認など）。

配慮事項
・戸外での活動が多くなるので水分補給を忘れずに行う。
Mくん：体温の調整がうまくいかないことがあるので、体温の変化に十分に注意を払う。

 ## 障害児を支える様々な計画

① 保育所保育指針と幼稚園教育要領における個別の計画

　保育所保育指針や幼稚園教育要領では、全体の保育計画とは別に配慮を必要とする子どもに対して、個別に指導計画を作成することが求められている。保育所保育指針・幼稚園教育要領ともに表現は異なるが、めざすものは同じである。

保育所保育指針第1章3⑵
キ　障害のある子どもの保育については、一人一人の子どもの発達過程や障害の状態を把握し、適切な環境の下で、障害のある子どもが他の子どもとの生活を通して共に成長できるよう、指導計画の中に位置付けること。また、子どもの状況に応じた保育を実施する観点から、家庭や関係機関と連携した支援のための計画を個別に作成するなど適切な対応を図ること。

幼稚園教育要領第3章第5
1　障害のある幼児などへの指導
　　障害のある幼児の指導に当たっては、集団の中で生活することを通して

全体的な発達を促していくことに配慮し、特別支援学校などの助言又は援助を活用しつつ、個々の幼児の障害の状態などに応じた指導内容や指導方法の工夫を組織的かつ計画的に行うものとする。また、家庭、地域及び医療や福祉、保健等の業務を行う関係機関との連携を図り、長期的な視点で幼児への教育的支援を行うために、個別の教育支援計画を作成し活用することに努めるとともに、個々の幼児の実態を的確に把握し、個別の指導計画を作成し活用することに努めるものとする。

　いずれも、障害のある子どもも他の子どもとの関わりを通した成長ができるよう促すこと、子どもの状態に応じた支援をするために個別に計画を作成することが求められている。

②　個別の計画の種類

　個別の計画はいくつかの種類があり、保育所保育指針、幼稚園教育要領の中ではあわせて述べられており、整理をしておく必要がある。
①個別の支援計画
　乳幼児期から学校を卒業後社会に出るまでを見通し、障害のある子どもを生涯にわたって引き続いた支援を行うためのツールとなるものである。福祉・教育・医療・労働、地域・家庭をつなげる役割も担う。
②個別の教育支援計画
　学齢期に学校や教育委員会などの教育機関が中心になって「個別の支援計画」を作成する場合を「個別の教育支援計画」と呼ぶ。
③個別の指導計画
　園や学校での具体的な支援を行うための計画。就学前では保育所や幼稚園が中心となって作成し、子どもの実態を把握したうえで、全体の保育と関連づけながらねらいを設定し、内容と支援の方法を具体的に示す。
　このほかの個別の計画として、就学の際に保育所や幼稚園から就学先に、保育の様子や指導内容などを引き継ぐ「就学支援シート」（自治体によって名称は異なる）や、学校教育から福祉施設へ支援を引き継ぐための「移行支援計画」等も個別の支援計画の中に含まれると考えてよいだろう。
　障害児・者施設など福祉サービスに関わる場合は「個別支援計画」という名称で、主に施設内の支援の計画について示されたものがある。また、児童養護施設では児童自立支援計画という言葉が使われている。

図13-1　個別の支援計画の種類

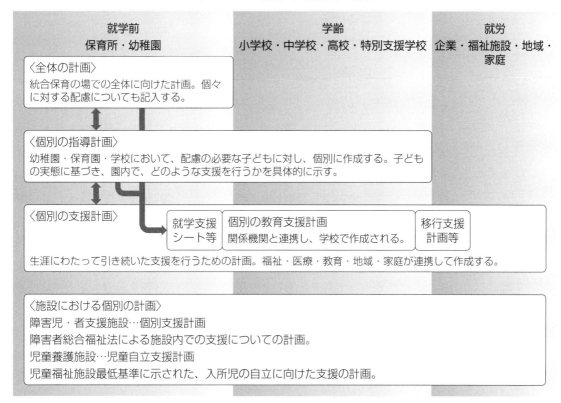

出典：筆者作成

 個別の指導計画

① 個別の指導計画とは

　保育者は子どもそれぞれに対して、こんなふうに成長してほしいという願いをもっていることだろう。その願いを子どもの特性や園の実態に合わせてどのように叶えていくのか、具体的な支援の方法と環境の設定を考え、明文化したものが個別の指導計画だといえる。先に述べたクラス全体を対象とした保育の計画は、年齢に応じた発達段階を想定し作成することが多く、障害のある子どもの発達の状況に合わせた計画をすべて取り入れていくことは難しい。障害のある子どもの発達の偏りや遅れに対して、段階を踏んだ指導ができるよう計画を立てていく必要がある。

　また、個別の指導計画は障害が明確になっている子のみを対象に作成する

ものではなく、その子どもに何らかの配慮が必要だと感じた場合に個々に応じて作成することが望ましい。

② 個別の指導計画を立てる前に

▼計画作成にあたって

　個別の指導計画は、該当する子どもの在籍クラスの担任保育者と加配保育者が作成することが多いが、関わるすべての人が情報を提供し、協力しながら作成することが望まれる。園長や主任保育者、時には保護者にも個別の指導計画作成のための話し合いに入ってもらうことも必要である。また、医療・心理面等の専門性の高い知識が必要な場合は、特別支援コーディネータや主治医、児童発達支援センターの職員に助言を受けることも考えたい。

　子どもの状態を正確に把握するために、保護者に今までの成長の過程や家庭での様子を直接聞き、作成の際には保護者の思いも反映できるようにしたい。また、児童発達支援センターなどの療育機関や医療機関にかかっている場合は、保護者を通して情報を得たり、保護者の承諾を得て、関係機関から直接情報を提供してもらうことも必要だろう。そこでの支援方針や療育方法などを知り、園内での保育方針と関連づけることも可能である。

▼現在の子どもの様子

　これまでの子どもの状況について把握できたら、次に現在の子どもについての理解を深めていこう。普段の記録があれば読み返し、どんな場面で何が起きているかなどを整理し検討する。また、保育を行う際に困っていることを一つずつあげ、整理をしてみよう。同じカテゴリーでまとめたり、そのときの環境や前後の行動も振り返ったりしてみると、見えないところまで見えてくるかもしれない。ある程度決まった項目に沿って記入していくと整理しやすい場合もある。子どもの状況によって記入する項目数を増やしてもよいだろう。

　その際、子どもが興味をもっていることや得意なこと、よい点も一緒にあげていくとよい。また、日々の出来事を記録していくことも大切だ。子どもの様子や保育者の関わりをできるだけ詳しく書くことによって、場面の構成要素が明らかになってくる。うまくいったときにはどんな関わりがあったのか、困ってしまうような状況に陥るときはどのような流れがあったのかなどの共通項が見出せるとそれに対する手立ても見えてくる。表13-2に発達に遅れのあるアキくん（幼稚園に通う4歳）について理解を深めるための記録の例をあげた。

表13-2　子どもの様子の理解―発達に遅れのあるアキくんの場合
項目ごとにまとめた記入例（抜粋）

項目	【5月　アキくん　4歳　男児】　　　子どもの姿
基本的 生活習慣	・トイレはほとんど失敗することもなくなった。 ・1日の流れを意識して、次の行動を理解し自分から動くことができるようになってきた。
情緒の安定	・予想と異なることが起きると固まってしまうことがある。 ・嫌なことがあって泣き出すとなかなか泣き止むことができない。
遊び	・友だちと一緒にいることを喜び、名前を憶えているお友だちも増えた。やり取りをしながら遊ぶことは苦手だが、一緒の場所で自分なりの遊びを展開していることが多い。 ・電車の駅名に興味をもち、駅名が書いてある紙を保育者に読んでもらいたがる。
コミュニ ケーション	・以前よりはっきりとした言葉を話すことが多くなった。 ・こちらからの話はあまり入っていかないが、短い言葉なら理解できることも多い。
運動	・走ったり、飛び跳ねたりするときのバランスが悪いように見える。力が入りすぎている様子。 ・細かい作業は得意で、集中して折り紙を折ったりすることができる。
その他	・周囲の様子を見て、真似をしてやってみようとする場面が増えてきている。褒めると嬉しそうに笑うことが増えてきた。

日々の記録の例

アキくん　5月10日（水）
【子どもの様子】保育室で紙皿に絵を描いて凧をつくった際、アキくんはとてもカラフルできれいな模様を集中して描いていた。保育者に「きれいだね、上手だね」と声をかけられたり、周囲の子どもたちが何人ものぞき込んで「アキくん、すごい！」と言ったりと、アキくんもニコニコと楽しそうだった。みんながハサミの使い方に苦戦する中、アキくんはスイスイと切っていった。タコ糸を付けて、みんなで凧を持って遊ぼうと外にアキくんを誘うと、その場で凧を握りしめたまま動かなくなってしまった。しばらく色を塗っていたが、時折、外のみんなの様子を見ていた。
【所見】色を塗ったり切ったりすることはアキくんの得意分野なので、本人も自信をもって取り組んでいたのだろう。でもアキくんにしたら凧を飛ばしに外に出るというイメージはなかったのだろうと思う。色を塗って落ち着いたアキくんは外でみんなが凧で遊んでいる姿を見て、状況を理解したように思う。前もって私たちがアキくんにわかるような説明をする必要があったのだと思った。

このような方法で保育者や子どもが困っている部分や子どものよいところを整理していくことで、計画が立てやすくなる。できればこの時点で複数の職員と話し合いができれば、その子どもに対する理解が深まるだろう。

③　個別の指導計画を立てる

▼「困っていること」を具体的に考える

　3−②では子どもの状況についてできるだけ理解を深めるために、情報の整理を行った。実際に個別の指導計画を作成するときには、ここであげた「困っていること」を具体的にどのようにしていきたいかを考えることからはじめるとよい。困っていることに対して保育者、あるいは保護者はどのようになることを望んでいるのだろうか。私たちはその個々の子どもに対してこのようになってほしいという願いをもっていることだろう。その願いを具体的な目標とする。そして、なぜそのようにできないのか、その理由を考えていくことによって、どのようにしたらできるようになるか、その手立てを考えることができる。

　例えばアキくんの例であれば図13−2のように考えていくとわかりやすいだろう。

図13−2　目標と手立ての考え方の流れ

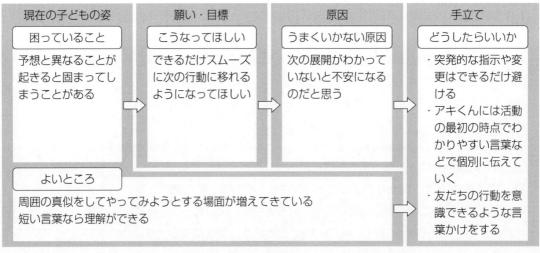

現在の子どもの姿	願い・目標	原因	手立て
困っていること	こうなってほしい	うまくいかない原因	どうしたらいいか
予想と異なることが起きると固まってしまうことがある	できるだけスムーズに次の行動に移れるようになってほしい	次の展開がわかっていないと不安になるのだと思う	・突発的な指示や変更はできるだけ避ける ・アキくんには活動の最初の時点でわかりやすい言葉などで個別に伝えていく
よいところ			・友だちの行動を意識できるような言葉かけをする
周囲の真似をしてやってみようとする場面が増えてきている　短い言葉なら理解ができる			

出典：筆者作成

▼よい面を伸ばす視点

　計画を立てる際、保育者がよくないと考えている部分やできない部分だけに注目し、改善しようとしたり、できない部分を伸ばしたりすることに気持ちがいきがちである。しかし、よい面に注目し、その様子を理解することの方が、成長のきっかけを見つけやすい場合も多い。またよい面を伸ばすことが、その周囲にある面を引き上げることにもつながる。

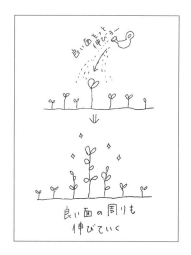

④　個別の指導計画の実際

▼個別の指導計画の記載例

　個別の指導計画には決まった書式はない。いくつもの書式の例があるので、その事例に合った使いやすいものを選び、その子どもや園の状況に合わせてカスタマイズしていくとよいだろう。

　また、個別の指導計画は、年間計画、期や月案など長期で立てる場合と、週案や日案など短期で立てる場合がある。長期の指導計画は、その子どもの状況に合わせ、時間をかけて達成する目標を設定する。成長が緩やかな子どもの場合は、年間計画を基準に目標を設定する方が考えやすいだろう。週案や日案の短期の計画はクラス全体の計画の中で、障害のある子どもがどのように参加していくのかを考えていく傾向が強い。次頁にアキくんの期の指導計画を掲載する。

　なお、指導計画をつくっても、これだけに捉われずに柔軟な考えをもって、対応していくことが必要である。例えば、子どもの様子に変化があれば、その都度書き加え、考えた手立てが合わないようであれば、新しく手立てを上書きしていくなどすることが必要である。

⑤　個別の指導計画の評価

　指導計画の期間終了後、立てた計画が適切なものだったか評価を行う必要がある。評価は目標が達成できたかのみにこだわるのではなく、目標にたどり着くまでにどのような関わりがあったかを知ることが重要である。担任や加配の保育者が振り返りを行うだけではなく、日々の記録をもとに関係が深

表13-3　個別の指導計画の例

個別の指導計画	さくら組　氏名　　アキ　　4歳5か月　男児　　年　　月　　日　　　記入者　○○○

今年度の目標
　友だちと一緒に遊びを楽しむ。
　場面の切り替えを予想して、安心して行動する。

> 「情緒」「運動」「遊び」等、
> 項目に分けて書く方法もある。

子どもの姿	家庭の様子
トイレの失敗が少なくなり、生活全般で自分がやろうという意思を感じられる。また、友だちのことを気にしている様子が見られ、一緒のことをやってみようとする場面も増えた。言葉も以前より明瞭になってきている。折り紙が好きで本を見て折ることもあり、細かい作業は得意で好むが、走ったり、踊ったりする場面では動きのアンバランスさが目立つ。見通しがもてないと不安になり、場面の切り替えがうまくいかないときなど、激しく泣いたり、その場で固まったりしてしまうことがある。偏食があったが苦手な野菜類も少しずつ食べられるようになってきた。	自宅ではアキくんのペースに合わせ、なるべく毎日決まった流れで動くようにしている。自分から動くことも増えてきたが、つい先回りしてしまって母がやってしまうことも多い。父と一緒に電車の本や動画を見ることを楽しみにしている。 **保護者の願い** 友だちと関われるようになるとよい。本人は楽しく過ごしているようなので、今後も保育園生活を楽しんでほしい。

項目	期の目標	手立て	評価
情緒	気持ちを切り替えて次の行動に移ることができる。	先の見通しがもてるよう、個別に短い言葉でわかりやすく説明をする。事前にわかっている行事などは、前もって伝える。	本人が理解できればすんなりと次の行動に移ることができた。突発的な変更を避け、落ち着いて説明することで、泣く場面はかなり減ってきた。
運動	体を動かす経験を増やし、ダンスなどを楽しむ。	体を自分から動かそうとしているときは積極的に褒める。	褒められたときは嬉しそうにしているが、長くは続かない。アキくんの前で一緒に踊るなどの工夫が必要。
遊び・コミュニケーション	友だちと同じ遊びをすることを楽しみ、簡単なやり取りをすることができる。	必要に応じて保育者が橋渡しを行い、アキくんの気持ちを代弁するなどしながら、やり取りにつなげる。	友だちに誘われて遊びに入ろうとする場面が見られるようになり、単純な物の受け渡しなどはできるようになってきた。

> 子どもの状況に合わせて項目を統合したり、増やしたりするとよい。

> なるべく具体的な方法を書く。

> 次の計画に反映できるような事項も入れて書くとよい。

い職員と話し合いをすることや、時には職員会議のテーマとして話し合うことも必要であろう。個別の指導計画に対する評価を共有し、子どもの特性と次に立てる計画の目標を職員全体が理解することで、保育者の子どもへの関わりを統一することができ、成長をともに喜ぶことができるようになるだろ

う。

　評価をされるのは子どもの行動ではなく保育者の支援の方法であることを忘れてはならない。「○○をする」といった目標が達成されなかった場合「○○ができなかった」という評価ではなく「○○ができるよう××をしたが、その支援方法では○○はできなかった」という観点である。そのときの状況を再度詳しく振り返り、もしその子どもにできないことがあったとしたら、それはこちらの配慮がうまくいっていなかったと考え、再度計画を練り直すようにしたい。

ワーク 1　クラスの指導計画に個別の指導計画を組み入れる

▼ ワークのねらい ▼

　このワークでは、クラスの指導計画の中に、支援が必要な子どもの指導をどのように位置づけ計画していくのか、また、個別の計画をどのように組み立てていったらよいのか、その考え方と方法を確認する。事例とワークシートが用意されているので、担任になったつもりで、グループで話し合いをして記入してみよう。

■ ワークの進め方

①　5～6人のグループをつくる。

②　Mくんの事例について、シート1に記入をして、グループ内で確認しよう。
　　　　　　　　　　　　　　　　　　　　　　　　　　　　　　　（20分）

③　シート2はクラスの週案の抜粋である。ねらいはみんなと同じ設定で、クリスマス会に向けて、Mくんの事項を書き加えてみよう。Mくんの細かい情報がもっと必要であれば、グループの中で話し合って「Mくんは車がとても好き」等、仮の設定をしてもよい。話し合ったことはワークシートの下の枠内にまとめておこう。
　　　　　　　　　　　　　　　　　　　　　　　　　　　　　　　（20分）

④　Mくんの1月から3月までの個別の指導計画についてグループで話し合って、シート3を完成させよう。項目は以下の事項を参考に、グループ内で話し合って設定しよう。シート2と同様、必要に応じてMくんの情報を仮定してもよい。
　　　　　　　　　　　　　　　　　　　　　　　　　　　　　　　（30分）

【時間約70分】

【項目の例】
・生活習慣・人との関わり・コミュニケーション（言葉）・遊び
・運動・集団への参加・知的発達（指示理解・文字・数など）・情緒の安定

★Mくんの事例
　Mくんは元気いっぱいの5歳、年長クラスの男の子です。クラスの決まり
で、保育園に来たら、靴を決められたところに入れて上履きに履き替え、お
着替えの袋を決められたフックに掛けます。そのあと外遊びに行ってよいこ
とになっているのですが、Mくんの靴はあっちに飛んでいるし、袋も変なと
ころに掛けています。それどころか上履きのまま、夢中になってお砂場で遊
んでいます。友だち思いで、年下の子どもにも親切で人気もありますし、好
きなことには集中して取り組むことができるのですが、どうしても周りから
外れた行動が目立つので注意されることが多く、本人もイライラしているよ
うです。クラスでは今月のクリスマス会に向けて、子どもたちが自分たちで
選んだ曲を演奏したり、踊ったりと楽しみながら練習をしています。Mくん
も張り切って参加していますが、途中で集中力が切れて、前にいる子にちょっ
かいを出したりとトラブルもあります。
　家庭では保育園での出来事をよく話し、園の行事なども楽しみにしていま
す。保護者は小学校就学後、椅子に座って授業を受けることができるのか、
とても心配しています。

シート1

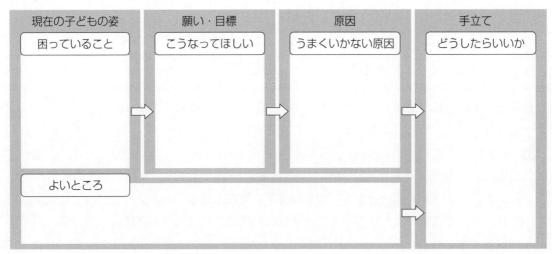

シート2

【週案】（抜粋）

きりん組　12月　第3週（月）〜（金）　　　　担任：
先週の子どもの実態 　クリスマス会についての話題が多くなり、必要なものを友だちと協力してつくりはじめ、どの子どもも楽しみにしている。乾燥した季節になり、風邪をひく子どもが出はじめている。
今週のねらいと内容 【ねらい】　・クリスマス会に向けて、期待をもって、歌や合奏、装飾などの会場の準備をする。 　　　　　　・冬の健康な過ごし方を知る。
【内　容】　・友だちと役割を分担し、クリスマス会に必要なものを協力しながらつくる。 　　　　　　・歌や合奏の練習に楽しみながら取り組む。 　　　　　　・手洗いやうがいなどを自ら進んで行う。 Mくん：
環境と保育者の援助 ・クリスマス会の装飾の材料は様々な素材を用意し、子どもたちが選びやすいよう、前もって自由に手に取って見られるようにしておく。また、友だちと協力してつくることができるよう、その様子を見守り、できあがったものをどこに飾るかを子どもたちが決められるように援助する。 ・鍵盤ハーモニカ、グロッケンシュピール、カスタネット、タンバリンなどを用意し、音色を楽しみながら練習できるようにする。 ・友だちと一緒に演奏や歌、踊りをすることで、みんなと息が合ったときの楽しさや心地よさを味わえるようにする。 ・風邪の予防に関する話題を普段の生活に取り入れ、イラスト等でわかりやすく予防法を描いたものを掲示する。 Mくん：
子どもの活動 ・クリスマス会の準備 　　　装飾づくり…ツリーの飾り、リース、輪飾り等（子どもが決めたもの） 　　　合奏…「白いクリスマス」の練習 　　　歌と踊り…「トナカイ音頭」の練習
配慮事項 ・クラス便りにクリスマス会の日にちと風邪予防について記載し、保護者に周知を行う。

グループ内での設定事項や話し合ったことなど

シート3

個別の指導計画		きりん　組　氏名　Mくん　　5歳6か月　男児　　年　　月　　日 記入者	

今年度の目標
　・就学に向け、気持ちを安定させ、落ち着いて生活をする。
　・物事を最後までやり抜く力を身につける。

子どもの姿	家庭の様子 保護者の願い

項目	1月から3月までの目標	手立て	評価

グループ内での設定事項や話し合ったことなど

🔖 ワークをふりかえって

① 困っていることから手立てを考えるにあたっての過程でどのような視点
　が大切かを理解できましたか。
② クラスの指導計画と個別の指導計画はどのような関係にあるか理解でき
　ましたか。
③ 個別の指導計画をつくるうえで、どのような視点が大切かを理解できま
　したか。

【参考文献】
酒井幸子・田中康雄監修『発達が気になる子の個別の指導計画』学研プラス　2013年
佐藤暁子・川原佐公・月刊保育とカリキュラム編集委員編『0〜5歳児指導計画の書
　　き方がよくわかる本』ひかりのくに　2013年

第14章　個別の（教育）支援計画

 1　個別の（教育）支援計画とは

　「個別の（教育）支援計画」とは、保育現場のみならず家庭、地域、福祉・保健・医療・教育等の様々な側面からの取り組みを包括し、障害のある子ども一人ひとりの多様なニーズに応じ、関係機関や関係者が連携してトータルな支援を行うために作成された計画の名称である。前章で説明したように障害のある子どもを取り巻く個別の計画には様々な種類がある。ここで示す「個別の（教育）支援計画」は、保育所保育指針解説書における「支援のための個別の計画」や幼稚園教育要領解説書における「個別の教育支援計画」と同様の意味が含まれるものである。本章ではこのような意味から「個別の（教育）支援計画」と表記することにする。

① 「個別の（教育）支援計画」の意義

▼個別の（教育）支援計画とは

　「個別の（教育）支援計画」は、一人ひとりの障害のある子どもを生涯にわたって支援しようとする計画が描かれている、いわば「支援の設計図」である。構造と方向性を時系列に見ると図14－1の通りとなる。

　この図では、「就学前」においては保護者と子どもの周りに「幼稚園」「保育所」「NPO」「特別支援学校」を含んだ「福祉、医療等関係機関」の横に広がる支援のネットワークで形成されていることが理解できる。そして、このネットワークは就学中、卒業後になると多少ネットワークの構成内容は変わるものの、一本の時間を表す矢印で縦につながる支援として表現されている。「個別の（教育）支援計画」とは、この"横に広がる支援"と"縦につながる支援"を同時に表しているものである。

▼個別の（教育）支援計画の意義

　就学前の障害のある子どもとその保護者は、子どもの育ちの可能性の見通しや、保護者自身の子どもの障害に対する受容、信頼できる支えとなる機関や専門職とのつながりなどに多くの不安を抱えている時期でもある。「個別の（教育）支援計画」は、支援内容を「誰が」「いつ」「どのような内容」で行うのかを、一つひとつ"見える形"で映し出し、その不安を解消できる意

図14-1 個別の（教育）支援計画の構造と方向性

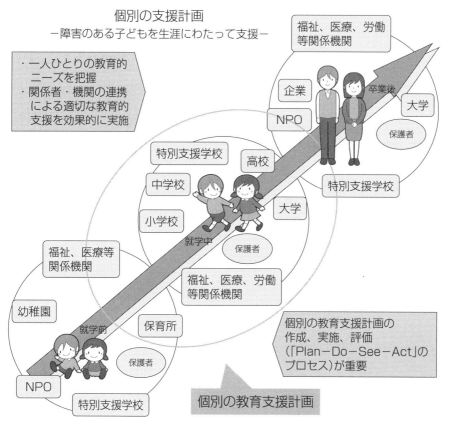

出典：国立特別支援教育総合研究所『「個別の教育支援計画」の策定に関する実際的研究』 2004年 p.17

味をもっている。また、様々な機関が思いつきで場あたり的に支援を実施してしまうと、結果的につながりがなく統一性のない支援に陥る危険性がある。それを防ぎ"連動性のある効果的な支援"を保障していく意味でも意義がある。さらに、保育者をはじめとする福祉、医療、教育の専門職が一つの計画書という根拠をもとに実践した結果、その実践によってどのような効果があったのか、あるいはどこに課題を有していたのか大局的に振り返りを行う点においても意義がある。

② 「個別の（教育）支援計画」と「個別の指導計画」の違い

障害のある子どもの保育現場では、「個別の（教育）支援計画」の他に「個別の指導計画」を作成している。「個別の指導計画」は「個別の（教育）支援計画」を具体化した計画で、名称としては保育・学校教育現場で用いられることが一般的であるが、「個別の（教育）支援計画」との"主従関係""具

体化した計画書"で「個別の指導計画」を捉えると理解しやすい（図14−2）。

　「個別の指導計画」は第13章で学んだ通り、保育所や幼稚園において障害のある子ども一人ひとりの保育を充実させるために作成するものである。いわば「個別の（教育）支援計画」をふまえて、保育所や幼稚園などのその場所に限定した保育・教育上の個別的かつ具体的な計画が「個別の指導計画」ということになる。

　「個別の指導計画」では、保育所や幼稚園にいる障害のある子ども一人ひとりの障害状況や発達過程に応じた指導目標・内容・方法、配慮事項などが記載され、指導内容・方法においては、より具体的に園のデイリープログラムや遊具・教材等の実情に合わせて項目を立てる。園によっては、項目に「健康・身体」「人との関わり」「日常生活」「性格・行動」など具体的にわかりやすい内容で設定される。

図14−2　「個別の（教育）支援計画」とその他の「個別の計画」
　　　　との関係イメージ図

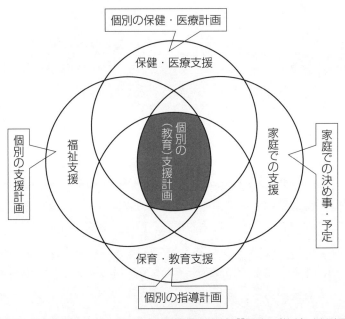

出典：東京学芸大学特別支援プロジェクト編（渡邉健治編集代表）『「個別の（教育）支援計画」の作成・活用』ジアース教育新社　2010年　p.11を筆者が改変

③　「個別の（教育）支援計画」はどこの誰が作成するものなのか

　「個別の（教育）支援計画」は、どこの誰が作成するものなのか、それを明確に規定しているものは現行では存在していない。

　例えば、幼稚園教育要領では「障害のある幼児の指導に当たっては、集団の中で生活することを通して全体的な発達を促していくことに配慮し、特別支援学校などの助言又は援助を活用しつつ、個々の幼児の障害の状態などに応じた指導内容や指導方法の工夫を組織的かつ計画的に行うものとする。また、家庭、地域及び医療や福祉、保健等の業務を行う関係機関との連携を図り、長期的な視点で幼児への教育的支援を行うために、個別の教育支援計画を作成し活用することに努めるとともに、個々の幼児の実態を的確に把握し、個別の指導計画を作成し活用することに努めるものとする。」としている。

　また、保育所保育指針では「障害のある子どもの保育については、一人一人の子どもの発達過程や障害の状態を把握し、適切な環境の下で、障害のある子どもが他の子どもとの生活を通して共に成長できるよう、指導計画の中に位置付けること。また、子どもの状況に応じた保育を実施する観点から、家庭や関係機関と連携した支援のための計画を個別に作成するなど適切な対応を図ること」としている。

　これらのことは"医療、福祉などの業務を行う関係機関と連携した支援のための計画"や"家庭や関係機関と連携した支援のための計画"という「個別の（教育）支援計画」に類する作成を幼稚園や保育所が行うことを明記しているものと理解できる。

　そして、「個別の（教育）支援計画」をその子どもの生涯を支援する計画と意味づけするならば、幼稚園や保育所で作成された「個別の（教育）支援計画」は、関係機関に周知され、さらに就学後には学校機関へとつなげられ作成されなくてはならないものである。

個別の（教育）支援計画の作成にあたって

　「個別の（教育）支援計画」の作成にあたって基本となる考え方は前章で述べてきたPDCAサイクルである。これに他機関との連携・協力に関する内容等の要素が含まれることから連絡・調整などソーシャルワークの考え方も必要とされる。

①　作成プロセスの理解

　図14-3は、「個別の（教育）支援計画」の作成プロセスを図式化した例である。この図は、乳幼児診査などでは障害の診断が確認されず、保育所な

図14-3 「個別の（教育）支援計画」の作成プロセス（例）

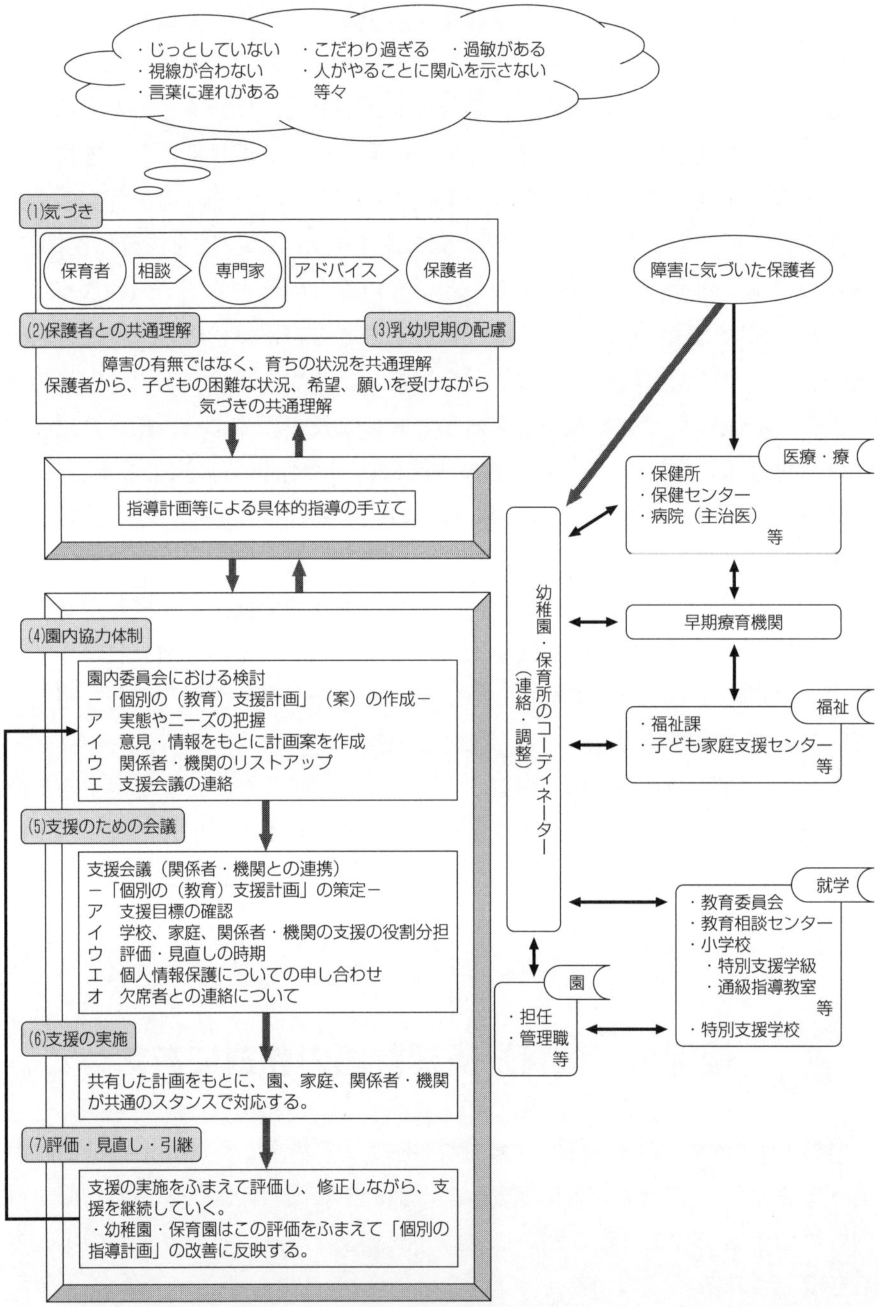

・じっとしていない　・こだわり過ぎる　・過敏がある
・視線が合わない　　・人がやることに関心を示さない
・言葉に遅れがある　　等々

(1)気づき

保育者　相談＞　専門家　アドバイス＞　保護者

障害に気づいた保護者

(2)保護者との共通理解　　(3)乳幼児期の配慮

障害の有無ではなく、育ちの状況を共通理解
保護者から、子どもの困難な状況、希望、願いを受けながら
気づきの共通理解

指導計画等による具体的指導の手立て

医療・療

・保健所
・保健センター
・病院（主治医）
　　　　等

早期療育機関

(4)園内協力体制

園内委員会における検討
－「個別の（教育）支援計画」（案）の作成－
ア　実態やニーズの把握
イ　意見・情報をもとに計画案を作成
ウ　関係者・機関のリストアップ
エ　支援会議の連絡

福祉

・福祉課
・子ども家庭支援センター
　　　　等

(5)支援のための会議

支援会議（関係者・機関との連携）
－「個別の（教育）支援計画」の策定－
ア　支援目標の確認
イ　学校、家庭、関係者・機関の支援の役割分担
ウ　評価・見直しの時期
エ　個人情報保護についての申し合わせ
オ　欠席者との連絡について

幼稚園・保育所のコーディネーター（連絡・調整）

就学

・教育委員会
・教育相談センター
・小学校
　・特別支援学級
　・通級指導教室
　　　　等
・特別支援学校

(6)支援の実施

共有した計画をもとに、園、家庭、関係者・機関
が共通のスタンスで対応する。

園

・担任
・管理職
　　等

(7)評価・見直し・引継

支援の実施をふまえて評価し、修正しながら、支
援を継続していく。
・幼稚園・保育園はこの評価をふまえて「個別の
　指導計画」の改善に反映する。

出典：東京学芸大学特別支援プロジェクト編（渡邉健治編集代表）『「個別の（教育）支援計画」の作成・
　活用』ジアース教育新社　2010年　p.18

どで保育者が何らかの発達の課題に「気づき」、専門機関と連携しながら保
護者にアドバイスするところからはじまる。そして保護者の「気づき」から

「共通理解」→「個別の（教育）支援計画の策定」→「実施」→「評価」を行っていくプロセスの中で、並行して「幼稚園・保育所のコーディネーター」が他機関との連絡・調整を行いながら「個別の（教育）支援計画」に共通化・統一性をもたせていく関係性が理解できる。このように「個別の（教育）支援計画」の立案と実施は、そのプロセスにおいて、子ども本人と保護者を含め、保育者のみならず多くの他機関・専門職とのやり取りを通じて反映・実践されるものである。

②　内容と記入上の注意点

「個別の（教育）支援計画」の様式の体裁や項目設定は、自治体や幼稚園・保育所によって異なる。それは、園所内や地域の状況が異なっているため、実情に応じた内容が求められるためである。表14－1の「個別の（教育）支援計画」様式（例）は例示的なものである。この様式における項目の記入にあたっての内容と記入上の注意点は以下の通りである。

▼本人および作成機関の情報

「個別の（教育）支援計画」は各支援機関が保管する個人台帳（ケースファイル）のフェイスシートになるので、ここでは、保護者と子どもの連絡先等の主な情報のみの記入になる。「作成機関」とは、この計画を作成する保育所、幼稚園等の名称と担当者を明記する。

▼主訴（本人・保護者のニーズ）

家庭・園・地域生活を豊かに送るために妨げになっていること、本人や保護者が必要性を感じていること、さらに支援機関が支援をする必要性があることなどを記述する。

▼成育歴

母親の妊産期からこれまでの期間で、その子どもの育ちに直接関連する情報、例えば、妊娠時や出産時の母子の状況、乳幼児診査の所見、その子の発達の状況、罹患歴などを記載する。

▼現在の本人（家庭）の状況

現在においての発達の状況、障害の状態等の本人の状況、療育手帳や身体障害者手帳の有無・内容、障害診断がない場合は、本人や家庭の困難な状況等を記載する。

▼支援の目標

主訴に基づいて、園、家庭、関係機関が連携して支援するための共通の目標を掲げる。目標設定にあたっては作成機関の担当者が案として記載し、支

表14−1 「個別の（教育）支援計画」様式（例）

本人および作成機関の情報							
本　人	ふりがな		性別		生年月日		年齢
	氏　名						
保護者	ふりがな		続柄		住　所		電話
	氏　名						
作成機関	名　称				住　所		電話
	担当者名						

主　訴（本人・保護者のニーズ）

成育歴

現在の本人（家庭）の状況

支援の目標

支援内容				
園	名称		担当者	電話
療育機関	名称		担当者	電話
	名称		担当者	電話
	名称		担当者	電話
家庭				

支援会議の記録

評価および申し送り事項

援会議等の合議を経て決定される内容である。

▼支援内容

「支援の目標」に基づいて、それを達成するための支援内容の概要を園、関係機関、家庭ごとに記入する。「療育機関」等の関係機関にあたっては、「機関の名称」「担当者名」「電話（連絡先)」も明記しておく。

▼支援会議の記録

「個別の（教育）支援計画」を作成する前や立案時、また評価時期においては、子どもの保護者も含め関係機関の担当者を構成員として評価会議を開催することが望ましい。「評価会議の記録」では、日時、参加者、協議内容等を記録しておく。

▼評価および申し送り事項

切れ目のない連続性のある支援を行うためには、本人や家庭のライフステージなどの変化や所属先の変更があったときに、次の所属先での計画作成に必要な申し送りが必要となる。この項目では支援会議の結果で確認された今後の課題も含む評価内容を申し送り事項として記載する。

3 個別の（教育）支援計画の活用と効果

繰り返しになるが「個別の（教育）支援計画」は、その子どもを支えるすべての人たちのものである。個人情報が含まれる等の取り扱いには十分注意しなければならない重要文書であり、これらの注意点を理解したうえで効果的に活用したいものである。

① 活用にあたって注意したいこと

▼個人情報を含む重要書類

「個別の（教育）支援計画」に記載されている情報は、連絡先、成育歴をはじめ極めて重要な個人情報である。近年はＩＴ化が進みデータがパソコン内のハードディスク等に保存され、容易に出し入れ送受信しやすい環境になっている。作成担当機関である園所内の管理はもちろん、関係機関との情報のやり取りにあたっても、データを暗号化するなど細心の注意を払いたい。

▼計画内容に基づいた具体的支援の立案

「個別の指導計画」は作成されても、保育所や幼稚園において「個別の（教育）支援計画」が本当の意味で作成されることは実態として少ない現状にあ

る。言い換えるならば、「個別の（教育）支援計画」という名称で、園所内で作成されていたとしても、園単独で作成するにとどまり、関係機関と協議して作成や周知がされていないなどの場合が多い。「個別の（教育）支援計画」の最も重要な意義は、関係の支援機関が一つになって計画を立案し、それに基づいて各支援機関において具体的な支援内容が明記されている「個別の指導計画」を作成する連動性にある。各機関において「個別の指導計画」が独自の判断でつくられ、その後に「個別の（教育）支援計画」が作成され、結果的に架空の、実態のない計画になってしまうことは避けたい。

▼計画内容の変更にあたって

「個別の（教育）支援計画」の変更は、本人や家庭の状況の変化、支援会議後の評価をふまえて、子どもの所属機関の移動・変更などによって生じる。「個別の（教育）支援計画」を作成する担当の園、コーディネーターは、変更の必要性が生じたとき、速やかに関係の支援機関と連絡を取り合って実態に則した計画・立案を行う。

② 期待される効果

▼チームアプローチの経験による支援者としての成長

「個別の（教育）支援計画」の作成プロセスにおいて、各支援担当者は、実際的な支援会議でのディスカッション、日常的な連絡・調整を通じてコミュニケーションが深まり、その子どもと保護者がそれぞれの場所で、様々な活動と成長をしていることを実感する。この経験を通じて保育者をはじめとする支援者は、自分たちの関わりの効果は、多くの人々のつながりの中で発揮されるものであることを理解する。そして、保育者は、自分たちの保育の価値観と専門性をより明確に自覚できるとともに、他職種・他機関の多様な価値観と専門性をも理解でき、一体感のあるチームアプローチを実現できるのである。

▼子どもと保護者の自立に向けて

とかく障害のある子どもの保護者は、他の子どもや保護者と"違う自分"を感じ孤独感を味わう傾向にある。このような保護者に対して、「個別の（教育）支援計画」を作成する過程で支援会議に参加するなどの機会を提供することで、保護者は自分の子どもの支援に多くの人々が携わっていることを実感し、孤独感を軽減する効果をもっている。

一方、ある程度、自分の子どもの障害受容が進んだ保護者は、支援を受けている中で、新たな要望や支援者間での対応のズレを感じる場合がある。時

に、このようなケースで保護者は、要望が通らないとか、説明を受けたことと実践が異なっているとか、保育者によって対応が違うので他の保育者にしてほしいなどの話になることがある。これに対して「個別の（教育）支援計画」は、現在の支援状況を明文化して表している、いわば"契約書"に近い役割も担っている。保護者の要望に対し場当たり的な対処ではなく計画書という紙面を用いて対応したい。

▼客観的・科学的根拠と視点に基づく高度な専門性をめざして

「個別の（教育）支援計画」の内容には具体的な支援内容や方法は明記されていないが、それぞれの機関での支援目標や方向性と役割分担という支援上の根拠の一つが共有できるようになっている。

このことは障害のある子どもの支援のあり方が一つの機関に委ね判断されることなく、子ども一人を見つめた際のその子どもの発達や生活上の課題分析を出発点に連動性をもたせながら多様性のある支援を実施する根拠を紙面で表現しているものである。そして、それを表すプロセスには多くの専門的な視点で検討を重ね客観的・科学的根拠に基づいた結果の支援内容が記載されている。これら支援担当者集団の取り組みは、客観的かつ科学的な根拠に基づく専門性の高い知的活動と包括的な実践をめざしているものである。

ワーク 1　障害のある子どもの支援の実際を知る

▼ ワークのねらい ▼

　障害のある子どもは、一人の子どもが保育所の他、児童発達支援センターなど複数の支援を同時に利用している場合がある。事例は、保育所に在籍する年長のツバサくんの保護者が特別支援学校か小学校の特別支援学級かの就学先で迷っている状況からはじまる。事例を通してその子どもを取り巻く様々な支援があることの理解とその時々で相談する保護者の姿、そして、就学先への情報やあり方の課題について学ぶ。

■ワークの進め方

①　事例を読む。　　　　　　　　　　　　　　　　　　　　　（5分）
②　ワークシートに記入する。　　　　　　　　　　　　　　　（10分）

③　ワークシートをもとにグループ内で発表する。　　　　　　　　（5分）

ワーク1　【事例】

　　ツバサくんは年長クラスの男の子で、この保育園には1歳から通っている。ツバサくんのお母さんは一昨年に離婚し、朝は近所のお弁当屋さんで、昼から夜にかけてはスポーツクラブのインストラクター兼事務員として働いている。だからツバサくんの送迎は近所に住むおばあちゃんが主に行っている。

　　お母さんが送迎するのは1〜2週間に1回程度である。ツバサくんには保育園で苦手なことがたくさんある。それは、お友だちと仲よく遊びたいのに、すぐにケンカしてしまうことや、先生の話をお友だちと一緒に聞いていても、じっとしていられなくなることだ。ツバサくんは3歳のときお医者さんからADHDの診断を受け、それからは保育園の他、週1回、市内の児童発達支援センターへ通っている。

　　来年に小学校入学を控えたそんな7月のある日、今日はお母さんがツバサくんと一緒に保育園に登園してきた。お母さんは担任保育士に自分の不安を次のように伝えてきた。

　　●先週、児童発達支援センターの職員と話になった際、ツバサの就学について小学校の特別支援学級よりも特別支援学校がよいのではないかとのアドバイスをもらった。

　　●自分は、小学校の普通学級に行くものと考えていたが特別支援学級やら特別支援学校やら名前が出てきてショックでならなかった。

　　●こんなことにならないようにするためにも、病院に早く受診して今では薬まで服用しているのに、全然私たちのことをわかってくれていない。

　　●周りのお母さんたちも同じようにわかってくれず辛い思いをしている。

　　●先週もツバサがAちゃんとケンカしたらしくAちゃんのお母さんから家に苦情の電話があった。

　　●噂では「ツバサの行動は私のしつけのせい」との声も耳に入ってきている。

　　●私が朝から晩まで働いているのは夫と離婚して家計が厳しいからであって、自分の趣味でインストラクターをやっているわけじゃない。

　　お母さんは怒りをあらわにしながら、時に涙ぐみながら話をしていた。担任保育士は、お母さんの話を聞くだけで何も言葉を返すことができなかったが、話の内容は同じクラスでツバサくんの個別担当職員に伝えて今後の対応を一緒に考えることにした。

ワークシート

Q1．ツバサくんのお母さんの「就学に対する悩み」について対応方法を考えてみよう。

Q2．ツバサくんのお母さんの「周りの人たちの理解がない悩み」について対応方法を考えてみよう。

Q3．クラス担任の保育士は、事例のエピソードの後、どのような対応を取ればよいのか具体的な対応方法を
　　考えてみよう。

【計画・立案】個別の（教育）支援計画を作成する

▼ **ワークのねらい** ▼

　ワーク1で理解したツバサくんの支援の状況を「個別の（教育）支援計画」の作成を通じて理解する。

◨◧ワークの進め方

①　あらかじめ配布された一部記入してあるツバサくんの「個別の（教育）支援計画」を読む。　　　　　　　　　　　　　　　　　　　　　　　　（5分）

②　ツバサくんの「個別の（教育）支援計画」の空欄部分（保育園の部分）の「支援内容」について記入する。　　　　　　　　　　　　　　　（10分）

③　記入（完成）したツバサくんの「個別の（教育）支援計画」をグループ内で発表する。　　　　　　　　　　　　　　　　　　　　　　　（10分）

④　グループとしてツバサくんの「個別の（教育）支援計画」を完成させる。　　　　　　　　　　　　　　　　　　　　　　　　　　　　　（5分）

【時間約30分】

ツバサくんの「個別の（教育）支援計画」（ワーク用）

作成年月日：　　　　年　　　　月　　　　日

本人および作成機関の情報					
本　人	ふりがな		性別	生年月日	年齢
	氏　名	ミライ　ツバサ	男	2000年〇月〇日	5歳
保護者	ふりがな		続柄	住　所	電話
	氏　名	ミライ　ユウコ	母	△県△市	000-0000
作成機関	名　称	おおぞら保育園		住　所	電話
	担当者名	〇〇　〇〇		△県△市	000-0000

主　訴　（本人・保護者のニーズ）
本　人：お友だちと仲よくしたいが仲よくできない。じっとしていられない。順番を待ったりすることが苦手。お外でいろいろ遊びたい。
保護者：少しでもこの障害が直ってくれたらと思う。近所や同じ保育園のお母さんから苦情ばかりで少々疲れている。もう少し周囲の人に理解してもらいたい。子どもの障害はわかっているつもりだが、ひらがなも書けるし、私がついていればじっとしていられるし、できれば、みんなと同じ小学校へ入学させてもよいかなと思う。でも、周りの子どもや、そのお母さんたちに迷惑をかけるのであれば特別支援学校でもよいのかとも思う。いじめたりいじめられたり、苦情を言われたりするのは、もう懲りごり。

成育歴
正常分娩。第1子、兄弟なし。6か月および2歳児の乳幼児健康診査では異常は認められず、3歳児の健康診査で専門医療機関への受診のアドバイスがあり、ＡＤＨＤの診断を受ける。

現在の本人（家庭）の状況
保育園は1歳から入園している。本児が3歳児のときに両親が離婚。母親と2人暮らしも、敷地内に母親の両親がおり主に保育園への送迎は本児の祖母が行っている。運動、言語発達等の異常は認められず、保育園での本児は多動性、衝動性の行動傾向が随所にあり、集団場面、特に他児との関わりにおいて配慮の必要性あり。母親は、隣りの市でスポーツ施設のインストラクター兼事務員をしている。残業で帰宅が遅くなることもあるが週1回程度は本児の送迎をしている。ＡＤＨＤの診断後は保健師の勧めで週1回、児童発達支援センターへ通っている。4歳時から服薬治療が行われている。

支援の目標
【本児】　他の子どもと関わりがもてるようになる。
【母親】　自分の子どもの障害に対する受容ができるようになる。 　　　　周囲の保護者と良好な関係ができるようになる。

支援内容					
園	名称	おおぞら	担当者	〇〇　〇〇	電話 000-0000

児童発達支援センター	名称	かがやき	担当者	▽▽　▽▽		電話 000-0000
	・身体運動を取り入れた活動や環境を取り入れる。 ・本児が自由に動き回れる時間や活動を保障していく。 ・本児の障害に対して母親が受容できるよう相談支援を行う。 ・同様に同じ障害をもつ母親同士の交流が図れるよう支援する。					
福祉	名称	○○市　健康福祉課	担当者	□□　□□		電話 000-0000
	・本児の適切な就学について話し合いを行っていく。					
医療	名称	小児医療センター	担当者	△△　△△		電話 000-0000
	・コンサータ（ADHD治療薬）を処方して様子観察をする。 ・保護者へ対本児の関わり方、薬の副作用について助言指導を行う。					
家庭	・本人の健康面、行動面について詳細に把握し関係機関と情報共有していく。 ・仕事に支障のない範囲で母親が本児と一緒に参加する保育場面では積極的に参加する。 ・定期的に通院し対応方法や薬の服薬について指導を受けていく。 ・本児の適切な就学について話し合いを行っていく。					
支援会議の記録						
未実施						
評価および申し送り事項						

【ロールプレイ】支援会議（カンファレンス）に参加する

▼　ワークのねらい　▼

　ワーク２で作成したツバサくんの「個別の（教育）支援計画」をもとに、グループメンバーが各支援機関の担当者の役割になって、それぞれの支援機関の担当者の立場で「個別の（教育）支援計画」の支援内容について評価を行う。また、ロールプレイの演習を通じて評価のあり方についても学ぶ。さらに「ツバサくんの就学先について」も合わせて検討し、今後のツバサくん親子の支援の方向性についても学ぶ。

■ ワークの進め方

①　事例および「個別の（教育）支援計画」に登場する以下の人物をグループメンバーに割り振る。　　　　　　　　　　　　　　　　　（5分）
　　・　ツバサくん　　　　　・　お母さん
　　・　保育士　　　　　　　・　児童発達支援センター職員
　　・　健康福祉課職員　　　・　小児医療センター看護師
　　・　ナレーター
②　ワークシートに基づき、支援会議で話し合う内容（ストーリー）を話し合う。　　　　　　　　　　　　　　　　　　　　　　　　（10分）
③　ワークシートのストーリーに基づいてロールプレイする。　　（15分）
【時間約30分】

✎ ワークをふりかえって

①　「個別の（教育）支援計画」を作成する意義について理解できましたか。
②　「個別の（教育）支援計画」を作成する過程は理解できましたか。また、実際的な計画を作成するためにどのような課題があると思いますか。
③　カンファレンスのロールプレイを体験して、「個別の（教育）支援計画」における保育士の役割と他の専門職との連携する際の留意点をまとめてみましょう。

【参考文献】
国立特別支援教育総合研究所『「個別の教育支援計画」の策定に関する実際的研究』2004年
東京学芸大学特別支援プロジェクト編（渡邉健治編集代表）『「個別の（教育）支援計画」の作成・活用』ジアース教育新社　2010年
児童育成協会監修、西村重稀・水田敏郎編『障害児保育』中央法規出版　2015年
伊藤健次編『新・障害のある子どもの保育［第3版］』みらい　2016年
前田泰弘編『実践に生かす障害児保育』萌文書林　2016年

第15章　障害児保育の記録と評価

 1　障害児保育における記録と評価の考え方

① 障害児保育における記録

▼　障害のある子どもをどう見るか

「障害児」という言葉にとらわれ、他の子どもより発達が遅れているだろうというイメージだけで見ていると、本当の彼らの姿が見えないことになる。障害のある子どもを見るとき、他の子どもと比べてできないとか、遅れているなどの先入観や目につきやすい部分にのみ注目するのではなく、個々の子どもの特性や背景、感情などを知ることからはじめなければならない。それらを通して、子ども自身の成長を捉え、その成長を支援するような姿勢が必要となってくる。記録はそのための重要な資料となる。

▼　記録の意義

保育所や幼稚園では障害のあるなしに関わらず、様々な形で記録がとられている。例えば保育日誌や連絡帳、指導計画における結果の欄などである。また、近年では情報のデジタル化が進んだことにより、写真や動画などでも記録を残すことが手軽にできるようになった。

これらは子どもたちの園での活動の様子や成長について保育者や保護者と情報を共有したり、子どもの発達を支えるための次の活動につなげるなど、様々な場面で活用することができる。特に障害のある子どもの場合は、自分の気持ちや考えなどを十分に表現できない子どもが多くいるだろう。彼らの小さな動きや表情を見逃さずにくみ取り、それを継続してみたときにはじめて彼らの内面を理解できることも多々ある。そのためには、集団の中での様子や個別の発達の状況などを継続してよりていねいに記録し、見直し、検討し、個別の指導計画の作成や日々の保育に反映していくことが求められる。

また、それらに加え、保護者や関係機関からの情報を記録しておくことで、園の生活だけではなく、その子どもの生活全体を捉えることができる。

② 障害児保育における評価

評価というと「子どもがどのように変化したのか」「課題が達成されたか

どうか」を評価するのだと考えている場合も多いだろう。しかし、評価をされるのは子どもではなく、保育者の保育の方法が評価されるということを肝に銘じなければならない。つまり、保育の記録などに基づいて読み取った子どもの姿から、私たちはどのように保育をしてきたのか振り返り、どのような場面のどのような配慮や行動がよかったのか、あるいはよくなかったのかを考えることが評価の中心となる。

　そこに至るまでの過程で子どもの発達の様子や、課題に対する達成度を確認することは必要である。しかしそれにとどまらず、私たちの指導がどうであったかをしっかりと評価し、その後をどのようにしたらよいかを考えていくことが必要だ。

2 保育現場のPDCAサイクル

① PDCAサイクルを保育現場で活用するには

▼PDCAサイクル

　厚生労働省は「保育所における自己評価ガイドライン」(2009) で、保育所では保育指針を踏まえた保育課程に基づいて計画を作成、計画 (Plan) に基づき実践し (Do)、その実践を評価し (Check)、改善 (Act)に結びつけていくというPDCAの循環の継続が重要であると述べている。図15−1は一般的なPDCAサイクルを図に表したものである。元々、PDCAサイクルは業務管理

図15−1　一般的なPDCAサイクル

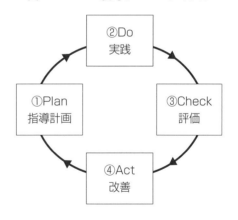

を効率的に行うためのモデルであり、これらを保育場面に活用するためには、さらに理解を深める必要がある。

▼保育場面におけるPDCAサイクルの活用

　第13章で保育の計画を立てるためには子どもの状況をしっかりと把握しなければならないことを述べた。計画 (Plan) を立てるためには子どもの様子の把握が必要であり、実践を評価する (Check) のためには実践の中で子どもたちがどのような状況だったかを記録し、それをもとに改善の方法につい

て考える必要がある。以下、図15-2に沿って解説をする。

図15-2　保育におけるPDCAサイクル

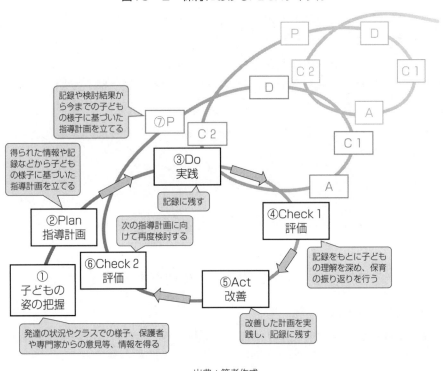

出典：筆者作成

> **① 子どもの姿の把握**
> 　子どもの様々な情報を収集し、子どもの実態の把握に努める。以前の記録や保護者や専門機関から得た情報を整理しておく（第13章参照）。

> **② Plan…指導計画**
> 　今まで得られた情報をもとに指導計画を立てる（第13章参照）。

> **③ Do…実践**
> 　指導計画にしたがって実践を行う。その際に記録を取ることが非常に重要である。どのような環境や関わりが子どもたちにどのように影響しているのか、子どもたちはどのような様子だったのかをあとから情景が思い出せるような記録を取ることが望ましい。写真や動画などで記録を取る方法もある。

④　Check 1…評価1
　評価を実施するためには様々な方法が考えられる。個人での振り返りや関係する人々での話し合いを短い時間で行うこともあるだろう。あるいは園内研修という形で、配布された記録を検討したり、実際の映像を見たりしながら話し合いを行う方法も有効である。また、課題に対するチェックシートを使った評価方法もあるが、達成できたか否かの結果にのみ焦点を当てることのないよう、留意が必要である。

⑤　Action…改善
　評価を検討し、改善した保育の計画を実施する。

⑥　Check 2…評価2
　再び、実践の内容を振り返り、改善点や変更点などを見出し次の保育の計画に役立てる。

②　子どもの姿からはじめるＰＤＣＡサイクルの事例

　第13章で紹介した幼稚園に通う４歳のアキくんの事例の情緒面に、さらに詳しく焦点をあて、先の保育のＰＤＣＤサイクルの考え方（図15−2）にあてはめて考えてみたい。第13章表13−2（143頁）や図13−2（144頁）、表13−3（146頁）の指導計画について読み直しながら確認してほしい。

【アキくん　４歳　情緒面を中心に】

①　子どもの姿の把握
　最近は、言葉も明瞭になり、自分がやろうとする意志も感じられる。友だちを気にして一緒のことをやってみようとする場面も増えた。細かい作業が得意で好むが、見通しがもてないと不安になり、場面の切り替えがうまくいかないときや嫌なことがあったときには激しく泣いたり、固まってしまうことがある。

②　Plan…指導計画
　情緒面について「気持ちを切り替えて次の行動に移ることができる」ようになることを期の目標とした。そのためには、先の見通しがもてるように個別に短い言葉でわかりやすく説明をすることが必要と考え、特にいつもと異なる動きになるときなどは前もって伝えておくことにした。

③　Do…実践

　アキくんには、次にやることをできるだけ短い言葉で、1対1で向き合って話すことを心がけた。ホールでダンスをすることになったときには、いつも使っているダンスのCDを見せて「ホールでダンスするよ」と伝えたらすぐに動くことができた。他の場面でも「次は○○やろうね」と伝えることで泣かずに済むことが多くなった。いつもの流れと違う避難訓練の日はうまくいかなかった。アキくんには前日から「明日は避難訓練だよ」と何回か伝えたが、当日はそわそわしているようで落ち着きがなかった。園庭での自由遊びが終わって教室に戻ったときに「次は避難訓練だよ」「また外に出るよ」と何回か伝えたが、いざ避難訓練となると、動けなくなってしまい教室に残ることになってしまった。

④　Check 1…評価1

　本人が理解できるような場面であればすんなりと次の行動に移ることができている。突発的な変更をできるだけ避け、落ち着いて説明をすることで、泣く場面はかなり減ってきたが、園庭や他の子どもが大勢いる場所では説明をしても戸惑うことが多い。刺激が入りにくい場所で、1対1で伝える必要があるのかもしれない。また、具体的なものを見せたりすると理解を得やすい。避難訓練のときはどのようなものなのかもよくわかっていなかったかもしれないし、上履きのまま外に出ることで余計混乱してしまったかもしれない。

⑤　Action…改善

　アキくんがわかりづらそうなものに関しては、できるだけ実物や写真を見せて、理解ができるようにした。にぎやかで落ち着きのない場所だと、理解しづらいので、なるべく静かな場所で、落ち着いて説明をすることを心がけることにした。また、どうしても理解が難しそうなものや、本人が動けなかったときにはその気持ちに寄り添い、離れたところからみんなの様子を見ることも、その先につながると考えた。

⑥　Check 2…評価2

　制作の際などには「どうやって遊ぶのか」までを見せて取り組むようにしたところ、アキくんなりに納得して、積極的にやろうとする姿が見られるようになった。やってみるとそれを見ていた他の子どもたちも今までよりも期待感をもって取り組み、さらに提示した以外のバリエーションを考えて進める場面が多く見られた。アキくんも友だちがつくったものを気にする場面が見られた。場所の移動について、これまで通り、ていねいに伝えるようにしたところ、次の行動に困ったときにアキくんから担任保育者の顔を見る場面が見られるようになった。避けられない突発的な出来事には無理を強いないことで落ち着いて離れたところからみんなの様子を見ることができている。今の方針で進め、さらに情緒的な安定を図っていきたい。

③　ＰＤＣＡサイクルで見落としがちなこと

　保育の計画に基づいて子どもたちの様子を見るとき、ねらいや目標に対してどうだったか、つまり課題が達成されたかどうかに注目が集まりやすい。例えば先のアキくんの指導計画（②Plan）で「気持ちを切り替えて次の行動に移ることができたのかどうか」という目標を立てたために、その枠組みの中で「できたのか、できなかったのか」という観点で評価することになりがちである。しかし、実際はアキくんと保育者との間に、どのような心の交流があり、アキくんがどういう気持ちをもち、行動を変化させていったのかという部分に重要な情報が隠されていることがあるだろう。子どもをつぶさに観察し関わる中で見えてくるものは常に変化している。計画だけに縛られるのではなく、状況を理解し、それに合った保育を実践していくことが必要である。その実践を評価し、次につなげるにはＰＤＣＡサイクルにあてはめて考えるだけでは十分とはいえない。

3　様々な記録の方法

　これまで日本における保育の記録は、公文書に使用するような文章を中心とした記録が主であったが、近年では様々な方法がとられている。その方法をいくつか述べる。

①　エピソードを中心とした記録

▼客観的事実と考察を分けて記録する

　記録では起こった事実（エピソード）を客観的に書き、それに基づいて考察を述べる方法がよく使われる。いつ、どこで、誰と誰が、何をどれくらい、どのようにしたのか、読み手に情景が浮かぶように事実をできるだけ詳しく書くこと、事実と考察を区別して書くことが求められる。

　　5歳のヒロくんはＡＤＨＤと診断されている。今までは一人で遊んでいる場面が多かったが最近は友だちとのやり取りも増えてきた。
　【エピソード】コウくんとジュンちゃんがすべり台の上に登って、これから滑ろうとしていた。ヒロくんはそれを見つけ、さっと走ってきて「ぼくもすべる」と二人を押し退けて先に滑り、笑顔で満足そうな表情をしていた。コ

ウくんとジュンちゃんは今までそのような場面があっても、ヒロくんには何も言わなかったが、今日は「ずるいよ。順番だよ」と強く抗議した。ヒロくんは黙ってうつむいたあと何も言わず砂場の方へ走って行った。

【考察】ヒロくんも順番を待つことはわかっているのだが、やりたい気持ちが高まると行動をコントロールすることが難しいのだと思う。悪いことをしたという気持ちが黙ってうつむく行動になったのだろう。コウくんとジュンちゃんが今まで言わなかったことをヒロくんに言ったことは、二人はヒロくんを対等な友だちとして感じるよう、関係が変化したのではないかと思った。

▼重要な情報としての保育者の感情

　また最近では、保育者と子どもとの間で起こった、何気ない日常の出来事でありながら、気持ちに残るようなことを保育者があるがままに記録するエピソード記述といわれる方法がある（鯨岡、2007）。この方法では事実に基づきながらも、その場にいた保育者が体感したことも記録することで、より生き生きとした情景が読み手に伝わる。他の人が情報をわかりやすく共有できるよう、背景、エピソード、考察を記すことが多い。

【背景】５歳のヒロくんはＡＤＨＤと診断されている。今までは一人で遊んでいる場面が多かったが最近は友だちとのやり取りも増えてきた。

【エピソード】私はコウくんとジュンちゃんがすべり台の上に登って、これからすべろうとしているのを見ていた。砂場の方からヒロくんが走ってきたので、私は「あ、やるな」と思って止めようとしたが、「ぼくもすべる」と二人を押し退ける方が先だった。すべり終わり満足そうな表情のヒロくんに何か言わなければと思ったが、それより先にコウくんとジュンちゃんが「ずるいよ。順番だよ」と強く抗議した。今までこのようなことはなかった。ヒロくんは黙ってうつむいたあと何も言わず砂場の方へ走って行った。

【考察】コウくんとジュンちゃんは、私より先にヒロくんに関わっていった。もしかしたら、今まで私が先に先にと手を出し過ぎていたのかもしれない。二人が抗議している姿を見て、これはヒロくんを対等な友だちとして感じるように関係が変化してきたのかもしれないと感じた。ヒロくんも順番を待つことはわかっているのだが、やりたい気持ちが高まると行動をコントロールすることが難しいのだと思う。黙ってうつむく姿は、悪いことしちゃったなとヒロくんが思っていることの表れのように感じた。

② ドキュメンテーション

　ドキュメンテーションは、レッジョ・エミリア・アプローチと言われる保育方法で活用されている写真やイラスト、映像などの子どもの活動の様子を記録したものである。子どもの観察や記録を通して子どもへの理解を深め、その後の活動の展開を予測し環境を整えることで、カリキュラムをつくり上げていく。保育者は他の保育者とともに、ドキュメンテーションをもとに自分たちの保育を振り返ることによって、幅広い観点で子どもへの理解を深めることができる。

　また、ドキュメンテーションは子ども自身や保護者も見ることができる。子どもが自分の過去の活動を振り返ったり、保育者や友だちと見ることでやり取りが生まれたりすることなどが期待できる。また、保護者は活動の中での子ども同士のやり取りや保育者の関わり、その場に応じた保育の目的の推移が確認できるようになる。

　ドキュメンテーションは、すべての子どもの様子を常にそれぞれ記録するわけではなく、クラスやグループ単位での記録がメインとなる場合が多い。そのため障害のある子どもが、保育者や他の子どもとどのような関係をつくっていくのか、集団の保育にどのように参加しているのか、障害のある子どもを含めた集団のあり方を知る方法として利用できる。また、映像や音声での記録は、普段の保育の中で気づきにくい、子どもからの小さな発信を見出すことができる。表情の小さな変化や手足の動き、目線が追うものが何かに気づき、それらの意味をじっくりと考えることで、今までわからなかった子どもの姿が見えてくるだろう。

③ ポートフォリオ

　ポートフォリオとは元々はひとまとまりの書類という意味であり、子どものプロフィールとともに、保育の活動で記録された写真や作品などその経緯がわかるようにまとめたものをいう。例えば、画用紙に何か絵を描く場面では、できあがった作品だけではなく、その経過を写真に記録したり、そのときの様子についてコメントをつけるなど、状況、環境などの情報を添えてファイルをする。ポートフォリオは個別に年単位で作成することが多く、ドキュメンテーションと同様、子どもも保護者もいつでも見ることができる。

　障害がある子どもの場合、切り取られた場面だけの観察や評価では、その子どもの本来の姿や成長の方向を見通すことは難しい。写真や活動によって

つくられたもの（例えばそれが殴り書きの紙や手でちぎった紙片だとしても）をファイルに重ねていけば、その発達の様子を見ることができる。継続した保育の中で彼らの成長の速さや方向を見極め、点ではなく線で成長発達を見ていくことが可能となる。

 障害児保育と評価

① 記録の活用

▼どのように記録を活用するか

　私たちが子どもの心情や背景を読み取るためにはじっくりと記録と向き合うことが必要となる。担任や加配の保育者が一人で考えることもあるだろうが、できれば複数の異なる目で検討することが望ましい。例えば、カンファレンスの機会をもち、ビデオでの記録をもとに意見交換を行うことで、これまで気づかなかった子どもの姿に気づくことができる。また、参加した保育者は子どもへの共通理解をもち、連携した保育が可能になることだろう。

　記録を読み取るためには、指導計画などに基づいた観点を基準にすることが多いが、それだけにこだわるのではなく、子どもに関わる全体を幅広い目で見ることが望ましい。記録を読み取ることで子どもの心情や背景を理解する。そしてそれをもとに保育者の保育の方法について振り返り、その保育が適切な方法であったのかを評価し、次の保育につなげていくことが大切である。図15－3に記録と評価に関係する流れをまとめたので確認してほしい。

図15－3　記録と評価の流れ

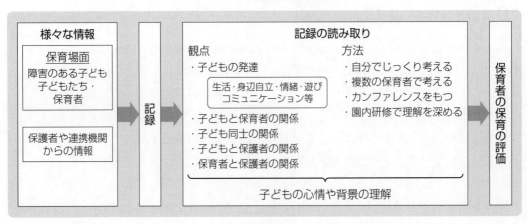

出典：筆者作成

ワーク 1　事実と考察を区別して記録する

▼ ワークのねらい ▼

　記録には様々な方法があるが、保育の記録では事実と考察を区別して書くことを求められる場合が多い。ここでは映像を見て、読み手が情景を思い浮かべることができるよう、起こったことをできるだけ詳しく書くこと、事実と考察や感想を区別して記録することを身につける。

■ ワークの進め方

①　映像を見ながら、起きていることや思ったことをシート1にメモする。
　　　　　　　　　　　　　　　　　　　　　　　　　　　　　　　（10分）
②　メモを参考に事実をできるだけ読み手に情景が思い浮かぶような文章にまとめ、エピソードの欄に記入し、感じたことや考えたことなどを考察の欄に記入する。
　　　　　　　　　　　　　　　　　　　　　　　　　　　　　　　（10分）
③　周りの人と見合わせ、事実と考察が区別して書かれているかを確認する。
　　　　　　　　　　　　　　　　　　　　　　　　　　　　　　　（5分）
　　　　　　　　　　　　　　　　　　　　　　　　　　　【時間約25分】

ワーク 2　記録映像を撮り自分たちの関わりを振り返ろう

▼ ワークのねらい ▼

　私たちは実際にどのように他者に関わっているのだろうか。そのときには気づかなかったことも、実際の場面の映像を繰り返して見ることで、保育者の動きや子どもの心情、背景を知ることができる。また、記録を共有し複数で話し合うことで自分と異なる見方を知ることもできる。ここでは、障害のある子どもに関わることを想定して、映像で折り紙を折る場面の記録を撮り、その様子を振り返り、洞察を深めることをねらいとする。

■■ ワークの進め方

準備するもの
  折り紙数枚　軍手数組　スマートフォン等記録録画できる機器

① 　4、5人のグループに分かれ、保育者、子ども、障害のある子ども、記
　録者の役割を決める。向かい合って座るとよい。この障害のある子どもは
　非常に不器用が目立ち、動作もゆっくりしている。障害のある子ども役は
　軍手を二重にはめる。子どもたちの状況についてより詳しい設定をしたい
　場合は、グループの中で任意で決めてよい。　　　　　　　　　　（10分）
② 　保育者は折り紙を折りながら、子どもたちに同じものが折れるように教
　える。あまり簡単なものではなく、鶴や風船などの少し難しいものの方が
　よいだろう。記録係はその様子を動画で撮る。できるだけ手元も全体も入
　るような位置で撮影できるとよい。　　　　　　　　　　　　　　（15分）
③ 　それぞれの立場からエピソードと感想（考察）を書く。全体ではなく場
　面を切り取って書いてもよい。　　　　　　　　　　　　　　　　（10分）
④ 　動画を再生して、どのようなことが起きていたのかを確認する。必要に
　応じて繰り返して動画を見ながら、わかったことや感じたことを話し合い、
　シート2の話し合いの欄にメモをする。　　　　　　　　　　　　（20分）
⑤ 　シート2のまとめの欄にワークをやってみてわかったことを記入する。
　　　　　　　　　　　　　　　　　　　　　　　　　　　　　　　（5分）

【時間約60分】

🔦 ワークをふりかえって

① 　ワーク1：事実と考察を分けて、情景が浮かぶような記録を書くことが
　できましたか。
② 　ワーク2：映像を見ることや他者との話し合いの中で、実際の場面では
　気づかなかったことに気づくことができましたか。

【参考文献】
森眞理『ポートフォリオ入門』小学館　2016年
請川滋大・高橋健介・相馬靖明編『保育におけるドキュメンテーションの活用』なな
　み書房　2016年
鯨岡峻・鯨岡和子『保育のためのエピソード記述入門』ミネルヴァ書房　2007年

シート1（ワーク1）

メモ

エピソード

考察

シート2（ワーク2）

エピソード

感想（考察）

話し合い

まとめ

第16章　基本的生活習慣獲得の援助

 基本的生活習慣の意味・意義

① １日のスケジュールを考える

　障害のある子どもに限らず大切なことは、昼間にしっかりと活動して夜ぐっすり眠るといった規則正しい生活リズムを身につけることである。睡眠時間が定まらず、はっきりと目覚めていなければ活動意欲も起きず、情緒も不安定になりがちである。このように（特に知的障害や発達障害のある子どもたちにとって）生活リズムは健康面のみならず、情緒面や学習面など子どもの生活に様々な影響を及ぼす。

　こうした生活リズムの乱れについては、様々な要因が考えられるが、まず睡眠リズムや体温のリズムといった生体リズムの影響から考えてみる。

▼生体リズムとは

　人間はふつう夜眠くなり、自然と朝になると目覚める。また、お昼頃になるとお腹が空いてくる。このように人間の体内には一定の周期的なリズムが組み込まれている。また、体温の上昇下降にも一定のリズムがあることなどがわかっているが、こうした人間の体内に組み込まれた周期的なリズムを生体リズムと呼んでいる。人間の生体リズムは、24 〜 25時間サイクルであると言われている。私たちの生活は１日24時間なので、１日１時間程度を調整しなくてはならない。

▼生体リズムを整えるために

　まずは、食事と睡眠の時間を意識的に整えていくことからはじめるとよい。そのためには太陽の光を十分に浴びて、身体を動かし、目的をもった行動を行うようにスケジュールを組むことが重要である。十分な運動や活動によってお腹が空けば、規則正しい食事をとることができるようになり、心地よい疲労感が睡眠の安定へとつながる。さらに規則正しい食事の影響で排せつのリズムも定まっていき、生活リズムの好循環が形成される。

▼生活リズムを確認する

　なんとなくわかっているつもりでも、実際の生活リズムは十分に把握できていないものである。例えば、おやつと夕食の時間が思っていたよりも短い間隔であったり、夏休みなどの長期の休みの起床時間がどうなっているのか

など、家庭の協力も得て、書き出して確認してみるとよい。

▼睡眠を整える

　生活リズムを整えるうえで欠かせないのが、睡眠リズムの安定である。睡眠に問題を抱えている子どもは多く、「夜なかなか寝つけない」「夜中に起き出す」「朝早くから起き出す」「親が添い寝をしないと寝ない」などがある。それを改善するためには、日中に活動し心身ともに適度な疲労感をもたせることが大切である。

② 楽しい食事

▼楽しい食事への配慮

　食事は本来、身体の発達を促進し、活動のエネルギーを補給するための行為だが、周囲の人とともに食事を楽しむことによって育まれる人間関係など、子どもの心身の発達に大きく影響を及ぼすものといえる。

　ところが障害のある子どもの場合、偏食の問題やマナー上の問題、食器の使い方の問題などを抱えていることが多く、トレーニング（指導）に終始してしまっていることがある。これだと食事が苦痛となり、かえって多くの問題を引き起こしたりする。

　大切にしたいことは、「楽しく食事をする」ということで、課題のすべてを一度に指導するのではなく、どれか一つに決めて指導するなどの配慮が必要である。子どもによっては、ＢＧＭをかけるなどの楽しい雰囲気づくりを心がけるとよい。

▼子どもの生活全体から食事を見直す

　食事は１日の生活の一部であり、１日の生活があらゆる活動と互いに影響し合っている。しっかりと目覚めていなければ、食欲はわかないので睡眠を整える必要が出てくる。また、睡眠のために適度な運動を取り入れたならば、それが食欲を増すことになったりする。このように食事は、子どもの生活全体から考えるというトータルな視点を常に意識しておくことが大切である。

▼発達や障害特性に応じた援助を行う

　指先の巧緻性が十分に発達していない子ども（脳性麻痺児等）に、いきなりおはしの指導を行ってもうまくいかないし、感覚の過敏な子ども（発達障害児等）に、嫌いなものばかり与えても効果が上がらない。子どもの発達や障害特性を十分に理解したうえで課題を設定しなければならない。

③　排せつの自立

　子どもが小さい時期は、「おもらしをしてしまう」「おむつがはずせない」といった排せつの問題は、多くの子どもたちに見られる。排せつの問題は、毎日継続してじっくりと焦らずに取り組んでいくことが大切で、まずは、リズムをつくっていくくらいの気持ちで取り組むようにする。

▼おむつをとるには

❶排せつの記録をつける

　おむつをとるには、子どもが尿意や便意を感じた際にタイミングよくトイレを促すことからはじめるとよい。そのためには、子どもの排せつのリズムやサインを的確に把握（記録）することが大切である。

❷トイレに慣れる

　トイレに入ることに対して激しく抵抗する子どもがいる。これはトイレが子どもにとって不快な場所であったり、こわい場所であるからと考えられる。対処として、トイレの中に好きなおもちゃを持ち込んだり、好きな音楽をかけるなどの工夫が有効である。

❸トイレ以外の場所で着席の習慣を身につけさせる

　排せつ指導を行うには、一定時間子どもをトイレに座らせることが必要であるので、普段の生活を通じて、一定時間着席する習慣を身につけておくことが大切である。

❹失敗しても叱らないように

　最初から毎回成功することを望まず、まずはトイレで排せつできた回数を増やしていくことを目標にする。トイレが嫌な経験とならないように、失敗

してもおだやかに対応することが大切である。

　自閉症の子どもなどで、おむつをしている期間が長いとおむつに排せつすることが当たり前になってしまい、おむつでしか排せつをしなくなることがある。最近のおむつは、不快感を感じない構造になっているためであるが、便器が冷たいとトイレで排せつをしない子どもも少なくないので、思い切って、おむつをとり、温かい便座に座らせると、ある日急にできることもある。いずれにしても毎日の積み重ねが大切である。

▼おもらしが続くときには

　おむつをとったばかりの頃は、おもらしの後始末で保育者や保護者にとって大きな負担となりがちだが、パンツにおもらしをすることで子どもは排せつの感覚やおもらしの不快感を身につけていくよい面もある。あせらずに対応することが重要である。

❶排せつのリズム・サインに応じてトイレにさそう

　おもらしの対応に関しては、おもらしの時間帯を調べることからはじめる。また、おもらしをしたときの子どもの反応なども確認しておくとよい。そのうえで、子どものおもらしの時間帯やリズムに合わせて、トイレに行くことを促していく。そして成功したときは大いに褒め、成功体験を積み重ねていくことが大切である。

❷決まった時間にトイレにさそってみる

　活動の合間を見はからって、決まった時間に排せつを促すとうまくいくことがある。自宅でも外出前や就寝前など一定のパターンにするとスムーズにできたりする。しかし、定時排せつに大人がこだわり過ぎて、子どもが遊びに夢中になっている途中にトイレを促すと、子どもは楽しい遊びを邪魔されたと感じて抵抗することがあるので注意が必要である。

❸トイレにさそう間隔を少しずつ広げていく

　定時排尿ができるようになってきたら、今度は少しずつトイレに行く間隔を伸ばしていく。これは膀胱におしっこをためる習慣をつけるためで、この習慣は、おねしょの対処にも効果的である。ただ、無理をしないことが大切である。

❹排便は、食後20分から30分後にさそってみる

　排便のサインがわかりにくかったり、排便のリズムが一定でない場合は食後20 〜 30分程度のときに、トイレにさそってみる。この時間帯に便意を催す子どもが多いようなので、成功しやすい時間帯といえる。

④　スムーズな着脱衣と清潔な身だしなみ

　主に知的障害や発達障害のある子どもの場合、指先が不器用だったり、多動のために着替えに集中できないなどの特性から衣服の着脱に問題を抱えていることが多い。ここでは着替えについて、「自分でやろうとするか」「自分でできるか」の2つの側面から考えていく。

　また、子どもの「清潔な身だしなみ」に関する課題として、「手洗い」「歯みがき」「入浴」などがある。これらの課題は、単に体を清潔に保つだけでなく、心身ともに充実した生活や社会性を高めるうえでも大切な活動といえる。「清潔な身だしなみ」の習慣づくりをめざした日常的な関わりにより、保育者や親との関係を含む対人的な信頼関係を育むことができ、さらに子ども自身にとっても体を洗う動作など、微細運動や目と手の協応運動などの機会となり、体の機能的な発達やボディイメージの形成によい影響を与える。

▼子どものやる気を引き出すような援助を心がける

　着替えを「自分でやろうとしない」ことの要因として、着替えさせてもらうことが当たり前になっていることが多い。できそうなところは自分でやらせようとチャレンジすることが必要だが、「さっさとしなさい」などの否定的な言葉がけばかりすると、子どものやる気がなくなってしまう。また、(ボタンなどの)難しい部分になると全面的に介助してしまい、子ども自身も自分でやっているというイメージをもてない。そこで以下のような指導例をあげる。

❶手順を一定にすることでやる気を引き出す

　「自分でやろうとしない」ことの他の要因として、どのように着替えをしたらよいのかがわからないために、子どもがやる気をなくしてしまっているケースがある。保育者の着替えの手順の指示がいつもバラバラだと、子ども

にとってどのように着替えたらよいのかわかりにくい状況になり、やる気を失うことがある。なので、着替えの手順の指示は一定にするように心がけることが必要である。また、園と家庭の手順がバラつくと混乱するので、十分に話し合って一定の手順を決める。

❷「できる」「できない」を細かく把握する

　「着替えができない」といっても、細かい視点で観察するとできている部分が意外と多くある。今まで「できない」と思っていた活動を「ここができて、ここができない」というように詳細に捉え直してみると以降の指導に役立つ。

▼衣服の前後を間違えないためには

　衣服の前後を間違えてしまう要因としては、認知面の未発達や正しい手順で着ることが身についていないことが考えられる。また、正しい装着感が身についていないことも、間違える要因となる。

❶前後がわかりやすい服を選ぶ

　例えば、衣服の前後への意識が身につくまでは、前側に絵柄のプリントされた服で統一したり、チャックのついたズボンを用意するとよい。また、上着の場合、えりぐり（頭の入れる部分）がきつと、着替えている途中に上着が回転してしまい、前後が反対になることがあるので、えりぐりの伸縮性なども配慮する必要がある。

❷前後がわかりやすいように目印をつける

　衣服の前後を教える際のアイデアとして、前後の目印を服に縫いつけておく方法もある。縫いつける位置としては、背面の裏がよい。ここだと着てしまえば目印が見えなくなるので、外出の際も抵抗がない。目印ははじめのうちは、はっきりとわかる大きさにし、子どもが好むキャラクターを利用するとよい。そして次第に目印を小さいものに変えていくとよい。

❸間違えて着ていた場合は、すぐに正しく着替えさせる。

　間違えて着ている時間が長いと正しい装着感は身につきにくくなる。気がついたらすぐに正しく着替えさせる。子どもの中には前後だけでなく、表裏を間違えてしまう場合もある。この場合の多くは、脱いだ際に表裏を直しておかないことが要因である。衣服を脱いだ際は表裏を正しく直す習慣をつけておくことが大切である。

▼ボタン（スナップ・ファスナー）をうまくとめるには

　ボタンをとめることは、子どもにとって難しい課題の一つであり、保育者や保護者の手を引っ張って介助を求める意志表示をする子どもは少なくない。

　ボタンやスナップなどがうまくできないことに関しては、指先の不器用さ

と目と手の協応の問題、さらには認知の問題など様々な要因が考えられる。子どもの手指の発達に応じて、ボタンそのものを工夫するなど少しずつチャレンジするように心がける。

▼手をきれいに洗うには

　手洗いは、単に清潔を保つだけでなく、病気の予防にもつながる大切な活動の一つである。食事の前やトイレのあとはもちろんのこと、休み時間後にも手洗いは新しい活動のきっかけとなったり、一つの活動の終わりを示すことにもなり、生活に適切なリズムを与えてくれるものにもなる。手洗いを習慣づけることはとても大切な課題といえる。

❶手洗いを忘れてしまう子どもには

　こうした子どもへの対応として、手洗いを組み込んだスケジュールを、目につきやすいところに貼っておくなどの方法がある。帰宅後、トイレのあと、食事の前など必ず手を洗わせたい場面は、一連の活動として習慣づけるように、言葉をかけるなど、子どもにまかせきりにならないようにする。また、トイレに、手洗いを思い出させる絵を貼っておくのも効果的である。

❷しっかりと手を洗わない子どもには

　子どもの中には、服のそでに水がかかってしまうことが嫌なために、手の先だけ洗う子どもがいる。そでをまくってあげると自分から洗いはじめる子どもがいる。

　また、手洗いは、よほど汚れてない場合を除いて、きれいにしたという実感がわかない活動でもある。回数を決めて手をこすらせたり、石けんを使用することで、視覚的に「きれいにした」ということを実感させるような配慮が必要である。

▼歯をきれいにみがくには

　歯をみがくことは、虫歯の予防や衛生面から大切なことだが、口の中を他人にいじられるのは、誰もが嫌なはずである。例えば鼻歌を歌いながらすすめるなど、できるだけおだやかな雰囲気づくりを心がけるとよい。また、鏡などで視覚的に確認できるようにして、恐怖心に対して配慮する必要がある。

❶仕上げみがきを嫌がる子どもには

・大人が力を入れ過ぎないようにする
・おだやかな雰囲気づくりを心がける
・歯みがきの手順を一定にする
・歯みがきの姿勢は子どもの様子に合わせる

❷自分で歯をみがく意識が薄い子どもには

　歯ブラシをかんだりして歯をみがこうとしない子どもがいる。このような

子どもの場合、発達段階的にみて、歯みがきへの抵抗をなくしたり、歯みがきの動作を身につけさせることが指導の目標となる。そのためには、何より子どもにわかりやすく歯みがきをすすめることが大切で、歯みがきの手順を一定にすることからはじめてみる。

基本的生活習慣獲得の具体的な援助方法を考える

▼ **ワークのねらい** ▼

　このワークでは、これまでにあげた基本的生活習慣等について、保育者として、主に知的障害や発達障害のある子どもに対して具体的にどのような援助をしていくかについて考える。子どもはそれぞれ個性があり、一つの方法がすべての子どもに有効とは限らないが、まったく手立てがないのでは指導は進まないどころか、成長期に無駄な時間を過ごしてしまう。言うまでもないが、幼児期は基本的生活習慣獲得の面からとても大切な時期であり、子どもの成長も早いので、早期療育の観点からも、様々な指導上の工夫を考え、共有して少しでも子どもの成長を援助していかなくてはならない。そのためにも、授業を通して、すでに障害児保育方法として周知されている（オーソドックスな）指導法も含めて、グループやクラスで考え共有することでその方法に気づき、さらに実習を含めて保育現場で応用させていくためのワークとする。

■■ワークの進め方

① 　まずは、個人で以下のA〜Dの課題の改善策を考える。　　　　　（15分）

A：睡眠に問題を抱えている子ども、特に夜に眠れず、昼夜が逆転している。

B：激しい偏食があり、自分の好きな物しか食べない。

C：排せつの自立のためにおむつをとる際に、まずは子どもが尿意や便意を感じた際にタイミングよくトイレを促すことからはじめるとよいと言われている。しかし、子どもによく見られる排せつ直前のサイン（行動）がわからない。

D：服のボタンが、うまくとめられない。

---

② 　4〜5人のグループをつくり、個人で考えた課題について、グループ内で各々が自分の考えを発表し、共有する。それぞれの課題について検討して、よいと思われる指導法を2〜3ずつまとめる。　　　　　　　　　（20分）

③ 　各グループでまとめた意見を代表者が発表し、質疑応答も行う。すべてのグループが発表したあとに、クラス全体でどの意見がよかったかを話し合い、教員がまとめる。　　　　　　　　　　　　　　　　　　　（50分）

【時間約85分】

✏ ワークをふりかえって

① 　Aの課題について、「睡眠を整える」ために複数の方法が把握できましたか。

② 　Bの課題について、「偏食を改善するための食事上の工夫」はどんなものがあったでしょうか。また、様々なタイプに対しての解決の糸口が見えたでしょうか。

③ 　Cの課題について、子どもの「排せつ直前のサイン」は一つではないですが、代表的な行動が複数把握できましたか。

④ 　Dの課題について、「服のボタンをとめられるような工夫」は、すでに保育の現場では考えられていますが、つまづいている要因や段階に応じて指導の工夫を考えられましたか。

2 社会性や協調性を育てるには

① 社会性や協調性の困難さの要因

　ここでは、特に自閉スペクトラム症を中心とする「発達障害」のある子どもの支援を中心にその困難さの要因について考えていく。

▼自閉スペクトラム症やその周辺の障害のある子どもの主な特性

　大きくは、①社会性の障害、②コミュニケーションの障害、③想像力の障害があり、社会性や協調性の困難さにつながっている。以下に具体的な事項をあげる。

❶暗黙のルールを察知することが苦手

　みんなが共有している常識やその場の雰囲気、相手の表情を読むことが苦手である。

❷うまくコミュニケーションがとれない

　他人に関心がなく、また、発声の器質に問題がなくても言葉をなかなか話さない。

❸特定の物にこだわる

　こだわることで安心しようとする。その子どもなりの「いつも通り」に過ごせないと不安になる。

❹感覚に偏りがある

　様々な感覚に偏りがあり、ほかの人がほとんど気にしないような刺激でも強烈に感じて、強いストレスとなる子どもが少なくない。

❺視覚的な世界を強くもっている

　話を聞くよりも、字や絵を目で見て確かめる方が記憶に残りやすいという傾向がある。こういった子どもは、音声の記憶は残りにくく、聞いたそばから消えてしまう。

❻予期せぬ変化に対応できない

　先行きの見通しが立ち、その子どもにとって「いつも通り」に進むと安心するが、予期せぬことが起きると混乱し、パニックを起こすことがある。

❼曖昧な表現が理解できない

　抽象的な表現を具体化して想像したり、過去の経験や既知の事実を総合して概念化したりすることが苦手なため、曖昧な言葉や遠回しな表現の理解が苦手である。

❽相手の気持ちが読み取りにくい

　相手の表情や動作、視線、声の調子などの感情表現から相手の感情を読み取ることが苦手である。その結果、相手の感情を無視した行動をとり、怒らせてしまうことがある。

❾社会性のあらわれ方が異なる

　孤立型（一人での遊びに没頭するタイプ）、受動型（誘われれば一緒に遊ぶ従順なタイプで周囲から無理なことを要求されがち）、積極型（ものおじせず、人なつっこい反面、失礼なことを言ったり、しつこく質問を繰り返すタイプ）の3タイプに分かれる。

②　社会性や協調性を育てていくには

▼困難な要因に対する指導・対処の具体的な方法

　いくつかの例をあげるが、子どもの個性に応じて、ほかにも有効な対応の仕方はあるはずである。子どもの個性や実態に応じて柔軟に対応していく。

❶暗黙のルールを察知することが苦手な子どもには

　周囲の様子を察知することは苦手だが、「静かにしましょう」などの簡潔な言葉がけでおしゃべりをやめることは多い。その経験を繰り返すことで、その場にふさわしい態度が身についていくことが多い。

❷うまくコミュニケーションがとれない子どもには

　まずは、一緒に寄り添い遊んだりすることで、安心感や信頼感を築くことである。そうすれば、言葉が出なくてもクレーン現象*1などのノンバーバル（非言語性）なアプローチをしてくるようになる。周囲が特性を理解して子どもの内面に気づく視点をもち、その子どもの伝えたいことに思いをめぐらすことが大切である。また、目を見て話すことも重要である。

❸特定のものにこだわる子どもには

　想像力を発揮して思いをめぐらすことが苦手なため、すぐに不安や緊張を感じやすい。日々の変化についていけず、先行きに不安を感じているので「いつも通り」を獲得して安心しようとしているのではないかと考えられている。周囲の大人ができるだけ予想できる状況の変化を話してあげるとともに、興味関心の幅を広げることが必要である。ほかにすることがなく、暇なことが多いためにこだわりが強くなるというタイプもいるので、年齢相応の遊びや趣味をもたせるとよい。

❹感覚に偏りがある子どもには

　早急に改善するようなことは少なく、当面は、こういった子どもに対する周囲の特性の深い理解と配慮が必要となる。過敏性からくる不快感を取り除いてあげるべきである。ただ、毎日の生活がテンポよく、適度に頭脳と身体を使って、ほどよい疲労感が生まれるような生活を重ねていくうちに、過敏性というものが薄れてくることが多い。さらに慣れが生じてくれば過敏性はなくなっていくことがある。

❺視覚的な世界を強くもっている子どもには

　このタイプの子どもに何かを伝えたいときは、紙などに絵や文字を書いて目に見える形で伝えることが必要である。しかし、いつもそのようにするとなかなか聴覚が発達しないので、絵や文字で伝えるときも必ず言葉も使って刺激するとよい。

❻予期せぬ変化に対応できない子どもには

　未来を予想する力が弱い（想像力の障害）ため混乱を起こすが、不安や緊張が少なければ本来の力を発揮しやすくなるので、教室の移動や予定の変更などがある場合は、前もってわかりやすく説明しておくことが大切である（口頭もしくは文字で）。

*1　クレーン現象
乳幼児が、言葉を使わずに相手の手を使って自分の要求を示す行動のこと。その動きが、クレーンで物を運ぶ姿に似ていることからそう呼ばれている。

❼曖昧な表現が理解できない子どもには

　保育者をはじめとする周囲が、わかる言葉に置き換えて伝えるとよい。急いでほしいときは「(電車が好きな子どもなら) 特急で」と伝える方が理解できたり「もっと小さい声で」と言う代わりに「ねずみさんの音量で」などと言った方がわかりやすい子どもがいる。まずは子どものわかりやすい表現で伝え、徐々に抽象的な言葉を並行して使っていくとよい。

❽相手の気持ちが読み取りにくい子どもには

　自閉症の子どもにとっては大変難しい課題だが、その場その場において、保育者などの周囲の大人が根気よく教えて、その経験を重ねることによって「学習」するようにする。羞恥心や競争心などの意識も低いので、周囲が「恥ずかしい」とか「やったね」など、オーバーに褒めたり、注意することで心が育っていくケースが少なくない。

❾社会性のあらわれ方に対する対応

　孤立型、受動型、積極型のどのタイプであっても、対人関係をつくるための経験が乏しいため、健常児の集団に入れる機会を増やし、さらに保育者がそばについて、その場の行動で問題がある場合は直接本人に指導したり、集団に働きかけるなどの対応をする。遊びにおいても、例えば遊具の順番を待つなどの指導はとても大切である。

社会性や協調性を育てるための具体的な援助方法を考える(インクルーシブな保育について)

▼ **ワークのねらい** ▼

　特別支援教育に移行して、障害のある子どもが健常児集団に入って保育・教育を受ける (インクルーシブ保育・教育) 機会が増えてきた。健常児の集団の中で、日々の生活がスムーズに行われることで、その場その場における対応の経験から学習し、周囲の健常な子ども (友だち) の振る舞いなどから刺激を受けて普通感覚や社会性・協調性が身につくことが多い。

　しかし、ただ集団に入れておけばよいというわけではない。それぞれの子どもの特性 (タイプ) に配慮した、段階的な集団適応力の獲得が必要であり、それを間違えると不適応行動を起こすことが少なくない。このワークではこういった点を考慮して、新しく保育所に入った知的・発達障害児が健常なクラスに入るまでのプロセスを考えていく。

■■ ワークの進め方

① 　まずは、個人で以下の課題について考える。　　　　　　　（15分）

　自閉スペクトラム症の診断のある３人の子ども、孤立型のＡくん、受動型のＢくん、積極型のＣくんがＴ保育園に入園してきた。３人とも日常的に集団に入った経験がなく、ほとんどの時間を母親と２人で過ごしてきた。それぞれの子どもが統合保育の場で生活していくには、保育者はどのような配慮が必要でしょうか。

---

② 　４～５人のグループをつくり、個人で考えた課題について、グループ内で各々が自分の考えを発表し、共有する。グループで話し合い、統一した意見をまとめる。　　　　　　　　　　　　　　　　　　　　　（20分）

③ 　各グループでまとめた意見を代表者が発表し、質疑応答を行う。すべてのグループが発表したあとに、クラス全体でさらによいポイントをピックアップして、よりよい方法を検討していく。　　　　　　　　　　（50分）

【時間約85分】

■ ワークをふりかえって

① 　孤立型のＡくんについて、一人の世界から広がりをもたせるためには、どのような対応が必要か理解できましたか。

② 　受動型のＢくんについて、周囲からの一方的な要求などがあった場合の配慮を理解できましたか。

③ 　積極型のＣくんについて、積極性は残したまま、自分勝手な言動を控えるような対応について理解できましたか。

【参考文献】
武蔵野東教育センター編『たのしく身につける毎日の生活習慣』学校法人武蔵野東学園　2004年
田中康雄監修『イラスト図解　発達障害の子どもの心と行動がわかる本』西東社　2014年

第17章　集団生活と遊びの援助

 ## 1 障害のある子どもと集団生活

① 集団生活のよさ

　障害のある子どもを育てる保護者の多くは、できるだけわが子を同年齢の子ども集団の中で過ごしてほしい、そこから様々な刺激を受け成長してほしいと望んでおり、集団生活・集団参加への期待は高いといえる。しかし、いざ集団生活に入ってみると、予想以上に子どもの豊かな成長が見られることもあれば、逆に家庭以外の場に出て次第に子どもの抱える課題が見えてくることもある。集団を単に"友だちから刺激を受ける""一緒にいられればよい"という受け身な視点で位置づけるのではなく、集団生活には集団ならではのよさもあり、集団であるがゆえの難しさもあると理解し、それぞれの視点から集団の意味を整理することが重要である。ここでは、まず保育における集団生活のよさをあげてみたい。

▼生活リズムや身辺自立を支える
　基本的なことであるが、毎日の登園や遊び、食事、午睡といった生活リズムが整うことは、子どもの成長・発達に大きな影響をもつ。障害のある子どもの中には、家庭の養育だけでは生活リズムを整えにくい場合も多く、集団生活を開始して、最初に変化が見える側面ともいえる。リズムよく生活できるようになってきたことは、案外保護者の目に届かないこともあるので、その重要性を折に触れ伝えていきたい。食事、排せつ、睡眠、着替えといった基本的生活習慣に対しても、段階を踏んで、時に周囲の子どもがよきモデルとなりながら時間をかけ繰り返し指導できることが保育の強みである。周囲の子どもの影響を受けて、家庭では座らない子どもも園では座って食事ができるようになったということも珍しくない。保護者との関係づくりも、生活面のテーマは比較的共有しやすく、園で試みて手ごたえのあった方法を具体的に伝えることで協力関係を築いていく。

▼遊びやコミュニケーションの広がりを支える
　子どもたちの発達は、障害のある・なしにかかわらず＜環境＞と＜関係＞が支えとなっている。子どもが自ら興味・関心を広げ外界に向かう環境と、その子どもらしさが認められ、教え導かれる関係のどちらともが必要な要素

である。障害のある子どもは自らの力だけでは環境に働きかけにくく、他者からの関係も受け止めにくいことがある。保育の集団生活が、年齢や発達過程に応じた多様な遊び・環境を提供し、保育者や他児との様々なやり取りの場となることが、遊びやコミュニケーションの発達を支えていく。

▼集団生活ならではの行動調整への期待

集団生活には、年齢に応じて様々な約束事（ルール）や役割がある。定型発達の子どもたちもみな、約束事を最初から守れるわけではなく、日々の経験や保育者とのやり取りを通して学んでいく。座ることや待つこと、終わりにすること、一緒に動くこと、対等に関わること、譲ること、任されること——これらは、集団生活ならではの行動調整の場面であるといえる。もちろん子どもの発達過程や内面の育ちを無視して、とにかくみんなと同じようにルールを守らせようとする関わりは、障害児保育を誤解した実践である。しかし、反対に最初から障害のある子どもを集団の約束事や役割と切り離してみていくことも、真の意味で集団生活とはいえないであろう。根気強く、その子どもがわかる内容で集団生活ならではの行動調整が身につくよう働きかけていきたい。

② 集団生活の留意点

保育の場で支援を行うにあたり、集団であるがゆえの難しさ・特徴を整理しておくことが、柔軟な実践を可能にする。

▼見えにくい感覚の過敏性

第一に、私たちがよかれと思う環境や多様な経験が、当の子どもにとって受け止めにくい場合がある。その一つは、音の刺激や視覚的刺激、皮膚感覚、嗅覚、味覚などに過敏がある子どもたちである。特に自閉スペクトラム症の子どもは何等かの感覚の過敏性を抱えていることが多く、本人にとっても周囲にとっても見えにくい集団参加の壁になっていることが少なくない*1。子どもたちの元気な声やスピーカーからのにぎやかな音楽は、逃げ出したくなるほどうるさいと感じている子どももいるかもしれない。教室より職員室を好む子どもは静かな空間を求めているのであろう。子どもたちが体を寄せ合って紙芝居を見る場面で、いつもトラブルになる子どもは触覚過敏が背景にあるかもしれない。実際、端に一人だけ椅子を置き他児と触れずに座れることを保障するだけでトラブルが激減することもある。集団は保育者が思う以上に刺激が大きく複雑であることに留意する必要がある。

*1
感覚の問題は、私たちの想像を超えた体験世界であり、子ども自身もそれを訴える術をもたないことが多く、見えにくい問題である。しかし、感覚の問題を学びそれを想定して子どもを観察してみると、非常に見えやすい問題でもある。

▼集団に混ざることと参加することの違い

　集団参加という表現は、日常的なわかりやすい表現であるが実は様々な解釈が可能な言葉でもある。教室に入って、同じような生活の流れで過ごしていれば集団参加ができていると考える場合もあるかもしれない。しかし、実際にはいつも保育者や友だちに手を引かれていたり、ペースに遅れまいと急かされながら何とか身のまわりのことを行っている状態で、集団に混ざってはいるが、その子どもが主体的に参加している場面がよく見ると少ないことに気がつく場合もある。保育者にいくら尋ねても「大丈夫ですよ、馴染んでいますよ」との返答であったが、ある日園外から子どもの様子を見て、一人クラスの子どもたちと反対方向を見て過ごしている姿に驚いたという保護者の声もある。子どもなりにわかることやできることを根気よく探る、全体活動でもどこかでは近づき声をかけるなど、個別配慮があっての集団参加と考えていきたい。

▼課題を見極め、バランスを保つ

　障害のある子どもに熱心に関わろうとすればする程、集団との差が目につき、子どもの個性や成長のペースが見えなくなることがある。先に集団生活のよさとして、身辺自立の育ちが促されることを指摘したが、身辺自立を"少しでも早く、一人でできるようにすること"と誤解し、あせりをもつと、子どもの負担や拒否感が大きくなり、むしろ遠回りをさせてしまう。ある保育者は翌年の就学を意識し朝の身支度に力を入れたものの、当の子どもは毎朝四苦八苦し、ようやく終えた頃には朝の自由遊びも終わりになり一層気持ちが不安定になっていた。身支度も大事だが、それに大部分の時間をとられ肝心の活動・遊びに参加できないというのは、バランスを欠いた生活である。保育者が「今は、この部分は私が手伝う」「この場面では時間をかけて最後まで待つ」と見極めることが専門性であり、集団生活のよさを活かすといえる。

③　集団生活を安心し、参加できる場にするために

　集団生活のよさと留意点をふまえ、子どもなりに安心し参加できる場にするためには、今、何を大事にするか、子どもの姿から考え、目標をもって保育にあたること、そのために関わりと環境を工夫することに尽きる。大人にとって望ましい目標に傾き過ぎず、子どもの中に今、育ちつつある力を見極め、具体的な目標を整理する。以下のような視点は、その手がかりになるであろう。

▼わかりやすさの保障

生活の流れや何がどこにあるか、子どもの居場所も含めた空間の整理や、保育者からの言葉の意味がわかりやすく提供されているか等を、目の前の子どもの視点から見直し工夫する。特に３歳以上のクラスになると、大部分の子どもが取り立てて生活の流れや空間の意味を教えなくとも過ごせ、言葉で言えば伝わるように見えることから、障害のある子どもの"わかりにくさ"や"わかっていてもできない（目の前の刺激が優先されてしまう）"状態を保育者が見落としやすいことに留意する。よく見るとその都度周りが指示し、促し、止めている状態は、実は子どもが生活の様々な側面をわかっていない＝工夫の余地がまだあるサインでもある。

▼子どもなりの表現手段の保障

保育が１日の大半を過ごす生活の場と考えると、子どもがどのような形で自分を表現できているかもていねいに振り返る必要がある。障害のある子どもは言語・コミュニケーションの発達に遅れを示しやすく、発信が弱くなりやすい。一見言葉に遅れがないように見える子どもでも、いざという場面で言葉を使って気持ちを伝えたり、助けを求めることは苦手であることも少なくない。子どもによっては、話し言葉に代わる手段—指さしや身振りサイン、カード等—を積極的に用いていくこともある。身振りサインなどを使うと言葉が出なくなるのではと心配する場合があるが、実際は逆であり、表現手段が育つことが情緒の安定やコミュニケーションの育ちにつながる。また、表現手段には言葉だけではなく、遊びや描画も含まれている。同じような遊びや同じような絵を繰り返し描く子どもを見て"こだわり"と捉えがちであるが、子どもなりの表現活動と見ればまた異なる関わりの機会となるであろう。

 ## 2　子ども同士の関わり合い、育ち合い

障害のある子どもが周囲の子どもたちと豊かに関わり合い、ともに育ち合うことは、誰もが望むインクルーシブな保育の姿である。定型発達の子どもにとっても、年齢とともに自分とは異なる個性の友だちに気づき、受け入れていく力や、生活や遊び場面で相手に合わせて関わる力が育つことは、多くの実践で確かめられている。そのようなインクルーシブな保育のよさは、自然に実を結ぶというよりは、そこに至るまでのプロセスをどれくらい保育者がていねいに捉えてきたかが鍵になる。

① 保育者の姿勢から子どもたちは学ぶ

　子どもたちが障害のある子どもを仲間としてどう見るかは、日々保育者が障害のある子どもをどう認め、関わっているかによるところが大きい。保育者が困った顔をしているのか、個性的なやりがいのある子と受け止め、やり取りを楽しんでいるのかを見れば、子どもたちに伝わる姿勢や安心感はずいぶん異なるであろう。保育者が呼びかける子どもの名前の大半が特定の障害のある子どもの名前になっている、このような場面もそれを聞く周囲の子どもたちにとっては好ましい環境ではない。特定の子どもがいつも先生を困らせていると自然に教えてしまうことになるため、注意になる言葉がけは本人に近づいてそっと伝えるなどの小さな工夫も考えていきたい。

② 特別扱いの意味をどう伝えるか

　必要に応じて子どもに合わせた対応をとることが、"特別扱い"となる場合があるが、その意味が子どもたちにどう伝わっているかにも保育者の姿勢が関わっている。例えば4歳頃になると、子どもは周りがよく見えてきて規範意識も高まることで「どうして○○ちゃんだけいいの？」と声に出して表現しはじめる。保育者に障害がある子どもだけを特別扱いしてよいのか迷いがあったり、その手の質問は答えにくいと内心思っていると、「ずるい」「どうして」の不満はより大きくなる。むしろ「A君は、絵本が一つあれば安心してホールに入られるみたいだね」とそれぞれの多様性に目が向くよう言葉で伝え、必要な特別扱いは大いにする、それはB君にもCちゃんにも同じで

ある、という姿勢を示した方が子どもたちは安心して受け止められるようである。子ども同士の関わり合い・育ち合いは、最終的には、それぞれの多様性を子どもなりの感覚でわかり合うことであり、その仲介者としての保育者の存在が大きいといえる。

③　クラス全体を視野に入れて

　クラス運営という視点から子どもたちの関係性を考えるとき、しばしば耳にするのが、障害のある子どもだけではなく、周囲の一部の子どもたちにも気持ちの落ち着きにくさ等があり、相互に影響し合うという話である。あるいは、特別な配慮を必要とする子どもがクラスに複数いる場合もある。そのような環境では、子ども同士の関わり合いを育てたいと思っても、トラブル対応に追われ思うようにいかない難しさも出てくる。しかし、ここで見過ごせないのはクラスの他の子どもたちの存在である。子どもたちの多くは、活動を楽しみたいと期待し、事あるごとに遊びや活動が中断することに困惑している。そのことがクラス全体の不安定感につながり、一層配慮を必要とする子どもへの刺激となり、悪循環にもなる。障害のある子どもがいるからクラス運営が難しいと考える前に、クラス全体を視野に入れ、子どもたちがそれぞれ自分の遊びに夢中になれているか、その年齢で経験させたい活動を保障できているか、保育の基本視点に立ち戻り実践を整理する必要がある。障害児支援は、クラスの子どもたち全体を育てることと切り離せないといえる。

3　保育における遊びの援助

　子どもにとって遊びは、生活の中心といえる程大きな位置を占めている。どの年齢段階においても、遊びを夢中で楽しめることは、子どもの心が健康に育っている証拠であり、遊びを通して知的能力やコミュニケーション、関係性が育まれていく。しかし、障害のある子どもは様々な理由から、遊びに夢中になれない、広がりにくいといった傾向を示すことがある。例えば、身体・感覚面に課題をもつ子どもは、物の操作や粗大運動に制約をもちやすい。知的発達やコミュニケーションに課題をもつ子どもは、興味関心の幅が狭くなったり、手段やイメージを駆使して遊ぶことが苦手になりやすい。子どもの中には、自由に遊んでよい場面そのものがわかりにくく、ウロウロと過ごし、自由は不自由という子どももいる。背景はそれぞれに異なるが、保育者

はまず遊ぶこと＝簡単なことではなく、そこに発達の課題が現れることもあるという前提で遊びを広げる様々な手立てを工夫したい。

① 遊びの発達を理解する

▼遊びの発達過程を捉える

　子どもの遊び方には、おおよその傾向があり段階を追って発達していくと考えられている。代表的な理論は、ピアジェ（Piaget, J.）とパーテン（Parten, M.）の発達段階論である（表17－1）。ピアジェは子どもの知的発達の側面

表17－1　遊びの分類

ピアジェ	
第一段階「機能遊び」	感覚への刺激や身体を動かす運動がそのまま遊びになるような活動を指す。例えば乳児が身近にあるものをなめたりすること。ボタンを押すと音が鳴ったり、動物が飛び出してきたりするものなど。
第二段階「象徴遊び」	模倣、見立て、ごっこ、想像、空想などが伴う遊び。子どもがままごとをしたり、○○マンごっこをしたりして遊ぶことは、子どもの遊びの黄金期である。
第三段階「ルール遊び」	ルールのあるゲームなどの遊び。鬼ごっことかトランプといった遊びがある。

パーテン	
何もせずぼんやりしている	遊んでいるとはいえ、何かをぼうっと見ているような行動を指す。
ひとり遊び	他の子どもが話せる距離にいるが、一緒に遊ぼうとせずに一人で遊んでいる行動を指す。2歳半ごろ多く見られる。
傍観者的遊び	他の子どもの遊びを見て、大半の時間を過ごす。見ている対象の子どもに話しかけたりはするが、遊びに参加することはない。2歳半〜3歳に多く見られる。
並行遊び	複数の子どもが並行して遊びをする状態を指す。そばで同じ遊びをしていても、それぞれの子どもが自分の遊びに夢中で、お互いに関心を示さない。
連合遊び	集団の遊びの一つで、明らかにグループに属している者の間には共通の行動・興味や仲間意識が認められる。一緒に遊んだり遊具の貸し借りもあるが、遊びでの役割分担や組織化はまだ見られない。
協力遊び	グループでの役割分担や主従関係での組織化がある程度なされ、何をやり遂げるかという目的が明確。ルールのあるゲームでは、味方と敵の区別も自覚されている。

出典：小野寺敦子『手にとるように発達心理学がわかる本』かんき出版　2009年　p.117

から、パーテンは他者との関わりの側面から遊びの発達を整理している。子どもがどのように遊んでいるかを観察し、今の段階を十分横に広げながら、その先を見据えて働きかけていくことが、遊びの支援につながる。

▼遊びの豊かさを捉える

　保護者はしばしば、一人で遊ぶことが好き＝クラスであまりうまくやれていないという固定観念をもちやすい。しかし、特に３歳以降になると、豊かに遊べる子どもというのは、＜自分一人の遊び＞＜大好きな大人との遊び＞＜仲間（子ども）との遊び＞の３つが、１日の中でバランスよく楽しめていることが一つの目安になる（図17－１）。この視点に立つと、一人遊びは好ましくないという一方的な見方ではなく、一人遊びで示す子どもの興味・関心や意欲を肯定的に見守りながら、１日のどこかでじっくりと大人が関わってみるなど、バランスを意識することが必要である。逆にいつも大人と遊んでいる子どもは、その気持ちを受け止めながらも、子どもが周囲の環境や友だちに目を向けられるよう働きかけたり、一人で遊びはじめたら少し離れて見守るなど、調整的な関わりが求められる。なお、発達に遅れやアンバランスをもつ子どもは、相手の意図を汲めず一方的になったり、遊びがうまく続かないなど＜仲間との遊び＞が最もつまずきやすいが、これも＜仲間との遊び＞だけを何とかしようとするよりも、一人遊びや大人との遊び場面での子どもの姿をていねいに振り返りながら、発達過程に合わせて見守ることや時に具体的にサポートすることが基本姿勢となる。

図17－１　遊びを支える３つの側面

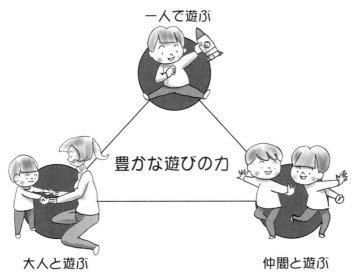

一人で遊ぶ

豊かな遊びの力

大人と遊ぶ　　　　　　　　　仲間と遊ぶ

出典：筆者作成

201

② 遊びの育ちにつながる働きかけ

　保育者が実際に関わる際の手がかりとして、次のような視点を意識することも遊びの育ちにつながる働きかけとなる。

▼模倣を育てる

　他者を真似る模倣の力が育つことは、遊びやコミュニケーションの飛躍的な育ちにつながる。模倣が出ているかどうかを観察するだけでも、おおよその子どもの発達過程がわかるほど、保育の中では必須の視点である。手遊びや体操など保育の活動には、模倣を前提としたものが多数あり、これらを障害のある子どもの興味に沿って取り入れてみたり、その子どものできる手遊び歌を朝の会に一つ組み込んでみるなど、模倣を意識し育てていくことが重要である。まだ模倣のない子どもには、次のようなステップを意識し関わっていく。

　　a．子どもが遊ぶ様子を同じ目の高さで静かに見守る。

　　b．子どもの動作や言葉を同じように真似てみる。

　　c．子どもと同じ遊びをしながら、その手段や展開を少し広げて返す。

　言語心理学的技法（インリアル・アプローチ）では、b．をミラリングと呼んでおり、大人が鏡のようになり子どもの動作や言葉を真似ることを意味している。これらの技法を強調するのは、しばしば大人はa．の段階で静かに見守れず「何してるの？」と質問したり、b．の段階でもよかれと思い別の遊びを促すなど、子どもの遊びを静かに見守り、子どもに合わせることが思いのほか容易ではないためである。模倣の育ちにつなげるためにはまず、他者が自分と同じように振る舞う様子から"他者に気づく"ことが必要である。

▼三項関係を意識する

　子どもが人に関心を向けたり、物に興味を示し関わっていく姿は「自分と人」「自分と物」との関係であるため「二項関係」と呼ぶ。この二項関係から発展し、人を介して物に向かう、物を介して人と関わる姿を「自分・人・物」の関係成立を意味する「三項関係」と呼ぶ。生後9か月頃の発達の質的変化であり、三項関係を基盤に子どもは他者と注意や意図を共有する力をつけていき、後の言葉の獲得の土台を形成する。障害のある子どもの中には、二項関係は成立していても、三項関係に移行しにくい子どもがおり、そのことが遊びや言葉の広がりにくさの一因となる場合がある。スキンシップ的な関わりを求める子どもであれば、そこに物・おもちゃを介在させた遊びを工夫していく、物とだけ遊ぶ子どもには先ほどのミラリングを意識し子どもに合わ

せていきながら、いかに遊びに人が介在できるかを工夫することが重要である。

ミラリングを意識した関わり

▼ ワークのねらい ▼

子どもの動作や言葉をそのまま大人が真似する－ミラリングを意識した関わりをロールプレイにより学ぶことを目的とする。子どもとどのように関わりをもてばよいか、大人が不安やあせりをもつと、つい質問を重ねてみたり、遊びを指示するなどして、結果的に子どもが大人に気持ちを向けにくくなることがある。大人が質問や指示ではなく、真似を通して応答することの意味を学ぶ。

■■ ワークの進め方

① 画用紙やマーカー類を準備する。２人組みのペアをつくり、子ども役と大人役を決め、机を挟んで向かい合う。画用紙やマーカー類は各ペアに複数準備する。 （5分）
② ロールプレイを開始する。子ども役はできるだけ思うままに振る舞い、遊ぶ子どもをイメージして演じる。最初は好きに殴り書きをするなどで十分である。大人役はミラリングを復習し、ロールプレイに臨む。 （10分）
③ 子ども役と大人役を交代し、再度ロールプレイを行う。 （10分）

【時間約25分】

ワークをふりかえって

① 子ども役を体験し、どのようなことを感じましたか？
② 大人役を体験し、どのようなことを感じましたか？　それまで考えていた子どもとの遊びのイメージとどう異なるか、難しかった場合はその理由も含めて振り返りましょう。
③ 模倣には、どのような種類があると考えますか？　子どもの生活や遊び場面をイメージして、どのような場面で子どもの模倣が見られるか考えてみましょう。

【参考文献】

木村順『育てにくい子にはわけがある──感覚統合が教えてくれたもの』大月書店　2006年

小野寺敦子『手にとるように発達心理学がわかる本』かんき出版　2009年

小田豊・菅野信夫・中橋美穂編『保育臨床相談』北大路書房　2009年

前田泰弘編『実践に生かす障害児保育』萌文書林　2016年

竹田契一・里見恵子編『インリアル・アプローチ──子どもとの豊かなコミュニケーションを築く』日本文化科学社　1994年

第18章　保護者や家族への支援

　子どもの生活の基盤は家庭である。今日核家族化、少子化、地域機能の低下により、子育てに悩む保護者が増加している。ましてや、障害のある子どもをもつ保護者には、特別な支援が必要である。

　本章では、障害のある子どもを育てる保護者の感情、保護者支援の方法と実際について考えていきたい。

 ## 障害のある子どもの保護者の感情

① 障害受容のプロセス

　ドローター（Drotar, 1975）らが研究で示した「奇形をもつ子どもの誕生に対する親の正常な反応」[1] では、ショック、否認、悲しみと怒り、適応、再起という、性質の異なる5つの心の状態が、少しずつ重なり合いながら、段階的に変化していくとしている。これは、大切なものを失うことによって生じる喪失感あるいは喪失に伴う悲哀と呼ばれる感情として説明される。大切な家族の死、不治の病の宣告、災害で家を失う等がそれにあたる。

　障害のある子どもの誕生は「期待した健康な子どもの死」であると言われる。よってその結果、子どもの誕生に際して親に喪失感が生じるのである。この感情的変化がいわゆる「障害受容のプロセス」であると考えられる。

② 障害受容に至る感情の変化

　次に、各々の感情について見ていく。

▼ショック

　わが子の障害を告知されたときのショックは相当なものであろう。「頭の中が真っ白になった」「その日どうやって家に帰ったのか思い出せない」「その場から逃げ出したい気持ちになった」「自殺を考えた」という人もいる。

▼否認

　「何かの間違いだ」「わが子が障害児のはずがない」「医者の誤診だ」等、事実を否認したい気持ちになる。

▼悲しみと怒り

「泣いてばかりいた」「この子は大人になるまで生きられないのではと思い、悲しかった」「何で、私だけこういう目にあうのかと思うと怒りがこみあげてきた」「よその健康な子どもを見て腹が立った」「告知した医者が憎かった」等、激しい感情が渦巻く。

▼適応

様々な感情を抱えながらも、日々子どもを育てていくうちに、とりあえず、今できることからやっていこうと思うようになる。そして何とかやっていけるのではないかという気持ちになってくる。親として頼られていると感じることで、子どもがかわいいという気持ちが多く感じられるようになる。

▼再起

人間についての理解が深まり、価値観が変わったことを実感する。障害のある子どもを育てることに色々困難はあるが、不幸ではないと思うようになる。子どもなりに成長していくことを実感し、将来起こる問題も解決していけるという自信が生まれる。

この親の感情の変化は、障害を告知されたときだけに見られるものではない。一つの段階にとどまったり、あるいは段階を行ったり来たりして、生涯続いていく。

 ## 2 保護者支援の方法と実際

① 保護者支援の方法

▼日常的にコミュニケーションをとる

保護者支援を行うにあたって最も重要なことは、信頼関係を築くことである。信頼関係の基礎となるのが、日々の送迎時の数分間でのやり取りである。そこでは保護者からは子どもの家庭での様子や心配事が保育者に伝えられる。保育者は、子どもの園での様子や成長を伝え、保護者からの相談に答える。時には「気になる」事柄を伝えることもある。

保護者は、長時間離れて保育所で過ごす子どもの情報が欲しいと思っている。迎えに来たとき、何か一つその日のエピソードを伝えることが望ましい。その内容は、子どもが楽しく取り組んだことや、子どもの成長が感じられるもの等、保護者が聞いて明るい気持ちになれるものがよいだろう。

▼保護者の悩みを聞く

　保護者から、抱えている問題について相談したいと言われたとき、日時を設定して面接を行う。あるいは、保育者が子どもの発達の問題等伝えたいことがある場合、保護者に面接を依頼することがある。

　この場合最も大切なことは、受容的、共感的態度で保護者の話をよく聴くことである。そして、保護者はどんなことで悩んでいるのか、そして問題になっていることは何かを把握する。さらに、保護者がどのような環境に置かれているのかを知り、問題の解決の参考にする。保護者と話をするときは、専門用語は使わないようにし、平易な言葉で伝えるようにする。時には、話し言葉だけではなく、印刷物や紙に書いたものを用意して説明することもある。こうすることによって、より話の内容が理解しやすくなる。また、後で読み返してもらうことで理解が深まり、誤解も少なくなる。さらに、その場にいなかった家族にも伝わるというメリットがある。いずれにしろ、保育者はその専門性でもって、保護者とともに問題解決を図るという姿勢を示すことが求められる。ただし、保護者を安心させたいからといって、安易な判断や気休めを伝えることは避けなければならない。

▼家族への支援

　障害のある子どものきょうだいもまた、ストレスを抱えている。親が障害のある子どもに関わる時間が多く、親に甘えたくても我慢をして「よい子」を演じて褒めてもらおうとしたり、反対に親の気を引くためにわざと「叱られる行動」をとったりする。中には不登校、不安傾向、落ち着きのなさなどの問題をもつ場合もある。きょうだいへの配慮として、きょうだいが親を独占できる時間を確保することである。これについては、両親だけではなく祖父母、地域の人たちの協力も必要である。

　また、ストレスを受けていることは、祖父母も同様である。時として、祖父母から「うちの家系にそのような子どもはいない」「世間に恥ずかしい」と言われることがある。祖父母も事実をどう受け止めたらよいかわからず混乱していると考えられる。また、母親にとって一番支えになってほしい父親から、「母親の育て方が悪い」と言われることがある。このような場合、父親や祖父母に園の行事に来てもらい、子どもの様子を見てもらったり、保育者から子どもの状態や先の見通しを伝えたりして、理解を促すというやり方がある。しかし最も大事なことは、保護者が障害を恥ずかしいこと、不幸なこととして捉えず、前向きに生活する姿をきょうだいや祖父母に見せることである。そしてその保護者を支えるのが、保育者である。

▼地域の人々との交流を促す

　子育ては、保護者だけで行うものではない。ましてや障害のある子どもを育てていくには、祖父母をはじめ、地域の人たちの協力も必要である。子どもの行動が原因で、近隣住民との関係がぎくしゃくする場合がある。例えば、子どもが大声を上げたり、近所の家に勝手に上がりこんだりしたときなどである。近隣住民には普段から、子どもの障害をオープンにして伝えておくことが望ましい。どのような伝え方がよいかは、保育者の専門性と経験をもとに、保護者と話し合っておくとよい。子どもの状態を理解してもらえると、力になってもらえることがある。例えば家を飛び出したときに「あっちへ走って行ったよ」と教えてもらったり、危ないことをしていたら注意をしてくれたりといったことである。

▼関係機関と連携する

　保護者の抱える問題について、保育者だけで解決できる問題ばかりではない。むしろ、地域の関係機関と連携することで、よりきめ細かく、将来を見据えた継続的支援が可能になる。子どもの発達が気になる場合は、保健センターや児童発達支援センター、虐待が疑われる場合には、民生委員・児童委員、市町村、児童相談所、ＤＶ（ドメスティック・バイオレンス）の場合は、配偶者暴力相談支援センター、経済的問題は福祉事務所、精神疾患は精神保健福祉センター、医療機関に結びつけ連携していく。

　また、その他の社会資源の活用として、障害のある子どもを育てている先輩の親との付き合いや、親の会への入会への道筋をつけることがあげられる。同じ立場の人たちとの交流は、保護者にとって気持ちの支えとなる。また、そこで得られる情報は有用なものが多く、子どもが成人してからの見通しをもつことができるといったメリットがある。

② 保護者支援の実際

　障害のある子どもの保護者は、心理的、社会的、さらに身体的、経済的にもストレスを受ける。また、子どもの行動の意味がわからず、どう関わってよいのか悩むことが多い。したがって、保護者支援の目的は、保護者が慢性的にストレスを受けることへの心理的支援を行うこと、そして、子どもの特性に対する理解を促すことであるといえる。

　ここに、保育者とのコミュニケーションを避け、健診や相談も頑なに拒んで孤立している保護者がいるとする。このような人には、会ったら必ず声をかける、根気よく家庭訪問を続ける等して、「いつでも相談してください。

私たちは役に立ちたいと思っていますよ」というメッセージを送り続けることが大切である。そして、その保護者の行動の背景にある気持ちを推察して関わることが非常に大切である。例えば、障害のある子どもがいるという世間への恥ずかしい気持ちや劣等感があるのかもしれない。また、保護者自身が経済的、精神的に困難さを抱えており、自分のことで精一杯で子どもの状態を受け入れる余裕がないのかもしれない。あるいは、夫の両親から「うちの家系に障害者はいない」と言われ、母親自身も否認するしかない場合がある。夫から「お前の育て方が悪いからだ」と責められ、母親はうつ状態なのかもしれない。また、次のような保護者もいる。「障害児ではない」という回答を得たいために複数の専門機関にかかる保護者である。これをドクターショッピングと呼ぶが、親が何とかしたいと行動することは悪いことではない。また、親が複数の専門家から子どもの状態について聞くことが、障害受容のプロセスになっていると考えることもできる。

　障害のある子どもを育てる中で、困難は避けられない。入院や通院、発作やパニック、子ども同士のトラブル（言葉で伝えられず叩いてしまう）等保護者はその都度対応しなければならない。また、就学、就職、病気等のライフイベントでは、改めて障害があるという現実に向き合うことになる。

　最後に、筆者が出会った保護者の言葉を紹介しておく。

　この子が生まれたとき途方に暮れたが、ともに過ごすうちにみんなが家族になっていった。

　障害がわかったとき、何でうちにと神様を恨んだが、今は神様に感謝している。この子がいることで色々な人とつながれた。

　これまで述べてきたように、人としての基礎を育む幼児期における保護者支援は、特に重要であることが理解できたと思う。保育者には保護者が希望をもって、明るく子どもと毎日を過ごせるよう、支援をしていくことが求められる。

保護者の置かれている環境を知り、保護者の気持ちを理解する

▼ ワークのねらい ▼

　支援が難しい保護者に関わるとき、「あの保護者は○○だから」と短絡的に決めつけるのではなく、保護者がなぜそのように考えるのか、あるいは行動するのかを考えてみることが必要である。その手がかりとして、保護者の置かれている環境を知ることが重要となってくる。ここでは、保護者と保育士とのやり取りから、保護者の置かれている環境を推察することにする。

🖉事例

　Ｂちゃん（3歳・男児）の母親のＡさんはいつも表情が暗く、送迎時すぐにその場を立ち去ってしまう。声をかけてもあいまいな返事しか返ってこない。コミュニケーションをとることが難しい保護者である。

　園の方針で新入園児は家庭訪問を行うのだが、Ａさんは忙しいからという理由で断ってきた。入園当初からＢちゃんの発達が気になっていた保育士は、園に来てもらって個別面接を行うことを提案したところ、なんとか了承を得られた。

保育士：今日はお忙しいところをおいでいただき、ありがとうございます。
　　　　入園されて2か月ですが、Ｂちゃんの様子はいかがですか。
Ａさん：はい、元気にしています。
保育士：それはよかったです。ところで、入園前と比べて変わったところはありますか。
Ａさん：よく寝るようになりました。
保育士：それはなぜだと思われますか。
Ａさん：園でたくさん走り回って、疲れているからだと思います。家は狭いので、動き回ったら、すぐお父さんに怒られますから。
保育士：お父さんは、ご自宅でお仕事をされているのですね。
Ａさん：はい、私も手伝っています。Ｂは片時もじっとしていない子なので、夫の仕事の邪魔にならないように気を配るのが大変です。
保育士：お母さんも気を遣って大変ですね。それで、お父さんは、Ｂちゃん

の様子について、どう言っておられますか。

Ａさん：私が甘やかすから、そうなるのだと言います。男の子だから厳しく
　しないとだめだと言って、怒鳴ったり、叩いたりします。

保育士：そんなとき、お母さんはどうされていますか。

Ａさん：黙って見ています。夫の言うように、やはり男の子だから厳しくし
　ないといけないのかなと思います。
　<u>私は気が弱いし、自分の考えがもてない人間なのです。</u>

保育士：（　　　　　　　　　　　　　　　　　　　　　　　　）

Ａさん：そんなことを言ってくださるのは、先生ぐらいです。夫の両親も、
　「動き回ってばかりで、自分たちにも全然なつかない。母親の育て方が悪
　いのだ」と言います。時々Ｂに会いに来ますが、Ｂはおじいちゃん、おば
　あちゃんには気を留めず、動き回っています。両親はがっかりした表情で
　帰って行きます。

保育士：動き回るＢちゃんのお世話だけでも大変なのに、お父さんのお仕事
　の手伝いもされていて、本当によくやっておられると思います。けれども、
　Ｂちゃんの状態は、お母さんの育て方のせいだと言われて、つらいですよ
　ね。

Ａさん：やはり私の育て方が悪いから、Ｂはあんな風なのですか。

保育士：まずは園での様子をお伝えしますね。それから、Ｂちゃんがなぜこ
　のような行動をとるのか、一緒に考えていきませんか。

■■ ワークの進め方

〈ワーク１〉

①　５人１組のグループをつくる。

②　各自相談事例を読み、（　　　　　　　　　　　）に保育士の言葉を入れる。
　ヒント：Ａさんの言葉をリフレーミングして返す。　　　　　　　（５分）

③　各自が考えた（　　　　　　　　　　）の保育士の言葉を出し合う。その
　とき、そのように考えた理由も述べる。　　　　　　　　　　　（15分）

④　次にＡさん役、保育士役を決めて、事例を読みながらロールプレイをす
　る。（　　　　　　　　　　）の保育士の言葉は、保育士役が考えた言葉を
　使う。これを順番に繰り返す。　　　　　　　　　　　　　　　（20分）

⑤　全員がＡさん役、保育士役を演じたら、以下のことについて感想を出し
　合う。

　・それぞれの保育士役の話を聴く様子はどうであったか。

（例　視線、姿勢、声の調子等）

・Aさん役の様子から、Aさんのどのような気持ちが伝わってきたか。

・Aさん役、保育士役各々から、演じてみてどのような気持ちになったか。

（20分）

【時間約60分】

〈ワーク2〉

①　ワーク1と同じグループ内で進行役、書記役を決める。

②　Aさんが置かれている環境について、グループで出し合い、書記がシートに記入する。　　　　　　　　　　　　　　　　　　　　　　　　（15分）

③　グループごとに、発表する。　　　　　　　　　　（5分×グループ数）

ワークをふりかえって

①　保護者の考え方や立場を共感的に理解し、受容して保護者の話を聴くことができましたか。

②　ワーク1の、保育士の言葉（　　　　　　　　　　　　　　）をメンバーで出し合ったとき、保育士としての考え方や価値観の違いについて感じることがありましたか。

③　なぜ、保護者の置かれている環境を知ることが大切なのかをまとめてみましょう。

ワークシート　Aさんが置かれている環境について、推察してみよう

グループ名		グループ メンバー	
Aさんの言葉		推察した環境	

【引用文献】

1）Drotar, D., Baskiewicz, A., Lravin, N., Kennell, J. H., and Klaus, M. H. The adaptation of parents to the birth of an infant with a congenital malformation: a hypothetical model. Pediatrics 56 : 710-717, 1975.

【参考文献】

中田洋二郎『子どもの障害をどう受容するか―家族支援と援助者の役割』大月書店　2002年

渡部信一・本郷一夫・無藤隆編『障害児保育［新版］』北大路書房　2014年

小原敏郎・橋本好市・三浦主博編『演習・保育と子育て支援』みらい　2019年

伊藤健次編『新・障害のある子どもの保育［第3版］』みらい　2016年

柘植雅義監修、本田秀夫編『発達障害の早期発見・早期療育・親支援』金子書房　2016年

第4部　専門知識編
障害児に関わる教育・福祉・保健医療施策と地域連携を学ぶ

あつし先生　ここでは、障害児保育に関係する教育や福祉などの制度と地域の様々な団体や関係者の連携について学んでいきましょう。

みらいさん　障害のある子どもが利用したり、関わるのは、保育所や保育士だけではないということですね。

あつし先生　そうです。例えば保育所を卒園した後の就学先のことを保護者に相談されることもあるでしょう。また、子ども自身が福祉や保健・医療サービスを利用している場合もありますので、他の専門職や関係者とともに子どもや保護者を支援していくこともあります。そんなとき、就学に関する知識やどんな福祉や保健医療制度があるのかを知らなければ情報交換や意見交換もスムーズにいきませんね。

みらいさん　そうですね。やはり、関係する制度やサービスの知識は必要だと思います。他の科目で福祉や保健・医療のサービスや専門職のことは学んできましたので、改めて障害児保育の視点で考えてみたいと思います。

あつし先生　他の科目で学んだことを思い返したり、テキストを読み返すといいかもしれませんね。また、子どもや保護者が暮らす地域には、様々な社会資源があります。障害児をサポートしているボランティアやNPO、民生委員・児童委員など、地域で活動する人たちです。そして、それらの人たちの活動を支援したり、連絡調整をする団体として、社会福祉協議会があります。

みらいさん　地域の人たちみんなで支えていくということですね。そういえば、母親がボランティアをしていて、「社協さんに行ってくる」って聞いたことがあります。

あつし先生　それは、社会福祉協議会の略称ですね。みらいさんも一度地域の社協さんを訪ねてみるのもよいかもしれません。みらいさんの住む地域のことがよくわかると思いますよ。さあ、それでは授業を進めていきましょう。

第19章 小学校・特別支援学校との連携

1 小学校や特別支援学校への就学にあたって

① 小学校への就学を控えて 事例から

▼事例1 イチロウくんのお母さんの話

　イチロウは小さい頃から激しく泣いてなかなか寝ず、成長するとかんしゃくを起こした。私はとても不安で、市役所の子ども課に電話をして療育センターを紹介してもらった。センターでは保育士、臨床心理士、言語聴覚士（ST）、理学療法士（PT）に様々な相談をすることができ、やっとわかってくれる人に出会ったと感じ安心した。イチロウが保育園に入ると詳しい情報をセンターから保育園に伝えてくれた。

　保育園では私と主治医の先生、クラス担任の先生、加配の先生など、関係する人たちが月に1回程度集まり、イチロウについて話し合った。話は尽きることがなく、とても充実した時間だった。

　年長になる前に、小学校への就学について考えはじめたが、通常の学級か特別支援学級かで迷っていた。通常の学級でもやれるのではないか、でも、友だちとうまくいかなかったらどうしよう、特別支援学級に入ると将来の方向が決まってしまうのではないか、いろいろ悩んだ。保育園と病院の先生が、教育委員会の就学担当の先生にイチロウの今までの経過や意見を伝えてくれた。私も関係する先生方と何度も話し合った。

　その結果、特別支援学級への就学を希望することにした。すると、就学予定先である小学校の校長先生や特別支援学級の先生が入学前に保育園に来てくれた。担任の保育士の先生からも、今までの保育の記録を渡し、現在の様子を理解してもらったうえで、入学後の対応について話し合うことができた。

　小学校へ入ってからは、何回か一緒に登校し、先生と一緒にイチロウに合うように環境を整えた。事前に情報の交換をしていたために、不安は最小限に抑えられたように思う。今までも感じていたことだが、就学を通して、私たちは周囲に支えられ、理解されていると実感した。保育園の卒園と小学校への就学はとても不安だったが、話し合いを重ねるにつれて小学校でのイチロウの成長が楽しみで期待できるようになった。

▼事例２　保育園に勤めるミハル先生の話

　年長クラスで受けもったヒデくんは、みんなで何かやろうとしても好きなところへ行ってしまったり、話を聞いていなかったりするので、何度かお母さんにそのことを話そうとしたこともある。しかし「お父さんもそうだったって言ってました。気にしていません」と言われ、話し合いをすることはできなかった。ただ、このままだと１年生になったときにヒデくん自身が困る、年長の今やらないと間に合わないと思い、強い言い方で注意をしてしまい自己嫌悪に陥ったこともあった。秋が過ぎて教育委員会と保護者の話し合いがあったらしく、お母さんから「本当は考えないといけないと思っていたけど、どうしたらいいのかわからなかった。でも、当然、ランドセルを背負ってお兄ちゃんと同じ小学校に行くものだと思っていたから」と言われた。この親子に私は何ができたのだろう。

② 就学に対する不安に寄り添う

▼保護者の不安

　多くの保護者にとって就学は、子どもが社会生活を営んでいくために越えなければならない山のような存在である。子どもに障害があることを理解している場合は、地域の小学校か特別支援学校かの選択をし、小学校を選択した場合、通常の学級と特別支援学級のどちらに在籍するかを教育委員会と相談しながら決定しなければならない。

　小学校の通常の学級を選択する場合、授業中に着席していられるのか、本格的な学習についていけるのかといった不安、特別支援学校を選択する場合は、きょうだいと同じ学校にいけないことや、将来の選択が狭まってしまうのではないかといった不安が多く聞かれる。また、障害が明確化されていなかった子どもが、就学時健康診断を受け就学に関する相談が必要となった場合、保護者の不安はとても大きくなることが想像できるだろう。

▼子どもの不安

　障害の有無にかかわらず、どの子どもにとっても就学は大きな環境の変化となる。時間割に沿って行動しなければならないこと、着席が求められること、多くの上級生と一緒の校舎で過ごすことなど、今まで経験していないことに直面し戸惑うこともあるだろう。さらに障害のある子どもの場合―例えば環境の変化に敏感な自閉スペクトラム症、状況の判断が難しい知的障害、運動面での動きに困難があり周囲についていくことが難しい肢体不自由児など―は、周囲が考えるより心理的な不安を感じているかもしれない。

▼保育者の不安と保護者と子どもへの対応

　保育者の多くは、障害のある子どもの就学を機に、自分が行ってきた保育がそれでよかったのかを振り返らざるを得なくなる。先のミハル先生の事例のように、保育者もまた、子どもの就学に対し不安を感じ、子どもに何を伝え、保護者をどう支えればよいのか、戸惑うことも多い。

　保護者、子ども、保育者がそれぞれ不安を抱えながら、就学先を決定していくことは非常に大変なことである。しかし、イチロウくんの事例のように、それぞれがもつ不安を期待に変えることも可能である。それには日頃から保護者と連携を図り、担任だけではなく園内で支援内容を共有し、検討できる体制が必要である。また、関連する外部の機関との連携も不可欠となる。関わる人がみんなで協力し、話し合いながら、一人の子どもの成長を長い目で見守り、成長を楽しみにすることも可能となる。

特別支援教育と就学先の選択

① 特別支援教育の体制

▼特別支援教育とは

　保育所では、その多くが障害児を保育しており、保育所保育指針でも障害のある子どもへの対応について記載されている。就学前の障害のある子どもへの保育や教育は「障害児保育」といわれることが多いが、現在、学校における障害児に対する教育は「特別支援教育」と呼ばれている。

　文部科学省は2003（平成15）年の「今後の特別支援教育の在り方について（最終報告）」において障害の程度等に応じ特別の場で指導を行う「特殊教育」から障害のある児童生徒一人ひとりの教育的ニーズに応じて適切な教育的支援を行う「特別支援教育」への転換を図った。また、知的障害や肢体不自由などの障害だけではなく、今まで支援を受けにくかったＡＤＨＤやＬＤ等の発達障害の子どもも含め「個別の教育支援計画」（第13章参照）を策定し、それぞれの子どもに応じた教育が受けられるよう方針を明らかにした。2007（平成19）年には学校教育法の一部が改正され、幼稚園を含めた学校において「特別支援教育」がさらに推進されることとなった。

▼特別支援教育コーディネーター

　特別支援教育が推進される中で文部科学省は、各学校において、関係機関等の連絡調整の実施や保護者に対する相談窓口となる特別支援教育コーディ

ネーターを校務分掌内[*1]に位置づけることを求めている。

* 1
学校の運営において必
要な業務のこと。

　小・中学校では特別支援学級の担任や養護教諭がコーディネーターを担当
する場合が多く、支援計画の策定会議や障害理解のための研修の設定などを
主に行う。特別支援学校は地域の特別支援教育のセンター的な役割をもち、
コーディネーターを通して、障害への対応方法や就学などについてより専門
的な相談をすることができる。保護者だけでなく幼稚園や保育所など、その
子どもに関わる機関や職員なども相談することが可能である。

②　就学先の選択

▼就学先の種類

　就学先の種類は図19－1に示すように、「小学校」と「特別支援学校」に
大別される。小学校には「通常の学級」と障害種別による少人数学級で一人
ひとりに応じた教育を行う「特別支援学級」、通常の学級に在籍しながらに
障害種ごとに支援を受ける「通級指導教室」がある。また、特別支援学校に
就学する場合は、子どもの障害種別によって就学先となる学校を選択する。
よりきめ細かな指導を行うため、1クラス6名以下、重度重複障害がある場
合は3名以下で複数担任となる場合も多い。

図19－1　就学先の種類

小学校		特別支援学校
通常の学級 40名以下で編制（小学校1年生は35人以下） 支援が必要な子どもに対し支援員が配置される場合もある。 **通級指導教室** 通常の学級に在籍し、支援が必要な部分について障害種別に基づく教室で指導を受ける。他校にその時間だけ通う場合もある。	**特別支援学級** 8名以下で編制。 通常の学級では学習が困難で教育上特別な支援が必要な児童が対象。障害種別に基づく学級を異学年で構成することが多い。 一人ひとりの特性に合わせた授業を展開する。	知的障害、肢体不自由、病弱、視覚障害、聴覚障害がある子どもがそれぞれに合った教育を受ける。生活上の困難を克服し、自立を目指すことが目的。 **小学部** 1クラス6名以下、重度重複障害の場合は3名以下で編制。複数担任となることも多い。 小学部の他に幼稚部・中学部・高等部がある。

出典：筆者作成

▼就学先の選択

　障害のある子どもの就学先の決定について、以前は保護者の意見は重視さ
れず、原則として教育委員会の指示に従うこととなっていた。しかし、地域

の小学校への入学を希望する例も多く、小学校でも徐々に受け入れの態勢が整いつつあり、障害があっても小学校で学ぶことが可能となってきた。さらに2013（平成25）年には学校教育法施行令が改正され、障害のある子どもの就学先の決定は保護者と本人の意向が尊重されることとなった。

　この背景には「インクルーシブ教育システム」と呼ばれる、2006（平成18）年に国連で採択された「障害者の権利に関する条約」において提唱された概念も関係している。文部科学省は、一人ひとりに応じた指導や支援（特別支援教育）に加え、障害のある者と障害のない者が可能な限りともに学ぶ仕組み（インクルーシブ教育システム）を構築することを現在の教育分野の重要課題の一つとしてあげている。

③　就学までの手続き

▼　就学先の決定まで

　市区町村教育委員会は住民票に基づき、来年度就学年齢に達する子どもたちの名簿（学齢簿）を10月末までに作成する。学齢簿をもとに就学予定の子どもに対し、11月末までに就学時健康診断を実施する。障害などにより通常の学級での学習が困難であると考えられる場合、知能検査や医師の診察などを実施し、具体的な発達の状況や必要となる支援の内容などを確認する。

　保護者が子どもの就学について不安がある場合、教育委員会に所属する就学相談員に相談することができる。保護者はそこでの相談や話し合いを通して、特別支援学級や特別支援学校の見学などを行い、実際の教育の様子の理解を進める。教育委員会に設置される教育支援委員会[*2]は保護者の話や保育所、幼稚園、その他関係機関からの情報、子どもに実施した知能検査結果等を総合的に捉え、保護者と担当者が話し合いを重ね、就学希望先を選定する。教育委員会はそれらをもとに、就学先を保護者に提示し同意をもって就学先が決定する。

*2
就学支援委員会等の名称を使っているところもある。

　原則として、特別支援学校に就学する場合は都道府県教育委員会の管轄となり、小学校へ就学する場合は市区町村教育委員会が管轄となる。各教育委員会は1月末までに入学通知書を保護者に送付する。図19－2にその流れを示す。

▼保護者から意見を求められたら

　就学先を決定するにあたり、保育者、特に担任は保護者から意見を求められることもある。このとき、保育者が保護者からの相談に対し安易に根拠なく「通常の学級で大丈夫だと思います」「特別支援学校の方が合っていると

図19-2　障害のある児童生徒の就学先の決定について（手続きの流れ）

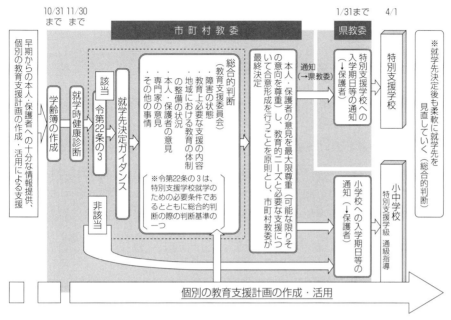

出典：文部科学省「特別支援教育の現状と課題」2014年

思いますよ」等の発言をすることは避けなければならない。まず、保育者は今までの子どもの姿を保護者とともに確認し、保護者の不安な気持ちに寄り添いながら、的確な就学先を選択できるよう一緒に考えていく姿勢をもつ必要がある。

▼就学先決定における課題

　就学相談や関係機関との相談を経ても、就学先について教育委員会の判断と保護者の意見が異なることもある。教育委員会からの提示に同意できない場合は、再び就学相談を受け、再度検討することができる。

　保護者の選択の結果によって就学先での何らかの子どもの困難や不適応が起こると予測される場合もある。保護者と子どもの不安を最小限にできるよう、就学前までの様子を学校教員に伝えるなど、情報共有をし、支援の方法を引き継ぐことが重要となる。

情報の共有と移行支援

① 指導要録・就学支援シートと情報共有

▼指導要録の記載事項

　子どもの育ちを記録し、支援の方法を次の担当者へ引き継ぐための資料に幼稚園幼児指導要録、保育所児童保育要録、こども園こども要録（ここでは3つを指導要録という）がある。自治体によって形式は異なるが、在園期間や担当の保育者などを記入する「入所・学籍に関する記録」、子どもの発達状況や特に留意する点について記入する「保育に関する記録」、在園中の子どもの保育を振り返り、特に年長における子どもの育ってきた過程を記録する「子どもの育ちに関わる事項」などを記載する。

　障害がある子どもの場合、どのような場面でどのような支援をしてきたのか具体的方法を就学先に伝えることが必要である。就学先で今までの学びと支援の方法が引き継ぎされるよう、指導要録の保育に関する記録の留意する点や子どもの育ちに関する事項について具体的に記載する必要がある。

▼就学支援シート

　障害のある子どもの場合、指導要録の内容だけでは情報が不十分なことがある。それを補うために、多くの自治体で就学支援シート（図19-3）の作成が求められている。このシートには、保育園や幼稚園での様子や保育の方針、家庭での様子や保護者の思いなどを詳しく記入することができる。就学先はシートをもとに保護者と話し合いながら、配慮する点を確認したり、今後の指導の方針を検討したりすることができる。

図19-3　就学支援シートの例（渋谷区教育委員会）

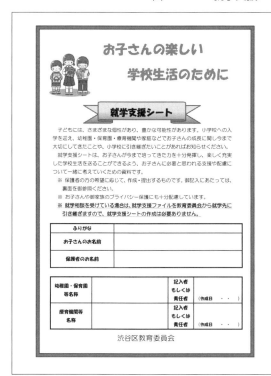

お子さんの楽しい学校生活のために

就学支援シート

子どもには、さまざまな個性があり、豊かな可能性があります。小学校への入学を迎え、幼稚園・保育園・療育機関や家庭などお子さんの成長に関し今まで大切にしてきたことや、小学校に引き継ぎたいことがあればお知らせください。

就学支援シートは、お子さんが今まで培ってきた力を十分発揮し、楽しく充実した学校生活を送ることができるよう、お子さんに必要と思われる支援や配慮について一緒に考えていくための資料です。

※ 保護者の方の希望に応じて、作成・提出するものです。御記入にあたっては、裏面を御参照ください。
※ お子さんや御家族のプライバシー保護にも十分配慮しています。
※ 就学相談を受けている場合は、就学支援ファイルを教育委員会から就学先に引き継ぎますので、就学支援シートの作成は必要ありません。

ふりがな	
お子さんのお名前	
保護者のお名前	

幼稚園・保育園等名称		記入者もしくは責任者 （作成日　・・）
療育機関等名称		記入者もしくは責任者 （作成日　・・）

渋谷区教育委員会

保護者の方が記入してから、お子さんが現在通っている幼稚園、保育園等に記入を依頼してください。療育機関に定期的に通っている方は、療育機関にも記入を依頼してください。

1　保護者　記入欄

お子さんのことについて、必要な事項を御記入ください。
① 得意なこと、好きな活動、伸ばしていきたいこと

② 支援・配慮が必要なこと（1 支援の必要がない、 2 一部支援が必要、 3 支援が必要）

運動・生活	ボール投げや、階段の昇降などの大きな運動	1　2　3	
	はさみを使ったりひもを結んだりする細かい作業	1　2　3	
	食事・箸を使って食べる	1　2　3	
	衣類の着脱・ボタンやファスナーを止める	1　2　3	
	排泄・大便・小便の始末、手洗い	1　2　3	
	遊び道具の片づけ	1　2　3	
人との関わり	友だちと触れ合ったり関わったりして遊ぶ	1　2　3	
	集団の中で大人の指示を聞く	1　2　3	
	簡単な決まり（ルール）の理解	1　2　3	
	人の話を聞き取る	1　2　3	
	自分の気持ちや要求をことばで表す	1　2　3	
	人の表情から気持ちを理解する	1　2　3	
行動	座って話を聞く場面で、座っている	1　2　3	
	衝動的な行動をがまんする	1　2　3	
	思うようにいかないとき気持ちを切り替える	1　2　3	
学習	鉛筆やクレヨンで線や丸を書く	1　2　3	
	自分の名前が読める、言える	1　2　3	
	5までの数と量がわかる	1　2　3	

その他支援、配慮が必要なこと

③ 就学後の学校生活について御家庭の意向、要望など

2　就学前機関（幼稚園・保育園等）　記入欄

① 成長・発達の様子

運動・生活	身体の動き、食事・排泄・着脱の状況など
人との関わり	集団への参加、意思疎通の方法、言葉・指示に対する理解など
行動	性格・行動の特徴
学習	好きな遊び、学習への興味・関心など

② 指導内容・方法の工夫や必要な配慮等に関すること

大切にしてきた指導の内容、効果のあった指導法、今後の指導に生かしてほしい工夫・配慮など

3　療育機関等　記入欄

療育機関等名称　【　　　　　　　　　　　　】

大切にしてきた指導の内容、効果のあった指導法、今後の指導に生かしてほしい工夫・配慮など

発達検査の実施（あり・なし）

【同意書欄】
私は以上の内容を了解し、就学先の学校に提出します。
今後、子どもの支援のために記載内容が使用されることに同意します。
（学校提出日）　　　年　　月　　日
保護者自署

【就学支援シートの作成にあたって】

① この様式の全ての欄を記入する必要はありません。
ここだけは、というポイントがあれば教えてください。

【大切にしたい内容】
・ お子さんの良いところ、伸びたところ、できること、得意なこと、好きなことなどお子さんが楽しい学校生活を送ることができるヒントを教えてください。
・ お子さんに合わせて工夫した指導内容や教材・教具、言葉かけや補助の仕方など、意欲的に学習に取り組むことのできる環境設定の工夫などについて教えてください。
・ お子さんがどうしても苦手なことや環境、人のタイプ、情緒が不安になった時の対応の仕方など、学校生活において配慮が必要なことがあれば教えてください。
・ お子さんのよりよい成長のために、学校に入学してからも引き継いで欲しいと思う内容などがあれば教えてください。

② この様式だけでは不十分と思われる場合には、必要に応じて関係書類（成長発達の記録・教材等の写真など）を添付してください。
③ お子さんの生き生きとした姿が学校に伝わるよう御協力ください。

【就学支援シートの流れ】

① 教育委員会から幼稚園、保育園、療育機関等に「就学支援シート」を配布します。就学支援シートの作成を希望する場合は、10月以降に各園等にお申し出ください。
② 保護者の意思で「就学支援シート」の作成を開始します。
③ 保護者の方が記入後、通園している幼稚園、保育園等へ記入を依頼します。
④ 幼稚園、保育園等の先生方が記入後、保護者へ戻します。必要に応じて、その他の機関（療育機関等）に記入を依頼します。
⑤ 保護者の方が、就学する予定の学校に提出します。
※学校から就学支援シートへの配慮を行った幼稚園・保育園・療育機関等に対し、入学後のお子さんの様子をお伝えする場合があります。

2月下旬頃までに、入学する学校に就学支援シートを持参し、面談を行ってください。面談は、予約が必要です。事前に学校（副校長）に連絡をしてください。
就学支援シートの原本は、保護者の方が保管します。保護者の方の了解を得て、学校で就学支援シートの控えをとらせていただきます。
学校は、「就学支援シート」をもとに、保護者の方と協力して個別指導計画を作成します。

問合せ先：渋谷区教育委員会事務局　学務課　特別支援教育係

出典：渋谷区役所ホームページ
https://www.city.shibuya.tokyo.jp/kodomo/gakko-kyoiku/tokubetsu-shien/tetsuduki_g_0001.html
（2023/7/18 閲覧）

② 就学先への移行支援

▼個別の支援計画

　第13章、第14章で述べたように、支援の必要な子どもに対して、関連する機関は個別の支援計画を作成する必要がある。個別の支援計画は乳幼児期から学校を卒業後社会に出るまでを見通し、障害のある子どもを生涯にわたって途切れなく支援を行うためのツールとなるものであり、福祉・教育・医療・労働、地域・家庭をつなげる役割も担う。

　就学前に保育所や幼稚園等で個別の支援計画がつくられているならば、就学先が個別の教育支援計画を作成し、活用できるよう、指導要録や就学支援シートと併せ、その内容と作成に関わっている機関を引き継ぐ必要がある。そのための支援会議を就学先の特別支援教育コーディネーターが調整し開催することもある。

▼個別の移行支援計画

　個別の移行支援計画とは、保育所や幼稚園から学校へ、小学校から特別支援学校へ、特別支援学校高等部から社会へなど、障害児・者の活動の中心となっている場が変わる場合、課題や必要な支援内容について理解し、その移行が円滑に実施されるために作成される。主に学校から社会への移行期に作成されることが多いが、就学支援シートもその内容により、広義に捉えた個別の移行支援計画であり、個別の移行支援計画は個別の支援計画の概念に含まれる（141頁の図13－1参照）。

まとめてみよう

　　① 　子どもと保護者が抱える就学に対する不安と対応についてまとめよう。
　　② 　就学手続き・就学相談から就学先決定までの流れをまとめよう。
　　③ 　就学先との情報の共有と移行支援に関して、保育所・幼稚園・認定こども園と就学先が行う内容および留意点をまとめよう。

【参考文献】
文部科学省「特別支援教育の現状と課題」2015年4月
文部科学省「共生社会の形成に向けたインクルーシブ教育システム構築のための特別支援教育の推進（報告）」2012年7月
前田泰弘編『実践に生かす障害児保育』萌文書林　2016年
七木田敦・松井剛太編『つながる・つなげる障害児保育―かかわりあうクラスづくりのために』保育出版社　2015年

第20章　障害のある子どもの保健・医療・福祉施策

 1　障害のある子どもの保健・医療施策

① 障害のある子どもに関する保健・医療施策の展開

　妊娠から出産、産後まで、長期にわたって展開される保健施策は、子どもの障害の早期発見、早期支援につながる窓口の１つとしてとても重要な役割を担っている。厚生労働省の「障害児支援の在り方に関する検討会」(2014年)においても、①ライフステージに応じた支援の連続性、②関係者の連携、③保護者支援・家族支援について、より早い段階から関係を継続することの重要性が示されている。より早い段階から妊娠や出産などのライフイベントや乳児期や幼児期などの子どものライフステージを横断して展開される保健施策の意義は高い。

　しかし、一方で子育て家庭の中には、社会とのつながりが希薄な妊婦や家庭もあり、各種検診等の未受診の末に飛び込み出産などに結びつく、あるいは、訪問指導を受け入れないなど、サポートが難しい場合もあり課題となっている。

図20－1　妊娠・出産等に係る保健支援体制の概要

	妊娠			出産	乳児		幼児	
○健康診査 ○保健師等の訪問事業 （市町村）	妊娠の届け出・母子健康手帳の交付	妊婦健診		産婦訪問	新生児訪問	乳児家庭全戸訪問 （こんにちは赤ちゃん）	1歳6か月児健診	3歳児健診
		妊婦訪問						
		母親学級・両親学級						
		産前・産後サポート事業、産後ケア事業						
		養育支援訪問（要支援家庭への支援）						
妊娠・出産・子育てに関する相談窓口	市町村	子育て世代包括支援センター						
		保健センター、地域子育て支援拠点						
	都道府県	女性健康支援センター、保健所、福祉事務所、児童相談所						

出典：厚生労働省『社会保障審議会医療保険部会 第1回子どもの医療制度の在り方等に関する検討会 資料5』2015年9月2日を一部改変

2015（平成27）年度から「子ども・子育て支援法」に基づく子ども・子育て支援制度が始まったが、その中でも障害のある子どもの支援に関して、教育・保育施設や保育者の役割とその重要性について示されている。地域や教育・保育施設等の中で多くの子どもと関わりをもつ保育者が、保健・医療関連施策や障害に関する基本的理解を深めることにより、障害のある子どもと家庭のサポートがより豊かになることが考えられる。より多くの子育て家庭が、安心して地域で子育てをすることができるように、保育者のリソースとして保健・医療施策についても理解を深めてほしい。

保健・医療における主な施策の展開は前頁の図20－1の通りである。また、事業の詳細については、以下の各項に示す。

② 妊産婦健康診査

妊産婦健康診査は、市町村が実施主体になり、妊産婦または乳児・幼児に対して必要に応じた健康診査の実施や受診をすすめる診査として、母子保健法（第13条）に基づいて実施されている。

健康診査では、妊婦や胎児の健康状態の把握、母体の健康維持増進、胎児の成長促進に関して助言や指導をしている。また、異常等の早期発見や健康状態に応じた医療の提供へとつながる健康診査である。

③ 乳幼児健康診査

乳幼児健康診査は、疾病や障害の早期発見や疾病等の予防のための保健指導につなげる機会としても重要な診査であり、母子保健法（第12条）に基づいて実施されている。

健康診査には、満1歳6か月を超え満2歳に達しない子どもを対象とした1歳6か月児健康診査と満3歳を超え満4歳に達しない子どもを対象とした3歳児健康診査がある。

④ 訪問指導

▼妊産婦訪問指導

妊産婦訪問指導は、助産師等が妊産婦のいる家庭を訪問し、栄養・生活環境・疾病予防などについて指導や支援をする、母子保健法（第17条）に基づいて実施される保健指導である。

対象は、特に初回妊娠の人、妊娠高血圧症候群（妊娠中毒症）等の人、出産に影響する疾病の既往をもつ人、未熟児や異常児を出産した経験のある人、生活上特に指導が必要な人、妊娠、出産、育児に不安をもつ人に対して重点的に実施されている。

▼新生児訪問指導

新生児訪問指導は、助産師等が新生児のいる家庭を訪問することによって、乳児家庭の孤立防止や乳児の健全な発育、母親の健康増進を目的に、母子保健法（第11条）に基づき実施されている。

対象は、特に第１子、育児に不安を抱える人、生活上特に指導が必要な人、妊娠中母体に異常があった新生児、異常分娩で出生した新生児、出生時に仮死等の異常があった新生児等である。

▼未熟児訪問指導

未熟児訪問指導は、助産師等が低出生体重児のいる家庭を訪問することによって、未熟児等の発育・発達のための栄養・生活環境・疾病予防に関する保健指導を行い、未熟児等の発育・発達を促すことを目的に、母子保健法（第19条）に基づき実施されている。

対象は、未熟児養育医療の対象になった子ども、出生体重が2,500グラム未満の低体重児で未熟性に基づく新生児期の異常が認められた子ども、出生体重が2,500グラム以上でも身体の発育が未熟のまま出生した子どもである。

▼乳児家庭全戸訪問事業（こんにちは赤ちゃん事業）

乳児家庭全戸訪問事業は、保健師等が乳児のいる家庭を訪問し、子育て家庭の孤立防止のために指導や支援を行うことにより、地域の中で子どもが健やかに育成できる環境整備を図ることを目的とする事業で、児童福祉法（第21条の10の２）に基づき実施されている。

先にあげた母子保健法に基づく各種の訪問指導と児童福祉法に基づく本事業は効果的な事業実施の観点から、別々に実施する必要はなく、同時に併せて実施することもできるとされている。

⑤　産後ケア事業

産後ケア事業は、産後ケアを必要とする出産後１年を経過しない女性および乳児に対して、心身のケアや育児のサポートなど（産後ケア）を行い、産後も安心して子育てができる支援体制を確保することを目的に、母子保健法（第17条の２）に基づき実施されている。

実施類型としては①短期入所型、②通所型（デイサービス型）、③居宅訪

問型（アウトリーチ型）があり、病院、診療所、助産所その他厚生労働省令で定める施設で実施される。

⑥　就学時健康診断

就学時健康診断は、市町村の教育委員会が小学校等へ就学予定のすべての子どもの心身の状況を把握し、小学校等への就学に際して、治療の勧告、保健上必要な助言を行うとともに、適正な就学を目的にして、学校保健安全法（第11条）に基づき実施される。

就学時健康診断の内容は、①栄養状態、②脊柱と胸郭の疾病や異常の有無、③視力と聴力、④眼の疾病と異常の有無、⑤耳鼻咽喉疾患と皮膚疾患の有無、⑥歯と口腔の疾病や異常の有無、⑦その他の疾病と異常の有無について実施される。

障害のある子どもの福祉施策

①　障害のある子どもを対象とした福祉施策の展開

2012（平成24）年４月１日から児童福祉法の改正などにより、18歳未満の障害のある子どもを対象にした福祉サービスは、児童福祉法により実施されることに一元化された。

改正前は、障害のある子どもに関する福祉サービスの提供体制は、児童福祉法と障害者自立支援法の２つの法律に分かれて実施されてきた。そのうえ、各種事業も障害種別に規定された事業であったことから、地域によっては、施設・事業の量的な偏りも見られ、子どもたちが身近なサービスを利用する機会に乏しいなど、資源の不足も課題であった。この改正によって、障害のある子どもに対する福祉サービスは、障害のある子どもたちが障害の区分を問わず、より身近な地域で支援が受けられるよう、サービスの質および量的拡大を図ることもねらいとしている。さらに、障害のある子ども本人だけではなく、親やきょうだいを含む家族支援も重視されるようになっている。このことは、家族への支援を早期からていねいに行うことで、結果として障害のある子ども本人の暮らしに安心が還元され、暮らしが安定することに結びつくと考えられるからである。

提供される各種サービスの利用については、療育手帳の有無が問われない

場合もあるなど、改正前に比べれば利用しやすい環境に近づいたといえるが、「障害がある」あるいは「療育が必要である」ことを医師等に証明してもらう必要がある場合もあり、福祉サービスに対する保護者の心理的なハードルが低くなったわけではないことは継続した課題でもある。

　そのため保育者は、障害のある子どもを対象にした福祉政策の意義や各種サービスの利用に関する理解を深めることはもちろん、障害のある子どもを育てる保護者の不安を受け止めながら、各種サービスと連携することにより、よりよい子育て環境が整うように関わりをもつ必要がある。

　さらに、2018（平成30）年には居宅訪問型児童発達支援が新設され、2024（令和6）年4月1日より児童発達支援の在り方に変更が加えられ、医療的ケアの必要な子どもたちに対する支援の方策も具体的に制度化されるなど、常によりよい支援の在り方をめざして変化し続けている。

　改定前、後の変更を含めた施設・事業の展開は図20-2の通りである。

図20-2　障害のある子どもを対象とした施設・事業の概要

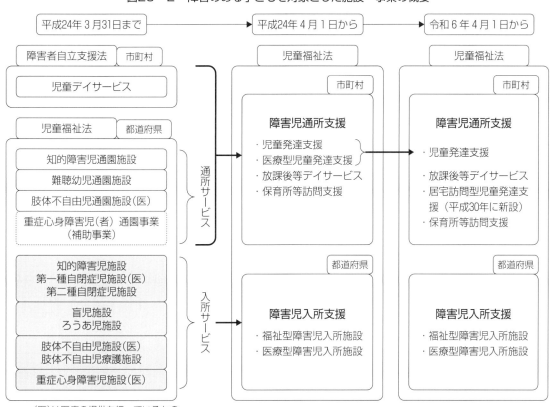

（医）は医療の提供を行っているもの

出典：厚生労働省『社会・援護局障害保健福祉部　障害福祉課/地域移行・障害児支援室　障害保健福祉関係主管課長会議資料』2011（平成23）年10月31日を一部改変

229

② 児童相談所

児童相談所は、子どもの福祉の向上を図ること、権利を擁護することを目的に、児童福祉法（第12条）に基づき設置されている[1]。

子どもの発達等に関して気になる場合は、児童相談所に相談することができる。家庭等からの相談に応じて、調査・判定を実施したのち、子どもや家庭に必要な指示、指導、助言等を行う。発達相談の他には、不登校や暴力を振るう子どもに関する相談、触法行為をする子どもに関する相談、保護者のいない子どもに関する相談、虐待に関する相談などに対応している。

③ 障害児通所支援

▼児童発達支援

2012（平成24）年の法改正において設置された「福祉型児童発達支援センター」と「児童発達支援事業」および「医療型児童発達支援センター」であるが、2022（令和4）年の法改正により児童発達支援センターの類型（福祉型・医療型）が一元化され「児童発達支援センター」となった。児童福祉法（第6条の2の2第2項）に基づき設置される。

類型の一元化は、障害種別にかかわらず、身近な地域で必要な発達支援を受けられるようにすることをねらいとしている。さらに一般の「児童発達支援事業所」に助言するなど地域全体の障害児支援の質の底上げを図る中核的

図20-3　2022（令和4）年法改正による児童発達支援センターの一元化

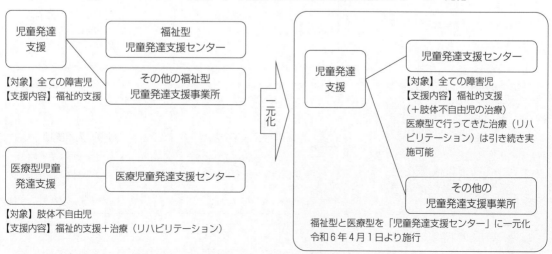

出典：厚生労働省「令和4年度全国児童福祉主管課長・児童相談所長会議資料」2022（令和4）年9月9日を参考に筆者作成

な機関として明確化された。

▼放課後等デイサービス

　放課後等デイサービスは、学校に就学している障害のある子どもやその家族を対象とした通所支援サービスとして、児童福祉法（第6条の2の2第3項）に基づき設置されている。

　放課後や夏休み等の長期休暇中に児童発達支援センターその他の内閣府令で定める施設において子どもの身体や精神の発達状況等に合わせて、生活能力の向上のために必要な訓練や社会との交流促進の機会等を提供している。

　さらに2022（令和4）年の法改正により、専修学校・各種学校に通学する障害児も発達支援が必要と市町村長が特に認める場合は対象となった。

▼居宅訪問型児童発達支援

　2016（平成28）年の法改正により創設された訪問系サービスである。児童福祉法（第6条の2の2第4項）に基づき設置されている。

　重度の障害の状態等により、児童発達支援、医療型児童発達支援や放課後等デイサービスを受けるために外出することが著しく困難な障害児の居宅を訪問して発達支援を行う訪問系サービスである。

▼保育所等訪問支援

　保育所等訪問支援は、保育所、乳児院・児童養護施設等を利用中の障害のある子どもや今後利用する予定のある障害のある子どもを対象に行われる訪問支援サービスとして児童福祉法（第6条の2の2第5項）に基づいて実施されている。

　保育所、乳児院・児童養護施設等の施設において、子どもの身体や精神の発達状況に合わせて支援するための事業で、支援経験がある児童指導員や保育士、理学療法士、作業療法士、心理担当職員等の訪問担当者が保育所等の施設を訪問している。

④　障害児入所支援

▼福祉型障害児入所施設

　福祉型障害児入所施設は、身体に障害のある子ども、知的障害や精神に障害のある子どもを対象に、保護、日常生活の基本的な動作指導、知識や技能の習得、集団生活への適応訓練等を行うことを目的に児童福祉法（第42条）に基づき設置されている障害児入所施設である。

▼医療型障害児入所施設

　医療型障害児入所施設は、知的障害のある子ども、肢体不自由や重度の知

的障害、重症心身障害のある子どもを対象に、保護、日常生活の基本的な動作指導、知識や技能の習得、集団生活への適応訓練等を目的に児童福祉法（第42条）に基づき設置されている障害児入所施設である。福祉型障害児入所施設との違いは、治療（医療）が提供される点である。

⑤ 医療的ケア児支援

　2021（令和3）年6月「医療的ケア児及びその家族に対する支援に関する法律」が公布され、医療的なケアを要する子どもたちに対する支援が制度化された。医療的ケア児とは、医学の進歩を背景として、NICU（新生児特定集中治療室）等に長期入院した後、引き続き人工呼吸器や胃ろう等を使用したんの吸引や経管栄養などの医療的ケアが日常的に必要な児童をいう。

　本法は医療的ケア児の健やかな成長を図るとともに、その家族の離職の防止に資し、もって安心して子どもを生み、育てることができる社会の実現に寄与することを目的としている。医療的ケア児が家族の付添いなしで保育所、学校、放課後児童健全育成事業など希望する施設に通えるように、保健師、助産師、看護師や准看護師、またはたんの吸引等を行うことができる保育士や保育教諭、介護福祉士等を配置することや、都道府県ごとに「医療的ケア児支援センター」を設立することが義務づけられている。

☺まとめてみよう

> ①　障害のある子どもに関する保健・医療施策における乳幼児健康診査について、その意義とねらいをまとめてみよう。
> ②　児童福祉法において、障害のある子どもに関する福祉施策はどのような考えに基づいて展開されているのか、その意義とねらいについてまとめてみよう。

【参考文献】
厚生労働省「社会・援護局障害保健福祉部　障害福祉課/地域移行・障害児支援室　障害保健福祉関係主管課長会議資料」2011（平成23）年10月31日
　http://www.mhlw.go.jp/seisakunitsuite/bunya/hukushi_kaigo/shougaishahukushi/kaigi_shiryou/dl/20111101_02.pdf（2023/5/10 閲覧）
厚生労働省「社会保障審議会医療保険部会　第1回子どもの医療制度の在り方等に関する検討会資料5」2015（平成27）年9月2日
　http://www.mhlw.go.jp/file/05-Shingikai-12401000-Hokenkyoku-Soumuka/

　0000096263.pdf（2023/5/10 閲覧）

厚生労働省「障害児支援の在り方に関する検討会　今後の障害児支援の在り方について（報告書）」2014（平成26）年 7 月16日

　http://www.mhlw.go.jp/file/05-Shingikai-12201000-Shakaiengokyokushougaihokenfukushibu-Kikakuka/0000051490.pdf（2023/5/10 閲覧）

厚生労働省「令和 2 年度母子保健指導者養成研修 7 『子どもの心の診療医』指導医研修」

　http://bosui.or.jp/koroseminar/pdf/seminar07/%E8%A1%8C%E6%94%BF%E8%AA%AC%E6%98%8E%E3%80%8C%E6%9C%80%E8%BF%91%E3%81%AE%E6%AF%8D%E5%AD%90%E4%BF%9D%E5%81%A5%E3%81%AE%E5%8B%95%E5%90%91%E3%80%8D.pdf（2023/5/10 閲覧）

厚生労働省「令和 4 年度全国児童福祉主管課長・児童相談所長会議資料」

　https://www.mhlw.go.jp/content/11900000/000987729.pdf（2023/5/10 閲覧）

厚生労働省「医療的ケア児等への支援施策」（令和 5 年 3 月 1 日時点）

　https://www.mhlw.go.jp/content/001075410.pdf（2023/5/10 閲覧）

「児童福祉法」

　https://elaws.e-gov.go.jp/document?lawid=322AC0000000164（2023/5/10 閲覧）

「学校保健安全法」

　https://elaws.e-gov.go.jp/document?lawid=333AC0000000056（2023/5/10 閲覧）

「母子保健法」

　https://elaws.e-gov.go.jp/document?lawid=340AC0000000141（2023/5/10 閲覧）

「子ども・子育て支援法」

　https://elaws.e-gov.go.jp/document?lawid=424AC0000000065（2023/5/10 閲覧）

「障害者の日常生活及び社会生活を総合的に支援するための法律」

　https://elaws.e-gov.go.jp/document?lawid=417AC0000000123_20230401_504AC0000000104（2023/5/10 閲覧）

「医療的ケア児及びその家族に対する支援に関する法律」

　https://elaws.e-gov.go.jp/document?lawid=503AC0000000081（2023/5/10 閲覧）

第21章　地域の社会資源との連携

 1 障害のある子どもの支援を地域で進めるために

① 私たちが生活を営む地域社会

　障害のある子どもの保育を含む地域福祉を考えていくうえで、厚生労働省は2014（平成26）年「今後の障害児支援の在り方について（報告書）～『発達支援』が必要な子どもの支援はどうあるべきか～」において、その基本理念に地域社会への参加・包容（インクルージョン）の推進と合理的配慮をあげ、地域社会への参加を明確に位置づけている。

　障害のある子どもの地域参加を実践していくためには、その子どもや保護者、家族を取り巻く社会資源、例えば行政（福祉事務所や児童相談所）、保育所、福祉施設等の専門機関や地域住民、ボランティア等と連携して取り組む必要がある。

　児童福祉法第48条の4において保育所は、地域の住民に対し相談に応じ、及び助言を行うよう努めなければならないとされている。つまり、保育士は保育の専門職として所属する保育所内の支援に加え、地域に関わっていくことが求められている。さらに言えば、保育士には地域福祉の推進に取り組む専門・関係機関や関係者とともに、障害のある子どもとその家庭を地域社会で包含（包み込んでいくこと）する文化を創造していく活動にまで積極的に参加し、ノーマライゼーション*1の理念を実現できるよう働きかける取り組みが求められている。

＊1　ノーマライゼーション
障害のある人も障害がない人と同等に住み慣れた地域の中でともに生活を営むことがノーマルな状態であるという考え方である。1950年代のデンマークにおいて、知的障害者の家族会の施設改善運動に端を発し、現在では、障害児・者の福祉のみならず、すべての福祉分野の共通の理念として推進されている。

② フォーマルとインフォーマルな社会資源

　社会資源とは、生活課題の解決のために活用できるすべてのサービスのことを指し、市川は「人、もの、金、とき、知らせ」と整理している[1]（表21－1）。地域社会には、様々な社会資源が存在しており、その質と量は私たちが生活を営む生活圏域によって異なる。

　社会資源を大別すると、フォーマル（公的）と、インフォーマル（非公的）がある。フォーマルな社会資源とは、制度化されたサービスをはじめ、公的機関（児童相談所や福祉事務所等）や社会福祉施設、病院等があげられる。

表21-1　資源の例示

人	問題解決に取り組む当事者、医師、保健師、社会福祉士、ケアワーカー、ケアマネジメント等の専門職、住民、ボランティアといった保健医療福祉等に関わる広い人材
もの	保健・医療・福祉・教育・公民館等の施設、サービス・活動、物品はもちろん、住民関係、地域関係、ボランティア協議会、医療保健福祉等の専門職ネットワーク等のネットワーク
金	補助金・委託金、寄付金、収益、研究補助金
とき	就業時間、ボランティアが活動する時間。課題を共有し、合意して取り組むチャンス
知らせ	上記の資源情報、サービス利用者情報、相談窓口における情報等のニーズ情報、計画策定に必要な統計などの管理情報

出典：市川一宏「地域福祉における政策・計画と経営・運営との関係」日本地域福祉学会編『新版　地域福祉事典』中央法規出版　2006年　p.159

　これは、公金が投入されることによって比較的安価で利用でき、サービスの提供も安定的であり、継続性が担保されているという特徴がある。しかしながら、サービスを利用する際には画一的な基準が設けられていることがあり、個々の福祉ニーズに柔軟に対応することや、きめ細やかな対応は困難な点がある。

　インフォーマルな社会資源とは、家族、近隣住民、友人・知人、民生委員・児童委員（主任児童委員）、ボランティア等があり、一定程度の融通が利きやすく個別の福祉ニーズに沿うことが可能である特徴をもつ。その反面、対応する内容の専門性は低く、安定性、継続性に欠ける場合があるという側面もある。

　障害児保育の実践は、保育所や療育機関等をはじめ、他の公的機関やボランティア等様々な機関や人が関わって支援が展開されていることを理解しなければならない。また、保育士として、支援のために活用できる各種制度やサービス、専門機関、ボランティア活動団体の状況、各種補助金、助成金等に関する情報等に対し日頃から意識をもって情報収集をすることが必要である。なお、これまでフォーマルな社会資源が対応できないような部分をインフォーマルな社会資源で「埋め合わせ」をするような調整が散見されてきたが、本来はそうではない。両者はそれぞれの目的や役割を担っており、長所を活かし、相互補完的に活用していく視点が求められる。

③ 地域の社会資源を活用する視点

　障害のある子どもとその保護者、家族の福祉ニーズは多様化している。例えば保護者は、子どもの療育、リハビリテーション、保育、就学に関する相談をはじめ、自分自身の生活（仕事、健康、将来等）についても不安を抱えていることがあるだろう。それらに対し、各種の専門・関係機関がその個々に応じた福祉ニーズを満たすことにより、育児負担や不安の解決、軽減することに貢献できるものである。

　保育所保育指針の第1章の保育の計画及び評価(2)指導計画の作成では、障害のある子どもの保育については、「家庭や関係機関と連携した支援のための計画を個別に作成するなど適切な対応を図ること」[*2]と示されている。この中にある「関係機関と連携した支援」を推進するためには、フォーマル・インフォーマルな社会資源の特徴や性質を理解しておくことが保育士にとって重要である。

*2
139頁の保育所保育指針第1章3(2)を参照。

 ## 地域での暮らしを支える身近な社会資源との連携

① 地域にある身近な社会資源

▼社会福祉協議会

　社会福祉協議会は、地域社会において、地域住民が参加する福祉活動を推進し、地域における社会福祉を向上することを目的とした非営利の民間の団体である。社会福祉法においては「地域福祉の推進を図ることを目的とする団体」として位置づけられ、全国、都道府県・指定都市、市区町村の各段階で組織されている。

　社会福祉協議会は、①住民組織、②公私の社会福祉事業関係者および関連分野の関係者、③その他地域福祉推進に必要な団体で構成され、地域社会で活動を行う社会福祉の関係者が幅広く参加している組織である。

　社会福祉協議会の具体的な事業として、地域住民への社会福祉に関する啓発、ボランティア活動に関する相談や活動の調整、法制度による社会福祉サービス事業等を展開している。

　現在の社会福祉制度・サービスは地域福祉の考え方に基づいて進められており、その中核的な存在を担うのが社会福祉協議会である。保育士として、

居住、勤務地域の社会福祉協議会の事業内容は理解しておく必要がある。

▼ボランティア

　ボランティアとは、一般的に自分の意志で進んで社会に貢献しようとすることであり、その基本理念は以下のようにまとめられる[2]。

　自発性：外部からの影響ではなく自分の意志決定に従い行動すること。
　無償性：対価として金銭的報酬を求めることではなくボランティア活動に参加し、自らの価値を見出すこと。
　公共性：特定の人に対するものではなく、多くの人々に向けられたものであり、地域社会全体に対し貢献する活動のこと。
　先駆性：社会的ニーズを捉え、これまでにはない活動にいち早く取り組むこと。

　これまでは「困った人を助ける活動」という認識が強かったボランティア活動であるが、地域福祉の考え方においては、「自分のまちをよくする」ための積極的なものとして捉えられるようになってきた。

　保育士としてボランティアとの連携を図るには、ボランティア活動に取り組む人の目的や主体性を尊重し、パートナーとして一緒に活動するという視点が求められる。例えば障害のある子どもの支援において、ボランティアの力を借りることで、障害のある子ども自身が様々な人とふれあい社会性の成長等が期待できる。ただし、施設や子どもたちの心身の状況に配慮しながらボランティア活動のコーディネートをし、受け入れを進めなければならない。

▼ＮＰＯ

　ＮＰＯとは、「Nonprofit Organization」または「Not-for-Profit Organization」の略であり、非営利組織のことを指している。ここでいう非営利組織とは、利益を追求せず、利益はその組織の目的とする社会貢献活動にあてることで継続的に運営される団体のことをいう。このような団体に対し、1998（平成10）年に「特定非営利活動促進法」が施行され法人格が与えられることとなった。その活動領域は、「保健、医療または福祉の増進を図る活動」や「まちづくりの推進を図る活動」、「子どもの健全育成を図る活動」等20分野の非営利活動のいずれかに該当するものが定められている。

　ＮＰＯは、障害のある子どもとその家庭に対する支援においてもこれまで大きな役割を果たしてきた。公的サービスでは制度の狭間となる困難な対応に対し、積極的に支援を図ろうとするものである。例えば、障害児向けの野

外活動や遊びのプログラムを企画・実施したりする等、社会参加や余暇活動の支援が展開されている。また、ＮＰＯ団体は法人格を有していることから社会的信頼性が高く公的サービスを受託していることもある。

▼民生委員・児童委員、主任児童委員

　民生委員・児童委員、主任児童委員は、地域住民の中から選ばれ、ボランタリーな視点をもって地域住民の生活相談に応じている。また、生活課題の解決や軽減を図るために、必要に応じて専門・関係機関等へ「つなぐ」役割も担っている。さらに、日頃から高齢独居世帯や高齢者世帯をはじめ、子育てに不安を感じている世帯、障害児・者がいる世帯等、特に見守りを必要とする人に対し支援を行っている。

　保育士との関わりとしては、児童虐待の早期発見、子育てへの不安を抱える家庭等への支援における連携があげられる。例えば、児童虐待が疑われる場合、保育所だけでは、家庭で子どもがどのような状況下に置かれているかなどが把握しづらいことがある。そこで、家庭に対する見守り、助言に関わることができる民生委員・児童委員、主任児童委員と連携を図り、個人情報の取り扱いに留意しながら多面的に情報収集を行い支援体制を整えていかなければならない。

▼当事者組織

　当事者組織は、一般的に、その構成員が特定の体験を共有し、その体験に付随する諸課題へ自らの力を高めて対応することを目的とした自発的、主体的に展開する形態をいう。当事者が主体となり運営、活動を展開していくことから当事者組織と呼ばれる。例えば、障害のある子どもの保護者が集まりグループをつくり組織することもある。同じような経験や環境をもつ者同士が交流できる場があることで悩みを共有し、安心や癒しにつながるものである。また、障害のある子どもを育てた経験がある人からいろいろな話や情報を得ることによって、今後の子育てのヒントを得ることや将来の生活を描くことにもつながるだろう。当事者である立場を強みと捉え、日常生活と心の「居場所」になることが期待される。これらからわかるように、障害のある子どもへの支援を進めるにあたり、保育士による直接的な支援に加え、保護者同士による関係性を調整する等の側面的な関わりによる支援も求められる。

② 連携を図る方法

　これまで述べてきた支援に関わる専門・関係機関が重層的に福祉サービス

の提供、活動に取り組むことで地域における支援の「網の目」は細かくなり、障害のある子どもや保護者、家族の福祉ニーズへの受け皿として対応ができることになる。

　連携を図るうえで「顔の見える関係づくり」というものがある。これは、専門・関係機関が互いの専門性を認識し、役割分担をしながら支援に取り組む協力体制を整えることと説明できるが、今後はもう一歩踏み込んだ段階で連携を図ることが求められる。具体的には、ソーシャル・サポート・ネットワークの構築があげられる。ソーシャル・サポート・ネットワークは、その人を取り巻く家族、近隣住民、友人、ボランティア等による支援（インフォーマルな社会資源）と、公的機関やその他専門職による支援（フォーマルな支援）の包括的な支援体制を指し、個々の福祉ニーズを満たすネットワークの形成といえる。

　具体的なソーシャル・サポート・ネットワークの例としては、2004（平成16）年の児童福祉法改正において定められた「要保護児童対策地域協議会」の組織があげられる。構成員は、福祉、医療、教育、司法、警察をはじめボランティアやNPO、民間団体等から組織されている。支援の対象は、虐待を受けている子どものほか、障害のある子どもも対象に含まれている。これらは、専門・関係機関がそれぞれの役割を果たし、子どもやその保護者等を支援するにあたりネットワークで支えるという視点のもと実践されている。

　地域の実情に合わせてソーシャル・サポート・ネットワークを構築していくことになるが、前述したような既存の組織を活用して支援に必要なネットワークを構築して連携を図ることも考えられる。なお、ソーシャル・サポート・ネットワークは、組織が形骸化することなく、「活きた」ネットワークでなければならない。

 ## 3　保育士と専門・関係機関との連携における課題

①　当事者参加の視点

　障害のある子どもの支援を推進するにあたっては、関係者による連携において、当事者参加の視点を据えることが重要である。

　保育士や専門・関係機関が専門的な知識や技術に基づいて生活課題を特定し、対応を組み立てることは容易なことと感じるかもしれない。しかし、当事者の気持ちや意思をくみとらずに「こうあるべきだ」「このようにしなけ

ればならない」等のおしつけをするようなものは支援とはいえない。

当事者（保護者）の声や希望によく耳を傾け、可能な限りケア会議やカンファレンス等にも参加してもらい、支援の内容や方法について本人を交え共有していくことが望まれる。なお、当事者とは、障害のある子ども自身のことを指すが、保護者等の養育者の意向を把握することも支援の取り組みには重要であり、日常の生活や福祉ニーズを理解していく必要がある。場合によっては、保護者等の養育者と障害のある子ども本人の意向が表面的に相反することもある。そのような状況においては、両者への関わりをより丁寧に行い、「子どもの最善の利益」を基盤においた上でニーズの調整を図り、支援のあり方を考えていく必要がある。

②　個人情報保護と情報の共有化

現在、専門・関係機関が連携を図っていくうえで、個人情報保護の「過剰反応」ともいうべき状況が発生している。連携の中できめ細やかな支援を進めていくことが求められているにもかかわらず、それに必要な情報が共有しづらい状態にある。各専門・関係機関は個別的に情報をもっているが、それを支援のために有効活用されていないことがある。結果として福祉ニーズに対し、支援が十分に取り組めないことが指摘されている。今後は、必要な情報を峻別し、当事者に十分な説明と同意を得て、個人情報の共有を可能にし、支援に携わる者が円滑に活動を展開できる仕組みづくりが求められる。

③　地域社会の福祉に目を向けた取り組み

保育士と専門・関係機関が連携を図り、地域で障害のある子どもを支援し育てていくという取り組みは、地域社会全体で障害のある子どもとともに暮らし歩んでいくというソーシャル・インクルージョンの具現化といえる。保育士は地域福祉を中心的に推進する存在ではないが、その一翼を担っている。特に、保育に関する専門職ということを念頭に置き、他職種に対して、「子どもの最善の利益」について適切に説明をする立場にあることを自覚する必要がある。また、子ども、保護者の権利を擁護する視点をもち、地域社会で安心して子育て、子どもの心身の成長が育まれるよう寄り添う支援をしていかなければならない。

🔩 **まとめてみよう**

> ①　地域の専門・関係機関等が連携を図る必要性についてまとめてみよう。
> ②　地域の専門・関係機関が連携を図る方法について考えてみよう。
> ③　地域の専門機関が連携を図るうえで必要な取り組みについてまとめよう。

【引用文献】
１）市川一宏「地域福祉における政策・計画と経営・運営との関係」日本地域福祉学
　　会編『新版　地域福祉事典』中央法規出版　2006年　p.158
２）文部科学省生涯学習審議会「『今後の社会の動向に対応した生涯学習の振興方策
　　について（答申）』の送付について」1992年

【参考文献】
西郷泰之ほか監修、家庭訪問型子育て支援研究会編『子ども・家庭・地域が変わる
　　家庭訪問型子育て支援ハンドブック日々の支援に役立つ技とコツ』明石書店　2013
　　年
厚生労働省「今後の障害児支援の在り方について（報告書）〜『発達支援』が必要な
　　子どもの支援はどうあるべきか〜」2014年
　　https://www.mhlw.go.jp/file/05-Shingikai-12201000-Shakaiengokyokushougaihoken
　　fukushibu-Kikakuka/0000051490.pdf（2016/11/2 閲覧）
全国保育団体連絡会・保育研究所編『保育白書　2014年版』ちいさいなかま社　2014
　　年
橋本真紀『地域を基盤とした子育て支援の専門的機能』ミネルヴァ書房　2015年

第5部　事例編
これまで学んだ知識や技術を駆使して総合的に学ぶ

あつし先生　ここまで学んできて、だいぶ障害児保育のことがわかってきたかな？　みらいさん。

みらいさん　障害のことや障害のある子どもの保育の方法など、とても学ぶことが多かったです。

あつし先生　実際に障害児保育を実践していくには、ここまで学んできた知識や技術を統合して、いつでも引き出せる状態にする必要があります。

みらいさん　つまり実践力ということですか？

あつし先生　そういうことです。さらには、社会福祉や相談援助、小児保健、保育内容など、障害児保育の他の科目で学んだことも必要になってきます。障害児保育というのは保育士の総合的な実践力が試されるといってもよいでしょう。

みらいさん　なんだか、緊張してしまいます…

めぐみ先生　大丈夫ですよ。まだ、ここは学びの場なのですから、もしわからないことがあれば元に戻って復習したり、疑問や質問があれば遠慮なく聞いてください。

みらいさん　はい。少し安心しました。

めぐみ先生　ここでは、3つの事例を用意しました。発達障害のある子どもの保育場面や保護者への対応、就学への支援や地域との連携など、すべてここまで学んだことで課題に取り組めるようになっています。これまでの学んだ知識や方法をフルに活用していきましょう。

みらいさん　はい！　これまでの総まとめということですね。実際に現場に出たつもりで取り組みたいと思います。

第**22**章　ＡＤＨＤの子どもの事例

 事例：ＡＤＨＤのある子どもの支援と、ともに過ごすクラスの子どもへの対応

▼ ねらい ▼

　ＡＤＨＤのある子どもの中には、障害特性の一つである衝動性により、集団への不適応行動が顕著に表れる場合が多い。保育場面において保育士が困る行動が多いことから、保育士は、ＡＤＨＤのある子どもの行動に対して、叱る、指摘するなど、本人を責めるような対応になりがちである。しかし、保育士がそのような対応に終始すると、子どもの自己肯定感は低くなり、不適応行動がより複雑化、深刻化する場合が多い。ＡＤＨＤのある子どもの保育においては、その障害特性、発達特徴を正しく理解し、本人の困っている気持ちに寄り添いながら、支援する必要がある。

　ここでは、ＡＤＨＤの障害特性である衝動性から、保育園で他児とのトラブルが多い子どもの事例を通して、その対応について学ぶことをねらいとする。その際、トラブル対応については、ＡＤＨＤのある子どもの対応のみではなく、インクルーシブの視点から、ともに過ごすクラスの子どもへの対応も学習することとする。

① 事例の概要

📝 本人・家族等の紹介

・Ｔくん　男児　４歳

　Ｔくんは父親の転勤のためＡ保育園に３歳児で転入園し、現在は４歳児クラスに在籍している。Ｔくんは３歳児検診で落ち着きのなさを指摘され、児童発達支援センターでの受診を勧められた。そこでＡＤＨＤの診断を受ける。その後、保育園に通いながら、児童発達支援センターＨ園で週１回の療育を受けはじめて６か月になる。家族構成は父親（35歳）、母親（33歳）、弟（２歳）、Ｔくんの４人家族である。父親は仕事が忙しく、Ｔくんに関わることが少ないので、Ｔくんの障害を背景とした発達特徴をなかなか理解できず、Ｔくんに対して強く叱りつける対応が多い。父親は保育園でのＴくんへのト

ラブル対応についても「Ｔくんへの対応が甘い、もっと厳しく叱ってほしい」と要望を出してくる。母親は、家庭での落ち着きのないＴくんや幼い弟の育児に追われ、疲れ気味である。そのためＴくんにていねいに関わりたいと思いながらも１日中、叱ったり、注意したりする関わりになってしまっている。

保育士の紹介

・Ｏ保育士（27歳・女性）

　保育士養成の大学を卒業後、Ａ保育園に勤務して５年目となる。園の保護者からの信頼やＡ保育園の園長、同僚保育士からの評価も高い。今までも障害児を受け入れてクラス運営をした経験があり、子ども一人ひとりを大切にした保育の実践に努めている。しかし、今年度、Ｔくんのクラス担任となり、他児とのトラブルが続くＴくんやクラスの子どもたちへの保育、Ｔくんの父親への対応に苦慮し、インクルーシブ保育[1]の実質化をめざしながら、Ｔくんの存在を肯定的に受け入れられないときがあることに対して、保育者として自信を失いかけている。

* 1
インクルーシブ保育とはインクルージョンの理念に基づいた保育のことである。保育・教育においてのインクルージョンとは、障害の有無にかかわらずすべての子どもが、地域社会における保育、教育の場において包み込まれ、個々に必要な支援が保障されたうえで保育・教育を受けることを意味している。

② 事例の展開

落ち着きのないＴくんへの保育

　ＴくんはＡ保育園への入園当初、活動に集中できずクラス内を動き回る、クラスから突然飛び出す、園内、園庭を走って回るなどの衝動性、多動性が目立っていた。そこで、Ａ保育園ではＴくんの両親の承諾を得て、Ｔくんが通っている児童発達支援センターＨ園（以下、Ｈ園）の担当者にＡ保育園でのＴくんの様子を観察してもらい、Ｔくんの示す状態像の背景となるＴくんの発達特徴が、「視聴覚の刺激に過剰に影響を受けやすく、特に興味のある刺激に過敏に反応しやすいこと、気持ちや行動をコントロールすることが苦手であること」を理解した。また、Ｈ園の担当者と一緒にＡ保育園でのＴくんの保育の目標、方針、方法などの保育計画について検討した。その保育計画に基づき、Ｔくんに対して主に次の４点について、個別的に保育を実践した。

① Ｔくんが刺激に過剰に反応せず、落ち着いて目的的に動けるように、クラス内の刺激量を見直し、遊具や道具など必要な物は整理してわかりやすく配置する。また、一斉活動中は担任のそばにＴくんの椅子を置いて、担任が刺激を調整し、Ｔくんが活動に集中できるように配慮する。

② クラスの予定を絵カードや写真カードで示し、見通しをもって集中して活動に取り組めるようにする。

③ 行きたい場所ややりたいことがあるときは、衝動的に行動に移す前に、担任に伝える練習をする（場所カードや時計カードなどを使い「どこに、どの時間に、いつまで行くか」を担任との話し合いで決める）。

④ 保育園内で協力して、保育士全員がTくんに対して同じ対応ができるようにする。

このような保育を継続的に行った結果、Tくんはクラスから飛び出すことが少なくなり、少しずつ、クラスで活動できることが増えていった。

お友だちとのトラブルが目立ってきたTくん

4歳児クラスになり、クラスで落ち着いて活動することが増えたTくんは、クラスの子どもへの関心が高まり、好きなお友だちもできて、一緒に活動することを好むようになった。一方で、他児との関わりが増えたことで、クラスの子どもとのトラブルが頻繁になり、押す、叩く、ひっかくなどの乱暴な関わりが目立つようになった。クラスの子どもの中にはTくんと関わることを怖がったり、嫌がったりする子どももいて、O保育士は、Tくんとクラスの子どもへの対応に悩んでいる。

ある日、Tくんは園庭で大好きなFくんと一緒にボールを蹴って、ボールのやり取りを楽しんでいた。Tくんの蹴ったボールがFくんから大きく外れ、Fくんが走ってボールを取りに行くと同時に、2人の遊びを見ていたYくんがボールを追いかけ、先にボールを拾った。その様子が目に入ったTくんは急に怒りはじめ、猛ダッシュでYくんのところに行き、いきなりYくんを押してボールを奪い取り、Yくんを叩いてしまった。園庭にいて、その様子を目撃したO保育士は大声で「Tくんやめなさい」と注意したが、Tくんはその声に一層興奮した様子で叩くことをやめない。O保育士は急いでTくんに

駆け寄り、Ｔくんの行動を止めて、Ｔくんと話をした。

Ｏ保育士：Ｔくん、どうしたの？　なぜ、Ｙくんを叩いたの？
Ｔくん：だって、ＹくんがＦくんのボールをとったから…。
Ｏ保育士：Ｙくん、Ｆくんのボールを取ったの？
Ｙくん：ちがう、拾ってあげただけだよ。
Ｏ保育士：ＹくんはＦくんのためにボールを拾ってあげたんだよ。お友だち
　　に親切にしたのに、叩かれたＹくんはどんな気持ちか考えなさい。いつも
　　先生と「お友だちを押さない、叩かない」と約束しているでしょう。約束
　　を守れないことは良いこと？　悪いこと？
Ｔくん：悪いこと、ぼく…悪い子…Ｏ先生だいきらい！
Ｔくんはそのまま、その場を走り去った。

　Ｏ保育士は走り去るＴくんの姿を見ながら、最近、時々Ｔくんが「ぼく、悪い子だから、パパもママもぼくをきらいなんだ」と言うようになったことを思い出し、トラブルが起こったとき、その場でどのように対応すればよいのか悩んでしまった。

✍ケース会議によるＴくんと他児とのトラブル対応についての検討

　Ｏ保育士は、園庭でのＴくんのトラブルについて、園長に報告し、今後の対応について相談した。園長はＴくんとクラスの子どもたちの様子やＯ保育士の保育士としての葛藤を知り、Ｔくんのケース会議を行うことを決めた。ケース会議には、園内のすべての保育士とＴくんが通うＨ園の担当者が出席した。

　ケース会議では最近のＴくんの様子を確認した後に、今後の対応について検討された。話し合いの結果、次の方針が決められた。

1．他児とのトラブルを減らすために、衝動性を抑制するための支援を行う。
　①　行動観察チェック表をつける。
　　・保育士がＴくんの衝動的になりやすい場面を予測し、事前にサポートすることでトラブルを減らすことを目的にして、どのプログラムや時間帯に、どのような場面で、誰と、どのような衝動的な行動が、何が原因で起こると思われるかなどについて、Ｔくんの行動を観察してチェック表をつける。
　②　衝動が高まったときの望ましい行動をＴくんに知らせる。

・イライラしたら保育士に伝えるなどの行動を伝え、相手に衝動的に向かわないようにする。できたときに褒めて行動を習得させる。

③　衝動的になりそうなときに、自分でコントロールできるようなサポートをする。

・コントロールする内容、結果を表にするなどの見える化（視覚的情報にして伝えること）をして衝動の抑制を促す。

・怒りの程度を自分で大きさや長さなどの絵や図に示す、怒りを感じたときに、胸に手を当てる、こぶしを握り締めるなどの我慢のポーズを決めて、落ち着くことに注意を向けるなど、自分の感情や感情の変化を意識できるようにする。

2．他児とのトラブルへの対応を統一する。

①　他児とのトラブルを発見したら大声で叱るのではなく、安全を確保した後にTくんの気持ちを十分に聞く。その後にTくんと状況を振り返りながら、保育士が客観的に冷静に状況を説明する。相手の子どもに謝るなどの対応を一緒に考え実行を促す。今後、同じように衝動的になったときの対処方法（約束）を確認する。

②　手を出された子どもへの配慮を忘れない。

・手を出された子どもの心情に共感し慰めたうえで、Tくんの気持ちを代弁する。我慢を強いることはしない。

3．保育士が子ども同士の関係をつなぐ役割を果たす。

①　保育士が仲介して、子ども同士の関わりの中でTくんのよいところを引き出し、プラスの関係を築く。

②　クラスの一員としてのTくんの存在を周りの子どもが肯定的に意識できるように、Tくんの得意なことで、クラスの子どもへよい影響を与えることのできる役割を任せ、クラスの中でのTくんの居場所をつくる。

4．保護者に対して保育園の方針を伝え、家庭での関わりについても協力を求める。

①　お友だちの関係で衝動性を止めたくても止められず、Tくん自身が困っていることについての共通理解をもつために、児童発達支援センターの担当者からTくんの衝動性について説明し、叱る関わりでは、本質的に問題の解決にならないことを伝える。

②　お友だちとのよい関わりができるように、厳しく叱って行動の修正をするのではなく、自分でコントロールできる力をつけながら、クラスの子どもとの関係を担任保育士が調整していくという保育園での方針を伝え、家庭での関わりについても協力を求める。

　このケース会議の最後に、園長は参加した保育士に向けて「今日の会議で、Ｔくんと他の子どもとのトラブルについては、Ｔくんのせいでも、周りの子どものせいでも、担任保育士のせいでも、保護者のせいでもないことが確認できました。ここまで成長したＴくんが、もっと成長をしたくて、私たちに今、助けを求めているのだと思います。Ａ保育園においてＴくんも含め、クラスの子どもたちがともに育ち合えるように、これから、今日の会議で話し合った方針で保育士全員が協力し合って保育を行っていきましょう。そのことを通して、私たち保育士も育ち、Ａ保育園の保育の質が向上していくであろうと私は今日の会議で確信しました」という言葉を述べた。

③　事例の考察

▼交友関係の広がりと衝動的な行動の増加

　Ｔくんは入園当初から、衝動性による集団適応への苦手さが目立っていたが、３歳児クラスで日常的な活動や刺激が調整された環境においては、Ｔくんの衝動性が目立たなくなった。このことは、Ｔくんの通うＨ園との連携により、Ｔくんの発達の状態を理解し、保育園全体でＴくんに対応できるような体制を整え、担任保育士を中心に保育方針に沿って、継続的にＴくんへの個別的な保育を行った結果であると考える。

　しかし、４歳児クラスになり、クラスの子どもとの関係において、Ｔくんの衝動性が再び目立ちはじめた。その背景の一つには、対人意識が高まり、交友関係が広がったというＴくんの成長があると考えられる。一方で、人への対応は変化の調整が可能な物的な環境や活動への対応とは異なり、そのときの相手の状況に合わせて、即時に対応することが求められる。思いついた行動を考える前に実行に移してしまいがちなＴくんにとっては、衝動的な行動も誘発されやすく、予測のつかない突然の出来事に対しては、勘違いや思い込みが起こりやすい。頻繁に対人トラブルが起こるようになったのは、他の子どもとの関わりが増え、より複雑な環境への適応を求められることになり、Ｔくんの衝動性が表れやすい状況になったからであると思われる。

▼ケース会議での検討

　園内で行われたケース会議ではＴくんと他の子どもとのトラブルに対しての対応が検討された。対応については、お友だちと仲よくしたいと思っていても、自分ではなかなか衝動性を止められず、トラブルになり困っているＴくんへの保育について、予防的対応と事後対応の両面から検討された。予防的対応は、トラブルを未然に防ぐことを目的に、Ｔくんの衝動性が高まりや

すい状況を予測して配慮することや、Ｔくんが自分で衝動をコントロールできるように、事前にサポートすることである。事後対応は、Ｔくんの気持ちに寄り添いながら、状況を振り返り、望ましい行動を具体的に伝え、トラブルを繰り返さないようにするための対応である。また、子ども同士のトラブルにおいては、手を出された子どもや周りの子どもへの保育士の対応は、子ども同士の関係の構築に大きく影響することを意識して、保育士はていねいに対応する必要がある。

▼担任保育士の精神的負担について

担任保育士は他の子どもとのトラブルを繰り返すＴくんの対応に悩み、大きな葛藤を抱えていたが、ケース会議によって、Ｔくんのトラブルに対して、園全体で支援することになったことで、他の職員からの協力を得やすくなり、担任保育士の精神的な負担感が軽減していくと思われる。Ｔくんの存在を肯定的に受け入れながら、自信をもって保育を行うことができるようになることが期待できる。

家庭の中で厳しく叱られることが多く、自己肯定感が低くなりがちなＴくんを支援するためには、保護者との連携が不可欠である。保護者のＴくんへの関わり方を否定せず、保護者の気持ちや願いを充分に聞きながら、園としての考えや方針を伝え、少しずつ共通理解をもてるように支援することが大切である。ケース会議において、Ｈ園の担当者とＴくんの保育園での様子や家庭状況について情報を共有し、今後の方針について共通理解できたことで、保育園とＨ園が、それぞれ立場の違いによる特性を生かした役割を担いながら、統一した保護者支援を行うことができる。この連携は、保護者の安定につながっていくことと思われる。

ケース会議の最後の園長の言葉は、ケース会議を通してＴくんとクラスの子どもたちをつなぐ保育士の役割の重要性を確認したものである。障害のある子どももない子どもも、一人ひとりの子どもが、個々に必要な保育を保障される集団の中で、お互いがコミュニケーションをとりながら、影響を受け合ってともに育ち合うことをめざすＡ保育園の保育の理念を示したものであると考察する。

今後、Ｔくんとクラスの子どもに対して、ケース会議で確認された方針に基づき、実際に試行錯誤の中で保育を行うことになる。常にめざす子どもの姿から、方法を見直し、支援計画を立て直しながら保育を進めていくことが求められている。

✐ 演習課題

①　事例の下線部の園庭の場面で、Ｔくんはなぜ、「Ｏ先生だいきらい！」と言って走り去ったのでしょうか。Ｔくんの気持ちを考えてみましょう。

②　事例の下線部の園庭の場面で、なぜ、Ｏ保育士は、走り去るＴくんの姿を見ながら、最近、時々Ｔくんが「ぼく、悪い子だから、パパもママもぼくをきらいなんだ」と言うようになったことを思い出したのでしょうか。そして、そのようなＴくんの様子から、対人トラブルが起こったとき、その場でＴくんにどのように対応したらよいのか悩んでしまったのはなぜでしょうか。

③　Ｔくんの気持ちと押されて叩かれたＹくんの心情を理解したうえで、Ｏ保育士は両者にどのように対応したらよいでしょうか。対応に応じた言葉かけをワークシートに書き込んでみましょう。

【参考文献】
柴崎正行・太田俊己監修『イラストでわかるはじめてのインクルーシブ保育―保育場面で考える50のアイデア』合同出版　2016年
あすなろ学園『気になる子も過ごしやすい園生活のヒント』学研プラス　2010年

ワークシート　Tくんへの対応

対　応	言葉がけ
①大声で叱らず、静かに興奮を落ち着ける	
②押したり、叩いたりした理由を尋ねる	
③一緒に状況を振り返る、客観的に状況を説明する	
④Tくんが誤解していることを説明する	
⑤Yくんへの謝罪を促す	
⑥謝罪の方法を確認する	
⑦謝罪できたことを心から褒める	
⑧謝罪後、今後の対応について、日頃、決めていることを確認する	

ワークシート　Ｙくんへの対応

対　応	言葉がけ
①安全な場所に移動する	
②背中をさすったり、抱きしめたり、手を握ったりして、安心させる	
③Ｙくんがボールを追いかけた理由を聞く	
④ボールを拾って押されて叩かれたＹくんの気持ちに共感する	
⑤Ｔくんの誤解とＴくんの気持ちを代弁する	
⑥Ｔくんに保育士からＹくんの気持ちを話し、謝罪を促すことを伝える	
⑦Ｙくんが落ち着いたことを確認する	

第23章 自閉スペクトラム症の子どもの事例

 事例：統合保育場面で自閉スペクトラム症の子どもを支援する

▼ **ねらい** ▼

　自閉スペクトラム症の子どもは、対人関係の樹立につまずいたり、こだわりがあるために円滑に集団生活が送れなかったりする。保護者もまた、わかりにくい行動に戸惑うことも多い。保護者に身近な保育士の支援は、混乱する保護者の支えになるであろう。

　この事例を通して、障害のある子どもも、障害のない子どもも一緒に育つ姿を考える。また、保護者支援は一方的に育て方の指導をするものではない。保護者の悩みに共感しつつ適切な情報を提供することが大切である。保育士に求められる姿勢について考えよう。

① 事例の概要

本人・家族等の紹介

・Aくん　男児　4歳児クラス

　妊娠中の経過に特に問題はなく、関東の産院にて通常分娩により2,800グラムで生まれた。1歳6か月児健康診査では、指差しがあり発語もいくつかあることから、発達に関する指摘は特になかった。2歳になる頃から、言葉があまり増えないことを両親は気になりはじめた。3歳児健康診査では、発語の遅れと対人関係につまずきがあることが指摘され、経過観察を勧められた。

・Bさん　女性　30歳

　保育士として働いている。出産後、休職していたが、Aくんが3歳児になったのを機に復職した。北海道出身で近隣に親戚はいない。実家に戻らず出産し、その後も親族に頼ることなく子育てをしている。

・Cさん　男性　35歳

　金融関係の会社に勤めている。勤務時間は長く、帰宅が深夜に及ぶことも

しばしばである。九州出身で、近隣に親族はいない。家にいる時間は短いものの子どもとは積極的に関わり、子育てに忙しい妻を労っている。子どもの発達を冷静に把握している。

保育士の紹介

・D保育士　女性　26歳

　短期大学卒業後、K保育所に勤務して6年になる。保育士資格、幼稚園教諭の免許を有している。

　3歳児クラスの担任。子どもたちに明るく関わり、楽しく遊びを展開することを心がけている。周りの保育士からの信頼も厚い。

② 事例の展開

はじめての集団生活になじめないAくん

　Aくんは、この4月からK保育所の3歳児クラスで過ごすことになった。家にはないおもちゃや広い園庭に喜び、笑顔で過ごしている。

　Aくんは、おもちゃを友だちと共有することがあまり得意でない。大好きな電車のおもちゃで遊んでいたところ、Eちゃんが「わたしも！」と電車を手にした。AくんはすかさずEちゃんから電車を取りあげると、再び自分の遊びに戻った。Eちゃんが大泣きしたので、D保育士が「どうしたの？」と近寄った。

D保育士：どうしたのかな？
Eちゃん：Aくんがでんしゃを貸してくれないの。
D保育士：Aくん、仲よく遊ぼうね。
Aくん：とっきゅうでんしゃ！
D保育士：Aくん、おもちゃはみんなのものよ。
Aくん：しゅっぱつ！
Eちゃん：Aくんなんてきらい！

　Aくんは、絵本が大好きである。給食の前に保育士が絵本を読むことをとても楽しみにしている。

　Aくんは、絵本がよく見える位置に椅子を持ってきて座る。その日は、Fくんが一番前の真ん中の席に椅子を持ってきて座っていた。Aくんはそれに

気づくと、Ｆくんを押しのけてその椅子に座った。Ｆくんは大泣きして怒った。

Ｆくん：Ａくんが押した！
Ｄ保育士：Ａくん、Ｆくんが先に座っていたよ。
Ａくん：Ａの！
Ｄ保育士：Ａくんも自分の椅子を持ってきて、お隣に座ろうね。順番ですよ。
Ｆくん：ぼくが先に座っていた！
Ｄ保育士：お約束は守ろうね。
Ａくん：Ａの！

📖 母親に保育所での様子を伝える

　Ｄ保育士は、Ｂさんになるべく自然な形でＡくんの様子を伝えるように心がけていた。お迎えの時間のときに、楽しいエピソードを多くして、その中にＡくんが集団場面で友だち関係に関心が薄いことを伝えるようにしていた。

Ｄ保育士：お仕事ご苦労様。
Ｂさん：同じ仕事をしているのに、Ｄさんから労われるのもおかしな感じですね。
Ｄ保育士：今日もＡくんは電車のおもちゃで楽しく遊んでいましたよ。
Ｂさん：家でも電車ばかりで。せっかく保育所で過ごしているのだから、もっと違う遊びに興味をもって欲しいのですが。
Ｄ保育士：Ａくんは色々な電車の名前も知っていてすごいですよね。
Ｂさん：パターン化したことはよく覚えるのです。
Ｄ保育士：でも、なかなかお友だちと一緒に遊ぶことは好まなくて。
Ｂさん：お友だちとの遊びの中で、楽しい経験を積んで欲しいのですが。

　Ｄ保育士は、Ｂさんとの会話がうまくかみ合っていないことに気づいてはいた。Ｄ保育士は、Ｂさんが保育士ということもあり、きっとＡくんの発達のつまずきには気づいているだろうと思った。
　保育の中では、Ａくんが一人で遊んでいるときには、他の子どもたちをＡくんの遊びに誘い、少人数で並行遊びができるように工夫をしていくことにした。保育士の仲介が必要ではあるが、おもちゃを独り占めすることや、他

児を黙って押しのけることは少なくなっていった。

こだわりが強くなっていくＡくん

　4歳児クラスになり、Ｄ保育士も持ち上がりで担任になった。

　Ａくんは、電車のおもちゃだけでなく、色々な遊びを楽しむようになった。しかし、依然として友だちとイメージを共有して遊ぶことは苦手だった。

　4歳児になったＡくんが大好きなのは、虫取りとお絵描きだった。園庭で、たくさんの虫を見かけることを機に、虫が大好きになっていった。虫を入れるケースを片手に、園庭で虫を探し捕まえては、虫の絵を描くようになった。ひらがなも自然と覚えていき、虫の絵の脇に「だんごむし」「みみず」などと書き込むようになった。好きなことをしていれば、機嫌のよいＡくんだったが、クラスの子どもたちは、Ａくんにあまり関わろうとしなくなっていった。

　保育所では集団での活動もある。運動会の練習では、Ａくんの仲間づくりへの興味の希薄さと、こだわりの強さが浮き出る形になった。

　園庭で運動会の練習をしていたときのことである。Ａくんは、みんなが一生懸命ダンスの練習をしているときに地面にしゃがみ込んで蟻を見ていた。園庭で入場行進の練習をしたときには、列から外れて茂みの中の虫を捕まえていた。クラスの子どもたちが、「Ａくん、練習しようよ」と言っても、まったく気にする様子もなく、虫を追い続けていた。

　Ｄ保育士は、リレーだけはＡくんが混乱しないように、個別にバトンを渡す練習をした。何度か練習を繰り返すうちに、Ａくんはバトンを受け取ったら走る、走ったらバトンを渡す、という流れは理解できたようだった。園庭でクラスを赤チーム白チームに分けてリレーの練習をしていたときのことだった。Ａくんは、バトンを受け取り走り出したが、クラスの子どもたちの目にはあまり一生懸命走っているようには見えなかった。「Ａくん、ちゃんと走ってよ！」と同じチームの子どもたちが不平を言ったときである。Ａくんの目の前をトンボが飛んできた。Ａくんは満面の笑みになり、立ち止まり、指を頭上にあげ「トンボがとまった！」と歓声を上げた。

D保育士は、Aくんがリレーの勝ち負けにまったく関心がないこと、勝ったり負けたりして嬉しさや悔しさを共有していないこと、同じチームの子どもたちからの不平を理解していないことを改めて認識した。そして、母親に療育を勧めようと決心した。

📖 母親に療育を勧める

　4歳児クラスも終わりに近づき、次年度は就学を控えた年長児になると思うと、D保育士に焦りが生じた。このまま、自分の好きなことだけに熱中するようでは、学校生活で困るだろうと不安にもなった。保育所の所長に、療育を勧めたいと思っていることを相談した。所長も、Aくんが3歳児健康診査で経過観察を勧められたにもかかわらず、その後、連絡をとっていないことを気にかけていた。所長はD保育士の考えを理解し、まずは担任として母親の考えを尋ねるようにと助言した。

　療育を勧めることは、大変重要な話題だと考え、送り迎えのときではなく、個人面談のときに切り出すことにした。

D保育士：Aくんのことですが、お友だち関係に関心が薄いことが気になっています。3歳児健康診査で経過観察を勧められたのですよね。一度、発達相談に行かれてはいかがでしょうか。Aくんの発達に見合った適切な指導も必要ではないでしょうか。

Bさん：Aに障害があると考えていらっしゃるのですね。

D保育士：Bさんも保育士としてお仕事をなさっているのですから、Aくんのようなお子さんをご存知でしょう？

Bさん：Aは、家ではまったく困らないのです。昆虫図鑑を読んだり、絵を描いたり、ひらがなも読めます。保育所での集団活動場面で、Aの困難さが目立つのですよね。

D保育士：お父様は何とおっしゃっているのですか？

Bさん：何の問題も感じていません。むしろ賢いと喜んでいます。子どもっぽさはなく、小学生みたいだと言っています。夫は、Aが保育所でうまく振る舞えないのは、保育士の能力が足りないからだと言っています。きついセリフですよね。すみません。

D保育士：いいえ。そう思われるのも当然です。

Bさん：それに。発達相談に行ったり、療育に通ったりする余裕がわが家にはありません。

D保育士：えっ？　どういうことですか？

Bさん：保健センターや発達支援センターは、すべて平日の昼間ですよ。それも、先方の指定する時間に行かなくてはなりません。私は仕事を休んで行かなくてはなりません。

D保育士：Bさんの勤める保育所では、休みは取りにくいのですか？

Bさん：Aのインフルエンザや水痘そうで、休暇は使い果たしました。

D保育士：おじいさんやおばあさんはご近所ではないのですか？

Bさん：私は北海道出身、夫は九州出身です。夫の父親は最近、体調が優れず、看病のために九州まで通っています。交通費もばかになりません。私が仕事を辞めるわけにはいかないのです。

D保育士：お仕事を辞めてとは申しておりません。発達相談や療育をお勧めしているのです。

Bさん：いいえ。私にとって発達相談や療育は、仕事を辞めることを意味します。

　D保育士は、Aくんのためを思って発達相談や療育を勧めたつもりだった。しかし、Bさんにとっては、仕事との両立が問題になっていた。家族を支援することは、保育士の業務の一つだと信じてきたが、経済的な問題や祖父母の看護にまで関わる問題となると、これ以上療育を勧めることはためらわれた。それと同時に、Aくんの発達をどのように支援していくか不安もあり、他機関との協力がどうしても必要だと考え、所長に相談することにした。

🖊️他機関との協力体制を整える

　D保育士は保育所の所長に、Bさんとのやり取りを報告した。そして、Bさんが療育に向かうことは難しいだろうということ、それでも他機関との連携をとり保育の進め方について助言が欲しいと訴えた。

　所長は、保護者と相談をして、発達支援を専門とする心理職者が保育所を訪問する保育所等訪問支援[*1]を利用することになった。後日、心理士が保育所を訪れ、Aくんの様子を観察した。D保育士からも日常の保育の様子を聞きとり、保育士がどのように関わったらよいか助言があった。D保育上は客観的視点からの助言を得て、自信をもって日々の保育にあたれるようになった。

*1　保育所等訪問支援
保育所その他の児童が集団生活を営む施設（中略）を訪問し当該施設における障害児以外の児童との集団生活への適応のための専門的な支援その他の便宜を供与すること。
（児童福祉法第6条の2の2第6項）。

③　事例の考察

　入園当初のAくんは、人との関わりがもてず、自分の意思を主張するばか

りだった。他児の気持ちを考えることができないＡくんに、担任のＤ保育士は、どうにか友だちの気持ちを理解して欲しいと話しかけるが、望ましい応答は得られず、他児との溝も埋めることは難しかった。担任のＤ保育士の声かけはＡくんになぜ伝わらなかったのだろうか。このような対応で、他の子どもたちも納得しただろうか。

Ｄ保育士は母親のＢさんに、Ａくんの様子を伝えた。Ａくんのよい面も織り交ぜて話をするが、Ｄ保育士とＢさんの会話はかみ合っていない。Ｄ保育士が伝えたいことと、Ｂさんの伝えたいことをお互いが聞き取っていないことがわかるだろうか。Ｄ保育士の言葉にＢさんは返答しているが、Ｄ保育士はＢさんの言葉に応じていない。話したいことがたくさんあり、この機を逃してはという焦りがＤ保育士を駆り立て、Ｂさんの話を聞く姿勢を忘れている。

また、父親であるＣさんの存在も忘れてはいけない。ＣさんはＡくんの発達をまったく心配していないとのことだが、母親であるＢさんは、ＣさんとＤ保育士の板挟みになっている可能性もある。

Ａくんが４歳児になり、運動会の練習で他の子どもたちとの違いが際立ってきた。その様子をＤ保育士は見ているが、まだＢさんは実際の様子を見ていない。もし、運動会の本番後に話をしたら、また別の側面を聞き取れたかもしれない。大切な話をするときには、その時間設定も重要である。

Ｋ保育所の所長は、保護者に説明・相談をし、支援体制を整えた。子どもを取り巻く社会資源も有効活用することは、発達障害のある子どものみならず、子育て支援では大変重要な取り組みである。この保育所の取り組みは、保護者を安心させ、保育士と保護者の信頼関係の構築にも役立つであろう。

演習課題

① ３歳児のＡくんにＤ保育士は一生懸命関わっていますが、Ａくんには保育士の意図が伝わっていません。どのように関わると、Ａくんに適切な行動を促せるでしょうか。

② 父親のＣさんは、Ａくんの発達になんら心配をしていないと母親のＢさんから伝えられた。父親のＣさんの理解を得ることも、Ａくんの発達を支えるためには重要である。ここでは、父親のＣさんとＤ保育士のやり取りをロールプレイで演じてみよう。

ロールプレイの進め方

1. ４人１組になる。

2．Cさん・D保育士役を決め、他の2人はロールプレイの様子を記録する。

3．次に演じる役と記録係を交代して、ロールプレイを演じる。

4．話し合いの様子を振り返り、感じたことや考えたことをまとめて、メンバーで話し合ってみよう。

第**24**章　障害のある子どもの支援における地域連携

 事例：肢体不自由のある子どもの就学に向けての支援

▼ **ねらい** ▼

　障害のある子どもを支援するにあたっては、保育および福祉サービスだけではなく、看護やリハビリテーションなどの医療や、小学校・中学校もしくは特別支援学校など、多くの分野の機関や専門職との関わりが必要となってくる。また、福祉・医療・教育などの公的なサービス（フォーマルな社会資源）のみならず、隣人や近所、ボランティアなどのインフォーマルな社会資源の活用も必要となってくる。

　ここでは、児童発達支援センターに通所する障害のある子どもが、小学校もしくは特別支援学校への就学に向けての支援を行うにあたって、学校とどのように連絡調整を行っていくかを考える。さらに、地域にある様々な社会資源をどのように活用し、連携していくかということを、事例を通して考えていく。

① 事例の概要

📝本人・家族等の紹介

・Aさん　女性　31歳

　大学を卒業後、生まれ育ったS県O市の企業で事務員として働き、その後幼なじみの同級生と結婚した。Bちゃんの出産を契機に仕事を辞め、近くの飲食店で昼間にパートをしている。Aさんは生まれ育った地元で生活しているということで、地域のことはよく知っており、生活に慣れている。

・Bちゃん　女児　5歳

　Bちゃんは出生時に脳に障害を受け、その後遺症として脳性まひがある。Bちゃんの状態として、音声障害と手足の動きに不自由があり、身体障害者手帳を取得している。また、軽度の知的障害があり、療育手帳も取得している。現在、Bちゃんは児童発達支援センターのC園に通いはじめて2年半になる。Bちゃんの状況は、言葉によるコミュニケーションについては、ゆっ

くり話せば自分の伝えたいことを相手に伝えることができる。また、あいさつやわかりやすい会話のやり取りはできる。移動は基本的には車いすを使用しているが、短い距離であれば杖を使いながら歩行できるようになった。近所のD幼稚園にも通っている。家族構成としては、父親（31歳）、母親のAさん（31歳）、Bちゃん、弟（2歳）の4人家族である。

保育士の紹介

・E保育士　女性　28歳

保育士養成の大学在学中に、障害児が利用している放課後等デイサービスのボランティアをしていたことがきっかけで、障害児保育について関心をもち、現在の児童発達支援センターC園に勤めて6年になる。BちゃんがC園を利用しはじめてから現在まで担当である。現在、C園の多くの卒園児やその保護者との関係は良好である。

②　事例の展開

これまでの経緯

AさんはBちゃんが3歳のとき、音声障害と手足の動きの不自由をなんとか軽減することができないかとO市の福祉事務所に相談し、児童発達支援センターC園を紹介された。そして、現在までBちゃんは週2日C園に通園し、発語の訓練や杖を使った歩行訓練を行っている。

AさんはBちゃんの小学校の入学時期が近づくにつれ、学区内の小学校の特別支援学級か、O市内にある特別支援学校にするかで悩んでいる。Aさんは、D幼稚園でできたお友だちが通う、学区内の小学校に入学を希望している。しかし、Bちゃんの障害の状態を考えると学区内の小学校で生活ができるか不安である。次年度には、どちらかの学校に通うか決めなければならない。

そこで、AさんはBちゃんの担当であるC園のE保育士に相談することにした。

Aさんの不安や悩みを聞き、ニーズを把握する

E保育士はAさんの話を聞くにあたって、Aさん自身がBちゃんの学校生活に、どんな不安や悩みをもっているのかを自由に語れるように、Aさんが来所しやすい時間を設定したり、話を聞く環境に配慮した。

Ｅ保育士：Ｂちゃんのお母さん、お待ちしておりました。

Ａさん：いつもＢがお世話になっています。

Ｅ保育士：最近Ｂちゃんは、杖を使っての歩行練習を一生懸命行っていて、5メートルも歩けるようになりましたよ。

Ａさん：そうなんですか。家では基本的に手すりを持って歩くようになりました。また、ＢはＣ園に通うのが楽しいって言っていましたよ。

Ｅ保育士：確かにＢちゃんの表情はいつも笑顔にあふれて、他の子どもたちと関係が良好ですよ。

Ａさん：そうなんですね。

Ｅ保育士：さて、Ｂちゃんについてご相談とのことですが、どうされましたか？

Ａさん：相談はＢの小学校以降の生活についてです。Ｂは手すりや杖があると歩行することができるのですが、その状態でＢは学区内の小学校の特別支援学級の中でうまくやっていけるかが不安なのです。

Ｅ保育士：Ｂちゃんが小学校の特別支援学級の中で生活できるのかが心配なのですね。

Ａさん：はい。私としては、Ｂにはできる限り学区内の小学校、中学校に通わせたいと思っています。Ｂに障害があっても、Ｄ幼稚園のお友だちがいる学区内の小学校に通って、さらに近所の子どもたちと関わる機会を増やしたいのです。

Ｅ保育士：Ｄ幼稚園のお友だちと通いたいのとご近所のお友だちと関わる機会を増やしたいのですね。それでＢちゃんを学区内の小学校に通わせるにあたって、どのようなことを不安に思っているのですか。

Ａさん：不安に思っていることは2つあって、1つ目は、Ｂが学校内で杖や車いすでの移動に困ったとき、学校側でサポートしてもらえるのかということです。2つ目は、Ｂに知的障害があり、小学校での授業の内容についていけるかということです。

Ｅ保育士：そうですよね。障害のある子どもさんが小学校で活動したり勉強したりするには不安がありますよね。それでは、来月に行われる就学時健康診断のときにＢちゃんの状態などを伝えて、就学相談してみてください。

Ａさん：わかりました。就学時健康診断のときにいろいろ相談してみます。ありがとうございます。

Ｅ保育士：就学時健康診断が終わったら、Ｂちゃんに対してＣ園として支援できることを考えてみます。また、何かありましたらいつでもお話しください。

　E保育士はAさんが話すBちゃんの就学に関する不安や悩みについて、E保育士が過去に関わった経験に左右されないように傾聴することを心がけた。そして、その話す内容をC園で支援することと他の機関・施設で支援することに分けて考えた。具体的には、E保育士は来月に小学校の就学時健康診断があるということを知っていたので、そこで就学相談を受けることを勧めた。また、AさんとBちゃんが安心して過ごせるためにC園との関係は継続しているということも伝えた。

就学時健康診断および学校見学後の面接

　AさんはBちゃんの小学校の就学時健康診断のときに、特別支援教育を専門とする教員からの観察や医師による診断、教育委員会との就学先に関する話し合いを行い、さらにAさんは学区内の小学校や特別支援学校の見学にBちゃんと一緒に行った。
　C園の降園時に、AさんはE保育士に声をかけた。

Aさん：先日、Bと一緒に学区内の小学校と特別支援学校を見学してきました。
E保育士：そうなんですか。Bちゃんの様子はいかがですか。
Aさん：学区内の小学校を見学したときに、Bは私たちの近所に住んでいるD幼稚園のお友だちに会って、「私、ここの学校に行きたい」と言ったのです。
E保育士：そうなんですか。Aさんは小学校を見学されて、Bちゃんを小学校に通わせることについて、どのように考えられていますか？
Aさん：（Aさんの表情は暗そうに）できればBの希望の通りにしてあげたいのですが…。
E保育士：何か不安に思っていらっしゃることがあるのですか？
Aさん：そうなんです。就学時健康診断で相談した教育委員会の方からは、Bの状態は小学校か、特別支援学校か、微妙な状態と言われたのです。その理由としてBは知的障害があり、小学校の教育内容についていけるか不安と言われました。そしてBに心身の負担がか

この学校行きたいな

からない、特別支援学校に就学した方がよいと言われました。

E保育士：お母さんとしては、Bちゃんの希望を尊重してあげたいでしょうが、Bちゃんの心身の負担を考えると悩むところですね。お母さんとしては、小学校を見学されたときにどのように思われたのですか？

Aさん：Bの移動については、特別支援学級が設置されている教室は1階にあるので、移動面の不安は解消しました。特別支援学級では少人数のクラスで先生の目が行き届くので、勉強もていねいに教えてくれそうで、よかったです。

E保育士：そうなんですね。それでは、特別支援学校はいかがでしたか？

Aさん：特別支援学校もクラスが少人数ということもあり、さらに障害の状態に合わせて、クラスを編成してくれるということでした。だから、私はBにとって、どのような選択をしたらよいのか、わからなくなってきました。

E保育士：そうですか。Bちゃんの気持ちと教育委員会からの助言や学校などの見学によって、Bちゃんの就学について迷われているのですね。

Aさん：そうなんです。できるだけ、Bの希望に合わせたいとは思っているのですが。

E保育士：わかりました。恐らく就学について悩んでおられるC園の園児の保護者の方はほかにもいらっしゃると思いますので、一度、C園の卒園生とその保護者に来てもらって、体験談を話してもらえるようにお願いしてみましょう。

Aさん：ありがとうございます。

　AさんがBちゃんの希望に合わせて小学校の特別支援学級か、教育委員会の助言に合わせて特別支援学校か、就学先について相当悩んでいる。E保育士は過去の卒園児の中でも同じように悩んでいる姿を見ている。そこで、E保育士は、Aさんのような悩みをもっている人は、C園の園児の保護者の中にもいると思った。そしてE保育士は、C園の卒園児の保護者に体験談を話してもらえれば、そんな保護者の悩みが軽減できるのではないかと考えた。

✎ C園の卒園生とその保護者の話を聞いてからの面談

　後日、E保育士は、C園の卒園生の中から、学区内の小学校の特別支援学級に通学している卒園児の保護者と特別支援学校に通学している卒園児の保護者数名に来園していただき、現在通園している園児の保護者に対して体験談を話していただく機会を設けた。

　参加したＡさんは、体験談を聞く中でそれぞれの就学先を決定するまでの経緯、子どもの学校での様子、特別支援学級と特別支援学校の長所・短所を聞くことができ、抱えていた悩みが徐々に解消していく様子が見られた。そして、数日後、Ａさんと３回目の面談を行うこととなった。

Ａさん：先日は貴重な時間をいただいて、ありがとうございました。
Ｅ保育士：こちらこそ、そのような言葉をいただけて、卒園生の保護者にお願いしてよかったです。Ａさんの表情がすっきりとして見えましたよ。決断されたみたいですね。
Ａさん：はい。卒園生の保護者からお話を聞いて、夫と話し合って、就学は学区内の小学校の特別支援学級にしようと決めました。
Ｅ保育士：学区内の小学校の特別支援学級に就学を決めたんですね。なぜ、そのようにされたのですか？
Ａさん：参加された卒園児の保護者の中で、お子さんが当初は学区の小学校の特別支援学級に就学をして、小学４年に進級する際に特別支援学校に転校を経験された方の話を聞きました。

　その保護者が就学を小学校の特別支援学級に選んだ理由は２つあった。１つ目は、子どもが学区内の小学校に行きたいという思いが強く、特別支援学校に就学させるのは子どもの思いを裏切るからということ。２つ目は、子どもを学区内の小学校に通わせることによって、学区内で保護者同士のつながりができると思ったからということであった。実際に、毎日、その卒園児は楽しそうに小学校へ通学し、友だちができ、困っていたら友だちが助けていたということであった。また、保護者同士も仲よくなり、困っていたら、様々な機関やサークルなどを紹介してくれたりして助かったという。しかし、小学３年のときに子どもが学習内容についていけなくなり、小学４年から特別支援学校に転校したということであった。

Ａさん：その保護者さんから、「子どもが小学校に通える状態ならできる限りの期間通わせた方が、子どもや保護者が学区内で生活するにはいいですよ。子どもの状態が合わなくなったら学校や教育委員会に相談すればいいのだから」というアドバイスをいただきました。それを聞いて、私はＢが小学校の特別支援学級に在籍ができる状態なのであれば、できる限りＢの思いに合わせることにしようと思ったのです。Ｂが学習内容についていけなければ、そのときに考えます。

E保育士：そうだったのですか。Aさんがお父様と相談した結果なのであれ
　　ば、それでよいのではないでしょうか。小学校の就学に向けて、C園とし
　　てBちゃんに合わせた支援をしていきます
Aさん：はい、ありがとうございます。

③　事例の考察

就学への不安について

　今回のAさんの事例のように、障害のある子どもの保護者にとって義務教
育期間の就学先について悩むケースは少なくない。義務教育期間の就学先は
障害のある子どもとその保護者にとって、今後の人生を左右しかねない大事
なことと考えているからである。

　学区内の小学校に通わせたい障害のある子どもの保護者の中には、「わが
子に障害（の疑い）があっても、同じ年齢の子どもたちの間でともに活動す
ることで、社会性を身につけさせたい」、あるいは「わが子が生きていくのは、
最後は今住んでいる地域だから、通学域が異なる特別支援学校に行かせたく
ない」という思いをもっているケースがある。障害のある子どもの保護者は、
子どもにとって適切な教育を受けさせなければならないことをわかってい
る。また、教育関係の専門家の中には「特別支援学校で個別の支援を受ける
ことが、生活力を伸ばす」という思いがあり、保護者と専門家との間で食い
違いが起こりやすい。

　今回の事例の場合は、Aさんには就学先を決めきれない思い、Bちゃんに
は学区内の小学校に行きたいという思いがあり、就学時健康診断で相談した
教育委員会からBちゃんの心身のことを考えての助言もあった。そのことに
より、Aさんは悩みを抱え不安に陥ることになる。

　近年、Aさんのような保護者の不安を解消するために、小学校や特別支援
学校では、学校見学や体験入学を積極的に受け入れている。また、市町村や
都道府県の教育委員会には、保護者との意見調整や専門的な見地から教育委
員会に助言等を行う教育支援委員会等が設置されている。

地域連携について

　今回の事例は、E保育士がAさんとの面接で就学先の選択に悩み、不安を
抱えていたことを知り、過去にAさんのように子どもの就学先で悩んでいる
保護者が数名いたことを思い返した。そこで、そのような経験をしたことの

ある保護者にお願いをして、Aさんを含めた在園している子どもの保護者に、その体験談を話してもらった。そのことによって、Aさんの不安が軽減されることとなった。

　障害のある子どもの保護者が抱えている問題は、専門職の専門知識・技術に基づいた助言だけではなく、共感できる体験者の助言で解決することがある。この事例の場合、フォーマルな社会資源およびインフォーマルな社会資源をうまく活用することで問題が解決された。

　社会福祉施設や事業所で働く保育士は、子どもやその保護者が住んでいる地域にある福祉事務所のソーシャルワーカー、医療機関の医師・看護師・リハビリスタッフ、学校の教諭など様々な専門職と連携を取らなくてはならない。また、保育士が専門的知識や技術を求められることがある。ただ、保育士が子どもやその保護者の支援をするにあたって、専門的な知識や技術を有している専門職（フォーマルな社会資源）だけに頼ればよいのかというと、そうではない。障害のある子どもを育てた経験のある保護者や当事者の家族などインフォーマルな社会資源の活用も必要となってくる。

入学後の支援

　今回の事例の場合は、Bちゃんは学区内の小学校の特別支援学級に就学することになり、D幼稚園と学区内の小学校との間でBちゃんについての引き継ぎが行われた。

　幼稚園・保育所・認定こども園と小学校との引き継ぎの内容は、幼稚園・保育所の子どもの様子、移行支援内容の確認と個別の教育支援計画の作成のポイントの確認が行われる。基本的には、幼稚園・小学校の教員や保育所の保育士などで行うが、保護者や関係者にも参加してもらうことがある。

　その他は、学校生活のスタートを切った後は、小学校教員および特別支援コーディネーターがチームを組み、児童を支えるために、校内委員会を重ね、支援内容の検討と確認が随時行われる。

演習課題

①　Bちゃんの就学支援を行うにあたって、あなたは学区内の小学校もしくは特別支援学校への就学の選択に際し、どのような視点でAさんに情報提供を行うとよいか考えてみましょう。
②　E保育士がAさんを支援する過程の中で、どのような配慮や工夫があったかをあげてみましょう。

③　Bちゃんが今後小学校の特別支援学級に就学し、地域で生活するにあたって必要な社会資源とその理由を考えてみよう。

【参考文献】
小原敏郎・橋本好市・三浦主博編『演習・保育と保護者への支援』みらい　2016年
西尾祐吾監修、立花直樹・安田誠人ほか編『保育の質を高める相談援助・相談支援』
　　晃洋書房　2015年
児童育成協会監修、西村重稀・水田敏郎編『障害児保育』中央法規出版　2015年

学ぶ・わかる・みえる
シリーズ　保育と現代社会

演習・保育と障害のある子ども ［第2版］

2017 年 4 月 1 日　初版第 1 刷発行
2023 年 3 月 30 日　初版第 6 刷発行
2024 年 2 月 25 日　第 2 版第 1 刷発行

編　　　集	野田　敦史
	林　　恵
発 行 者	竹鼻　均之
発 行 所	株式会社みらい

〒500-8137　岐阜市東興町40　第5澤田ビル
TEL　058-247-1227(代)
FAX　058-247-1218
https://www.mirai-inc.jp/

| 印刷・製本 | サンメッセ株式会社 |

ISBN978-4-86015-609-1 C3037
Printed in Japan　　　　　　　乱丁本・落丁本はお取り替え致します。